Le grand livre de

la grossesse et l'accouchement

Birgit Gebauer-Sesterhenn • Dr Thomas Villinger

CHANTECLER

Juste un mot, avant de commencer

Mon métier de sage-femme *m'amène chaque jour à conseiller et à accompagner, depuis de nombreuses années, des femmes enceintes et leur famille. Force est de constater, à chaque fois, que le « temps de la belle espérance » est aussi tissé de moments de doutes. Au début de leur grossesse, de nombreuses futures mamans, parfois désorientées, vivent une période d'incertitude.*

En tant que sage-femme, je dois toujours répondre aux mêmes questions. Si chaque grossesse est un événement unique, nombre de transformations, souvent identiques, sont tout à fait normales. Les futurs parents ne sont pas toujours aptes à réaliser ce qui leur arrive et à prendre les bonnes décisions.

Ce livre conçu comme un guide leur sera, je crois, très précieux. Il offre un aperçu relatif à chaque mois de grossesse, explique quelles transformations s'opèrent en soi et comment le bébé croît progressivement. Tout en informant des problèmes liés à la grossesse, il est une source de conseils. Vous trouverez aussi des renseignements concernant les avantages et les inconvénients des méthodes de consultations actuelles. Cet ouvrage aide à choisir le lieu d'accouchement qui convient à chaque femme. Il décrit le déroulement d'une naissance avec minutie et offre à tous les partenaires de précieux conseils pour entourer la femme qui enfante, afin qu'elle se sente en sécurité et éprouve du bien-être, tout au long de l'accouchement. Les deux auteurs ont en effet livré le fruit de leurs recherches approfondies et minutieuses, dans une langue facilement compréhensible, exploitant aussi leur expérience de mère et d'obstétricien.

Ce livre ne peut évidemment remplacer ni la sage-femme ni le gynécologue. Se sentir entourées et sécurisées par des personnes de confiance pendant leur grossesse et au moment de l'accouchement : c'est ce que souhaitent les futures mamans. Le fait que la grossesse et l'accouchement demeurent une expérience positive sera la base d'une bonne relation avec l'enfant. C'est pourquoi je souhaite à chaque future mère de rencontrer une sage-femme ou un médecin de confiance pour l'accompagner durant sa grossesse.

Sabine Krauss, sage-femme
Présidente du centre de formation
des sages-femmes en Allemagne

Juste deux mots, avant de commencer

***De nos jours, chacun doit passer** un grand nombre d'examens, comme le permis, le bac ou ceux relatifs à l'entrée dans la vie professionnelle. Personne cependant n'exige de seuil de maturité pour ce qui concerne les intérêts de la personne : la maternité et la vie de famille sont ainsi considérées comme des jeux d'enfant... Lorsque j'étais enceinte, en 1999, j'ai d'abord traversé une période de chaos : que sont donc tous ces petits maux ? Comment dois-je agir, manger sans me poser de questions, pour le bien-être de mon bébé ? Comment l'accouchement se déroule-t-il ? Et après ? Autant de questions pour lesquelles les réponses sont nombreuses.*

J'aurais tant aimé, dès le début de ma grossesse, disposer d'un livre récent qui m'informe, objectivement et avec précision, reposant sur des bases médicales, tout en restant accessible. J'ai donc accepté avec joie la proposition d'écriture de cet ouvrage, peu après la naissance de ma fille et suis heureuse d'avoir obtenu la participation de mon gynécologue, le Docteur Thomas Villinger, en tant que conseiller et co-auteur du livre. Nous poursuivions le même objectif : offrir à de futurs mamans et papas nos expériences de femme enceinte et mère, mais aussi de gynécologue et médecin accoucheur.
J'espère que ce livre sera un guide qui vous permettra de vivre mieux votre grossesse, avec une seule idée en tête : votre bébé.

Birgit Gebauer-Sesterhenn

*« **Lorsqu'une femme accouche,** un obstétricien se tient à ses côtés, les mains dans les poches, et regarde. » Je n'avais pas compris cette phrase entendue durant ma formation. Après mes longues années d'études, je n'avais en effet qu'une hâte, c'était d'agir. Je sais aujourd'hui ce qu'elle veut dire. Il est souvent plus important que l'obstétricien, par sa seule présence, procure à la patiente un sentiment de confiance et de protection. Vous devez, lors de l'accouchement, être totalement libre de donner naissance à votre enfant comme il vous convient, sans que quiconque ne vienne s'immiscer dans le cours naturel des choses. Vous obtiendrez ainsi de la sage-femme ou de l'obstétricien l'aide souhaitée ou nécessaire pour des raisons médicales.*

La visée de cet ouvrage est d'offrir aux femmes enceintes et à leur partenaire des informations complètes, qui leur permettront d'être acteurs, lors de la grossesse et de la naissance. L'expérience révèle que les couples bien préparés assument, dès le début, plus facilement leur nouveau rôle de parents, et que les accouchements se déroulent plus vite et plus facilement. Le fait d'être informé donne de l'assurance et aussi le courage d'accepter les contraintes et de faire confiance à ses propres capacités.
Vous serez finalement capable de décider quelle aide vous est nécessaire ou si vous désirez simplement que l'obstétricien surveille le déroulement des opérations à vos côtés.

Docteur Thomas Villinger

Table des matières

Un nouvel être en devenir 10

Une attente sans soucis 78

Table des matières

Pour faciliter la lecture, la sage-femme sera toujours mentionnée par le pronom « elle », même, si depuis quelques années, on rencontre aussi des hommes dans la profession (on parle alors d'homme sage-femme). Le médecin gynécologue sera mentionné par « il », de même que le bébé.

Un nouvel être en devenir

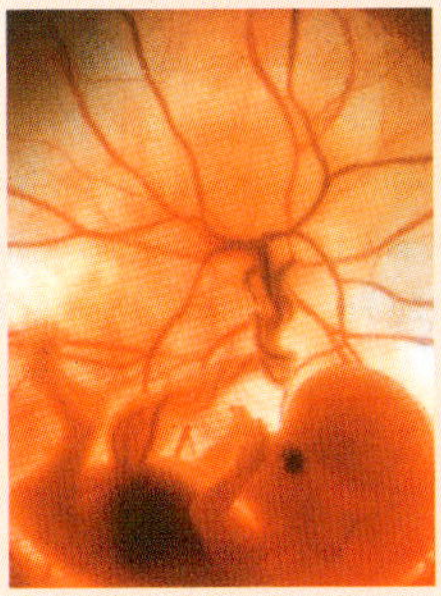

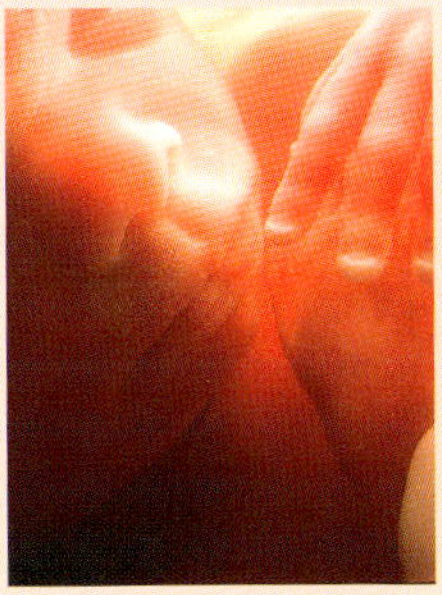

Vous attendez un enfant : vous allez donc traverser des mois palpitants et passionnants. Peut-être, au début, aurez-vous le sentiment que tout est irréel, mais vous changerez vite d'avis lorsque vous sentirez et verrez grandir ce petit être en vous.

0 – 4 semaines

La première pierre est posée : après l'orgasme d'un jeu amoureux, des millions de spermatozoïdes se sont précipités dans le corps à la recherche d'un ovocyte. Le vôtre et un spermatozoïde du partenaire se sont rencontrés pour donner naissance à une nouvelle vie…

Maman change

Vous êtes enceinte et nous vous adressons toutes nos félicitations. Porter cette nouvelle petite vie ne va pourtant pas de soi. Il suffit seulement de penser aux moyens mis en œuvre par le corps pour qu'un ovocyte rencontre le spermatozoïde de votre partenaire : cela tient en effet du miracle.

« Je suis enceinte et je ne l'ai pas remarqué ! »
Ainsi pensent les femmes qui attendent que leurs règles reviennent. Cela n'est guère surprenant, car l'étape la plus importante, celle de la rencontre de l'ovocyte et du spermatozoïde, ne se déroule que secrètement dans les profondeurs du corps. Ce n'est que plus tard qu'il est possible de comprendre ce qui se trame, après que l'ovule s'est niché dans l'utérus et qu'un bébé y croît. En général, les femmes en ont le pressentiment du fait de l'absence des règles.

Bref regard en arrière

Chaque femme renferme, dès la naissance, quelques centaines de milliers de follicules (non mûrs) dans les ovaires. Au moment de la puberté, chaque cycle des menstruations commence alors à faire ovuler une vingtaine de ces follicules. L'ovulation se produit généralement en alternance, dans l'ovaire gauche ou droit. Enfin, seul un follicule ovule complètement : c'est exceptionnellement le cas pour deux ou plusieurs. Au moment de l'ovulation, il produit un ovocyte fécondable. Après la fécondation, l'ovule entre dans la trompe utérine et s'achemine ensuite vers l'utérus.

Les ovocytes sont les plus grosses cellules du corps humain. Ils transportent le patrimoine génétique de la mère ainsi qu'une lourde charge de substances nutritives, lesquelles permettront de subvenir aux besoins de cette nouvelle vie durant ses premiers jours.

Bien que les spermatozoïdes soient environ dix fois plus petits que les ovocytes, ils sont chargés d'énergie ; cela s'observe particulièrement au moment où ils entrent dans le col de l'utérus. Ils parviennent ainsi à parcourir trois centimètres, en 30 minutes environ. Parvenus à proximité de l'ovule, ils s'agitent frénétiquement autour de lui.

En route vers l'œuf

L'ovocyte est composé de trois couches, que le spermatozoïde doit d'abord traverser. La première, l'épithélium folliculaire, est une épaisse membrane dotée de cellules que l'ovule a emportées avec lui lors de l'expulsion hors de l'ovaire. Sous la première membrane, il en existe une autre, l'enveloppe ovulaire. Puis, au-delà de la deuxième, la dernière forme une barrière sensible qui protège l'œuf : l'enveloppe vitelline.

Le spermatozoïde, grâce à l'aiguillon pointu de sa tête, transperce de toutes ses forces les trois membranes. Sa queue qui fouette lui donne l'énergie et lui permet d'avancer. Dès que le premier spermatozoïde a atteint la dernière membrane, il est accueilli par la cellule ovulaire. L'ovule transmet immédiatement le message que ses trois membranes sont désormais inaccessibles. En une seconde, la surface devient impénétrable, rendant l'accès impossible à un autre spermatozoïde. Le moment où le spermatozoïde se faufile dans l'ovocyte constitue l'instant de la fécondation (conception). Les noyaux cellulaires de l'ovocyte et du spermatozoïde se rencontrent et se mélangent.

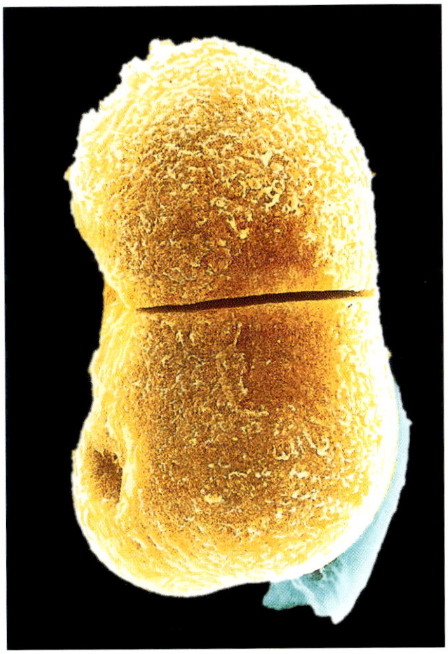

Le stade bicellulaire : une première division cellulaire se produit 24 heures après la rencontre de l'ovocyte et du spermatozoïde. D'une cellule on passe à deux, renfermant chacune le patrimoine génétique du père et de la mère.

Bébé grandit

Chaque noyau cellulaire contient 23 chromosomes. Les gènes encore plus minuscules y sont disposés, qui portent les caractéristiques génétiques. Chacun transmet ses propres informations génétiques.

Grande migration : l'ovule dans la trompe s'achemine vers l'utérus. Le travail d'équipe des hormones a préparé le terrain pour la construction du nid, sans que quoi que ce soit n'ait été remarqué…

Dès que les noyaux se sont mélangés, toutes les particularités de l'être à venir sont déterminées : la couleur des yeux, des cheveux, s'ils seront lisses ou bouclés, la taille, les talents artistiques ou autres, enfin les prédispositions à contracter, au cours de la vie, telle ou telle maladie. Le sexe de l'enfant est lui aussi défini.

Combien de femmes furent jadis bafouées par leur mari, parce qu'elles ne mettaient au monde aucun héritier. A tort, car le père est en effet le seul à porter la responsabilité du sexe de l'enfant. Alors que l'ovule féminin possède toujours un chromosome X, l'homme fournit dans son sperme, en nombre égal, des spermatozoïdes avec des chromosomes X et Y. L'enfant sera de sexe masculin si un spermatozoïde avec un chromosome Y pénètre l'ovocyte lors de la fécondation. Si un chromosome X de l'homme parvient dans l'ovule, ce sera une fille.

Quelques heures seulement après que les noyaux cellulaires se sont mélangés, l'œuf se divise pour la première fois. A partir d'une cellule, on en obtient deux, qui à leur tour se scindent en quatre. Dès ce moment, la division cellulaire continue inexorablement son processus, toutes les douze à quinze heures.

Déjà 24 heures après la fécondation, l'ovaire produit l'hormone HCG : hormone chorionique gonadotrope ; c'est, grosso modo, la « matière première, qui fait grandir la poche amniotique ».

INFO | DIVISION CELLULAIRE

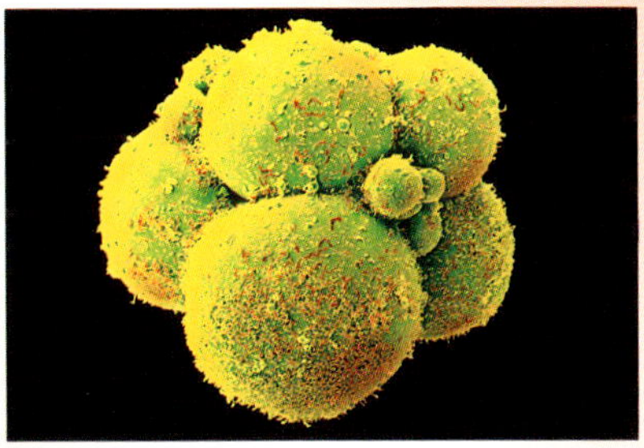

- **La grande division :** Les cellules de l'ovocyte et du spermatozoïde se sont mélangées, puis déjà divisées plusieurs fois lors de leur migration vers l'utérus. Elles forment une boule cellulaire appelée blastocyte qui, dès qu'elle s'ancre dans la membrane de l'utérus, se relie au métabolisme de la mère.

Cette hormone stimule la production d'une deuxième dans l'ovaire de la mère, la progestérone. Celle-ci informe les ovaires qu'une ovulation ne sera plus nécessaire pendant un certain temps, et fait en sorte que les règles n'apparaissent plus. La muqueuse de l'utérus grandit et est approvisionnée en substances nutritives, en quantité suffisante pour que l'ovule qui arrive ne manque de rien lorsqu'il s'y nichera.

Porté par des milliers de cils vibratiles dans le col de l'utérus, le petit amas cellulaire émigre vers l'utérus et y parvient au bout de cinq jours. Douze à seize cellules encore toutes identiques sont collées les unes aux autres, au centre de l'ovule. Cela change lors de la division cellulaire suivante. Elles se spécialisent alors en deux groupes, un interne et un externe. L'embryon naît de la masse cellulaire interne, tandis que le placenta prend forme à partir de la masse cellulaire externe.

Au septième jour environ après la fécondation, les cellules du futur placenta se logent, comme les racines d'une plante, dans la muqueuse utérine et alimentent ainsi l'embryon.
Trois semaines après la fécondation, l'embryon mesure environ un millimètre : il est plus petit que la tête d'une allumette. Il lui reste un long chemin à parcourir pour devenir un bébé. Les cellules doivent se spécialiser, et cela à trois niveaux : nerfs, dents, peau et pores se forment à partir de la couche externe. De la couche centrale naissent les os, le cartilage, le système cardiovasculaire, les muscles, les tissus conjonctifs, les reins et les organes sexuels. Enfin de la couche interne, apparaissent les organes respiratoires et digestifs.

INFO | RESULTAT DU TEST

- **L'hormone HCG** révèle une grossesse dont la présence peut déjà être révélée dix jours après l'ovulation. Comme les urines du matin sont plus concentrées en HCG, elles permettront de l'identifier plus facilement.

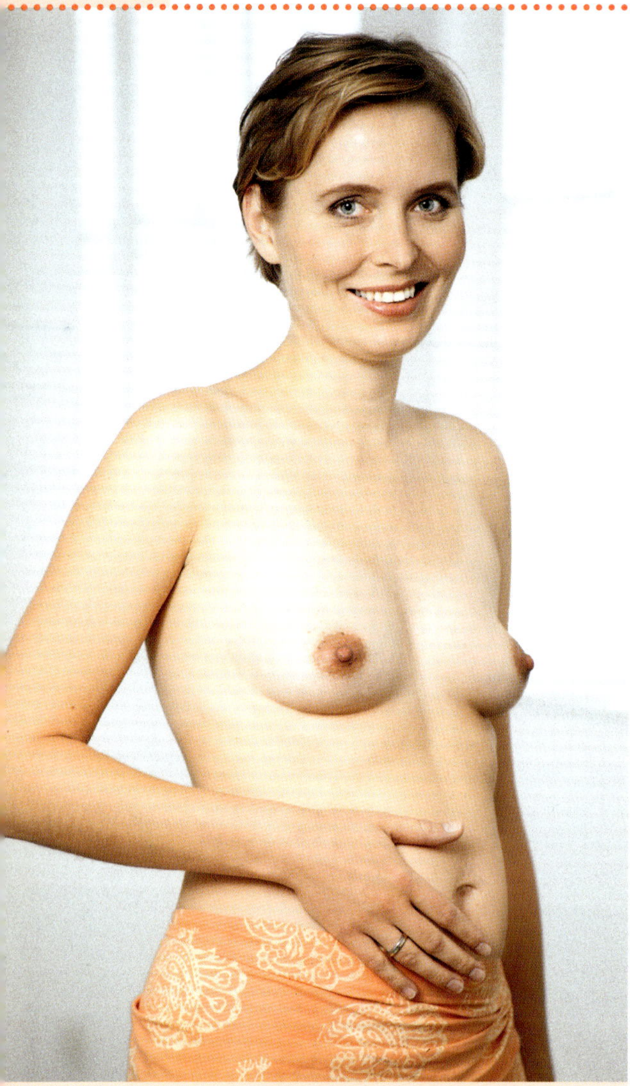

5 – 8 semaines

Une chose est certaine : les suppositions deviennent certitudes, le test de grossesse étant positif. Le gynécologue peut constater, par une échographie, la modification de l'utérus ainsi que la présence de la cavité amniotique. Tout est encore minuscule…

Maman change

Dans le corps, tout est chamboulé, et cela se perçoit. L'équilibre hormonal tourne en effet à plein régime et oriente tout l'organisme vers la grossesse.

Les femmes qui se protégeaient grâce à la méthode de la température basale constatent que leur température après le réveil ne baisse pas, mais reste au contraire plus élevée. De nombreuses femmes ressentent une tension au niveau des seins. Ils peuvent parfois être douloureux au simple toucher. Pourquoi ? La production des hormones nécessaires à la grossesse augmente chaque jour. L'hormone prolactine commence, par exemple, à se former, incitant les glandes mammaires à sortir de leur sommeil et à croître.

Rondeurs féminines

La tension ressentie au niveau des seins résulte de leur grossissement : une femme peut devoir augmenter de bonnet jusqu'à trois tailles. Les hanches s'élargissent aussi très tôt. Bien que l'embryon ne mesure que quelques millimètres, les pantalons devront être remplacés : en effet, dès les premières semaines, le corps prévoit déjà l'élargissement du bassin, afin que le bébé ait suffisamment de place pour passer.

Nombre de femmes parvenues à ce stade ressentent déjà une fatigue intense, même si elles dorment énormément, le week-end par exemple. Comment ex-

INFO | INDICE

- **Mères malignes :** Certaines femmes voient leur cou augmenter de volume pendant la grossesse, à cause du grossissement de la glande thyroïde. Jadis, certaines mères ingénieuses, usant de cet indice, offraient à leur fille un ruban de velours à porter au cou, en guise de bijou. Le jour où il devenait trop serrant, elles savaient que leur fille était enceinte.

pliquer cela ? En fait, le corps travaille maintenant pour deux et cela pompe l'énergie, tout particulièrement lors des trois premiers mois, au moment du développement de l'embryon. A partir du quatrième mois, la fatigue se dissipe. Cela peut paraître étrange, mais cette lassitude présente des côtés positifs, car elle oblige à se reposer, à se ménager, afin de réserver à l'enfant le maximum d'énergie.

Les messages subtils

Les femmes sont aussi nombreuses à ressentir une tension au niveau des trompes. Ce sont là des douleurs bénignes liées à l'étirement des adducteurs. Ce sont eux qui soutiennent l'utérus ; évidemment, un bébé qui grandit élargit celui-ci, grâce à ce qui le sous-tend. Il faut donc prendre conseil auprès du médecin ou de la sage-femme, en cas de tiraillement au milieu du bas-ventre, ce qui s'apparente aux douleurs menstruelles. Il peut aussi s'agir de contractions de l'utérus.

Un signe ne trompe pas : c'est celui de la nausée. Il n'est pas rare qu'une femme enceinte se réveille avec en tête l'idée d'aller le plus vite possible aux toilettes. Les hormones sont les responsables de ces nausées et de ces envies de rendre. Durant les douze à quatorze premières semaines, elles activent le centre des vomissements dans le cerveau. Petite consolation : après trois mois, le corps se sera habitué aux hormones et les nausées disparaîtront souvent comme elles sont venues.

Vraiment enceinte ?

Le premier signe qui trahit une grossesse est celui de l'interruption du cycle menstruel, la progestérone en étant responsable. Appelée aussi hormone des corps jaunes, elle met tout en œuvre pour que la membrane de l'utérus poursuive son travail de construction autour de l'ovule.

INFO | QUE FAIRE ?

Ne pas oublier :

- Le premier examen prénatal
- La prévision, si besoin, d'un rendez-vous en vue d'une amniocentèse
- Informer l'employeur de la grossesse

Bébé grandit

Pendant la cinquième semaine de grossesse, la cavité amniotique mesure environ cinq millimètres : elle est aussi grosse qu'un grain de riz. Pas à pas, des millions de nouvelles cellules sont formées dans ce système semblable à un jeu de lego. Le plus étonnant est que chaque cellule prise isolément sait exactement où elle doit se trouver. Dès le 24e jour après la fécondation, les gamètes se développent dans un embryon féminin, et le font aussi, une semaine après, dans un embryon masculin. Là commence le grand mouvement : tous les gamètes fondamentaux se déplacent vers l'endroit qui leur est destiné, à savoir les ovaires ou les testicules. Quasiment au même moment, le cœur de l'enfant commence à battre, pour la vie entière. Il bat entre 110 et 160 pulsations par minute, deux fois plus vite que le cœur de la mère. Dans la zone du dos, le tube neural se développe en quarante petits segments, appelés somites. Les vertèbres naissent à partir de 32 somites, tandis que les autres, les segments de queue, se recroquevillent. Il est fondamental que les vertèbres ne grandissent pas ensemble, afin que le dos ne se rigidifie pas complètement.

Vous êtes enceinte. Un regard par le spéculum met en évidence un col de l'utérus pâle. Au toucher, il s'avère que celui-ci est mou et plus gros, et, lors de la première échographie, une petite cavité amniotique est visible.

De minuscules doigts se forment

Les contours de la tête se reconnaissent déjà à ce stade ; pendant longtemps, ce sera la partie la plus grande du corps. La partie arrière de la tête croît plus rapidement que celle située à l'avant : l'échographie laisse ainsi penser que l'embryon penche la tête vers l'avant. Il n'existe pas encore d'os crânien. Tout se concentre en fait sur la formation du

INFO | CROISSANCE

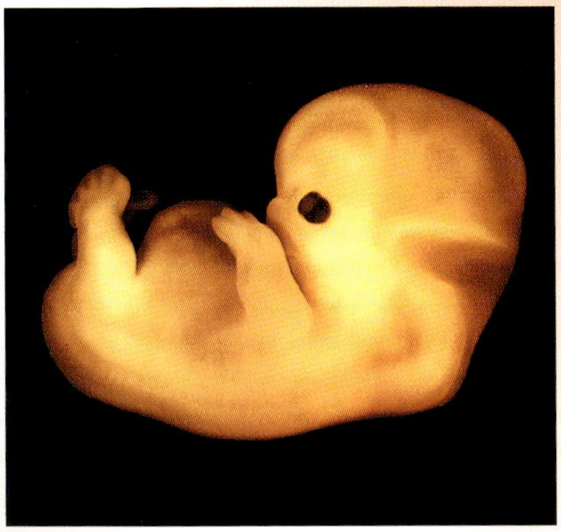

➤ **A la fin** de la huitième semaine de grossesse, l'embryon âgé de six semaines flotte dans le liquide amniotique à 37,5 °. Il mesure environ 14 millimètres, ses mains et ses pieds ressemblent à des palmes, à partir desquelles les doigts et les orteils se formeront. Tout le dispositif nécessaire à la construction du squelette est déjà en place.

cerveau. C'est vers le 28e jour après la fécondation que de minuscules bourgeons de mains et de pieds se forment. Deux jours plus tard, le contour des mains est reconnaissable, au bout des bras, et se détachent déjà cinq minuscules doigts à la huitième semaine de grossesse. Les mains se développent plus vite que les pieds ; l'enfant pourra d'ailleurs plus vite saisir que marcher. Durant ce mois de grossesse, les processus de croissance sont complexes et quotidiens. La transformation corporelle la plus considérable de cette vie en mouvement a lieu quatre semaines après la fécondation (sixième semaine de grossesse). A aucun autre moment, il ne grandira aussi vite.

L'embryon est en phase de test

Pour être certain que chaque organe et chaque partie du corps jouent leur rôle à cent pour cent, l'embryon teste, jour après jour, l'assemblage du système. Si le « projet de construction Homme » héréditaire ne parvient pas à se mettre en place, la nature le reconnaît alors très souvent et cela débouche sur une fausse couche.
A la fin de la huitième semaine de grossesse, les yeux, le nez et la bouche se dessinent progressivement. L'embryon mesure alors environ 14 millimètres.

INFO | SENSIBLE

➤ **C'est le moment** où l'embryon est particulièrement sensible, la division cellulaire étant extrêmement rapide. Des influences extérieures négatives peuvent lui être néfastes. De nombreuses substances ingurgitées par la mère parviennent, en l'espace d'une heure ou moins, à l'enfant : alcool, nicotine, caféine, médicaments, rayons X ou ce qui déclenche une infection. Si l'embryon vient à être endommagé, une fausse couche a lieu.

Questions, préoccupations

« Pourquoi calcule-t-on en réalité en semaines de grossesse, alors qu'on parle de 9 mois ? »

Le système permettant aux médecins de déterminer la date probable de l'accouchement est ancestral. Il remonte en effet à l'époque où la croyance était que les bébés se conçoivent lors de la période de menstruation. La grossesse fut alors calculée sur cette base. Avec ce calcul, une grossesse dure 280 jours ou dix mois de 28 jours, c'est-à-dire 40 semaines. Cela correspond à 9 mois de calendrier (et 7 jours).
Depuis, malgré l'évolution des idées, on a encore recours au même schéma ; les semaines de grossesse et l'âge du bébé sont calculés à partir du premier jour des dernières règles.

« Je suis enceinte de sept semaines et me fais des reproches, car j'ai bu récemment trois verres de vin. A ce moment-là, je ne savais pas encore que j'étais enceinte. Le vin peut-il nuire à l'embryon ? »

C'est là une préoccupation que partagent de nombreuses femmes. Il est vrai que l'alcool absorbé soit en grande quantité soit régulièrement peut nuire à la fécondation. Par ailleurs, les médicaments peuvent être tout aussi nocifs. Pourtant, il n'y a pas lieu de s'inquiéter. La nature a bien fait les choses : pendant les deux premières semaines de grossesse, à savoir avant que l'ovule ne se soit établi dans l'utérus, s'observe le principe du tout ou rien. Autrement dit : si l'embryon est endommagé par un environnement néfaste, cela conduit à une fausse couche qui passe inaperçue, les règles intervenant au cycle suivant. Dans le cas contraire, il survivra sans dommages et se développera normalement.

« Pourquoi dois-je prendre de l'acide folique ? »

L'acide folique, qui appartient au groupe des vitamines B, est utile partout où les cellules doivent se diviser rapidement, au moment de la grossesse notamment. Dès lors, une femme enceinte doit prendre, dès avant la fécondation, deux fois plus d'acide folique, tandis que le besoin en bon nombre de substances vitales comme les vitamines et les minéraux est plus accru à partir, seulement, du quatrième mois. Un manque d'acide folique peut entraîner des malformations comme le « spina bifida » ou l' « hydrocéphalie ». Le besoin quotidien s'élève à approximativement 400 microgrammes, la nourriture pouvant difficilement couvrir une telle quantité. Par mesures préventives, il est ainsi possible de se faire prescrire une préparation à base d'acide folique par le médecin. Certains aliments aussi en sont très riches : les légumes à feuilles brunes ou vertes tels que la salade et les épinards, la levure de bière, les légumes en racines, les céréales, les huîtres, le saumon, le lait entier, les dattes et le jus d'orange.

« Comment calcule-t-on la date de l'accouchement ? »

Il faut se baser sur le premier jour des dernières règles, et lui ajouter sept jours, et sur le mois des règles et lui ôter trois mois,

en supposant que les cycles ont été de 28 jours.
Exemple : les dernières règles ont commencé le 17 novembre de cette année, c'est-à-dire : 17 + 7 = 24 (c'est le jour) et 11 – 3 = 8 (c'est le mois). La date probable d'accouchement sera donc le 24 août de l'année suivante.
Il faut rechercher, dans la ligne du haut, le premier jour des règles dans le mois en question. Dans la ligne du dessous, il est possible de lire la date probable d'accouchement, même si les bébés s'y tenant sont peu nombreux. Quand bien même ces calculs seront effectués, il faut savoir que quatre enfants sur cent naissent au moment prévu, chacun déterminant avec sa mère « dans un langage non verbal » quand il est prêt à venir au monde. La date calculée n'est ainsi qu'une valeur statistique moyenne. De nombreuses femmes désapprouvent que, la date limite dépassée, le téléphone sonne sans interruption, la famille et les amis venant aux informations. Pour éviter cela, il suffit simplement de reculer un peu la date prévue.

LA DATE D'ACCOUCHEMENT

➤ janvier	**1**	**2**	**3**	**4**	**5**	**6**	**7**	**8**	**9**	**10**	**11**	**12**	**13**	**14**	**15**	**16**	**17**	**18**	**19**	**20**	**21**	**22**	**23**	**24**	**25**	**26**	**27**	**28**	**29**	**30**	**31**
oct./nov.	8	9	10	11	12	13	14	15	16	17	18	19	20	21	22	23	24	25	26	27	28	29	30	31	1	2	3	4	5	6	7
➤ février	**1**	**2**	**3**	**4**	**5**	**6**	**7**	**8**	**9**	**10**	**11**	**12**	**13**	**14**	**15**	**16**	**17**	**18**	**19**	**20**	**21**	**22**	**23**	**24**	**25**	**26**	**27**	**28**	**29**		
nov./déc.	8	9	10	11	12	13	14	15	16	17	18	19	20	21	22	23	24	25	26	27	28	29	30	1	2	3	4	5			
➤ mars	**1**	**2**	**3**	**4**	**5**	**6**	**7**	**8**	**9**	**10**	**11**	**12**	**13**	**14**	**15**	**16**	**17**	**18**	**19**	**20**	**21**	**22**	**23**	**24**	**25**	**26**	**27**	**28**	**29**	**30**	**31**
déc./jan.	6	7	8	9	10	11	12	13	14	15	16	17	18	19	20	21	22	23	24	25	26	27	28	29	30	31	1	2	3	4	5
➤ avril	**1**	**2**	**3**	**4**	**5**	**6**	**7**	**8**	**9**	**10**	**11**	**12**	**13**	**14**	**15**	**16**	**17**	**18**	**19**	**20**	**21**	**22**	**23**	**24**	**25**	**26**	**27**	**28**	**29**	**30**	
jan./févr.	6	7	8	9	10	11	12	13	14	15	16	17	18	19	20	21	22	23	24	25	26	27	28	29	30	31	1	2	3	4	
➤ mai	**1**	**2**	**3**	**4**	**5**	**6**	**7**	**8**	**9**	**10**	**11**	**12**	**13**	**14**	**15**	**16**	**17**	**18**	**19**	**20**	**21**	**22**	**23**	**24**	**25**	**26**	**27**	**28**	**29**	**30**	**31**
févr./mars	5	6	7	8	9	10	11	12	13	14	15	16	17	18	19	20	21	22	23	24	25	26	27	28	1	2	3	4	5	6	7
➤ juin	**1**	**2**	**3**	**4**	**5**	**6**	**7**	**8**	**9**	**10**	**11**	**12**	**13**	**14**	**15**	**16**	**17**	**18**	**19**	**20**	**21**	**22**	**23**	**24**	**25**	**26**	**27**	**28**	**29**	**30**	
mars/avril	8	9	10	11	12	13	14	15	16	17	18	19	20	21	22	23	24	25	26	27	28	29	30	31	1	2	3	4	5	6	
➤ juillet	**1**	**2**	**3**	**4**	**5**	**6**	**7**	**8**	**9**	**10**	**11**	**12**	**13**	**14**	**15**	**16**	**17**	**18**	**19**	**20**	**21**	**22**	**23**	**24**	**25**	**26**	**27**	**28**	**29**	**30**	**31**
avril/mai	7	8	9	10	11	12	13	14	15	16	17	18	19	20	21	22	23	24	25	26	27	28	29	30	1	2	3	4	5	6	7
➤ août	**1**	**2**	**3**	**4**	**5**	**6**	**7**	**8**	**9**	**10**	**11**	**12**	**13**	**14**	**15**	**16**	**17**	**18**	**19**	**20**	**21**	**22**	**23**	**24**	**25**	**26**	**27**	**28**	**29**	**30**	**31**
mai/juin	8	9	10	11	12	13	14	15	16	17	18	19	20	21	22	23	24	25	26	27	28	29	30	31	1	2	3	4	5	6	7
➤ septembre	**1**	**2**	**3**	**4**	**5**	**6**	**7**	**8**	**9**	**10**	**11**	**12**	**13**	**14**	**15**	**16**	**17**	**18**	**19**	**20**	**21**	**22**	**23**	**24**	**25**	**26**	**27**	**28**	**29**	**30**	
juin/juillet	8	9	10	11	12	13	14	15	16	17	18	19	20	21	22	23	24	25	26	27	28	29	30	1	2	3	4	5	6	7	
➤ octobre	**1**	**2**	**3**	**4**	**5**	**6**	**7**	**8**	**9**	**10**	**11**	**12**	**13**	**14**	**15**	**16**	**17**	**18**	**19**	**20**	**21**	**22**	**23**	**24**	**25**	**26**	**27**	**28**	**29**	**30**	**31**
juillet/août	8	9	10	11	12	13	14	15	16	17	18	19	20	21	22	23	24	25	26	27	28	29	30	31	1	2	3	4	5	6	7
➤ novembre	**1**	**2**	**3**	**4**	**5**	**6**	**7**	**8**	**9**	**10**	**11**	**12**	**13**	**14**	**15**	**16**	**17**	**18**	**19**	**20**	**21**	**22**	**23**	**24**	**25**	**26**	**27**	**28**	**29**	**30**	
août/sept.	8	9	10	11	12	13	14	15	16	17	18	19	20	21	22	23	24	25	26	27	28	29	30	31	1	2	3	4	5	6	
➤ décembre	**1**	**2**	**3**	**4**	**5**	**6**	**7**	**8**	**9**	**10**	**11**	**12**	**13**	**14**	**15**	**16**	**17**	**18**	**19**	**20**	**21**	**22**	**23**	**24**	**25**	**26**	**27**	**28**	**29**	**30**	**31**
sept./oct.	7	8	9	10	11	12	13	14	15	16	17	18	19	20	21	22	23	24	25	26	27	28	29	30	1	2	3	4	5	6	7

9 – 12 semaines

Incroyable : lors de l'échographie se remarque toute l'activité vitale qui s'installe dans le ventre, tandis qu'à l'extérieur, rien n'est encore repérable. Cependant, il est possible que les premiers signaux soient déjà ressentis, comme la transformation de la poitrine.

Maman change

A ce stade, vous avez déjà vu le bébé lors de l'échographie. N'était-ce pas un spectacle fascinant ? Même si vous aviez l'impression de distinguer, à l'écran, un paysage lunaire gris noir, le médecin vous aura certainement expliqué l'image. Et la petite tache brune, qui gargouillait régulièrement, c'était le cœur de votre bébé !

Le corps ne ment pas

Vous quittez le cabinet médical en emportant une pile de brochures relatives à la grossesse. Vous avez beau regarder votre ventre, il n'en devient pas plus gros. Pourtant, le corps livre des signaux évidents et révèle que vous êtes enceinte : les seins en sont le meilleur exemple. Le sentiment de tension ne vous quitte plus et les seins sont toujours hypersensibles. Pour cette raison, de nombreuses femmes préfèrent ne plus dormir sur le ventre.
L'aréole du mamelon s'est elle aussi transformée : elle est devenue plus sombre et les glandes sébacées deviennent proéminentes. Les glandes de Montgomery sécrètent de l'huile naturelle, afin que les mamelons conservent mollesse et souplesse. C'est une manière de préparer les seins à l'allaitement. Les bouleversements hormonaux attendrissent aussi les lèvres de la vulve : elles grossissent et sont plus sensibles. Il vaut mieux éviter, dès lors, les slips courts et les pantalons étroits, le clitoris devenant lui aussi plus sensible.

Les pertes vaginales sont plus importantes aussi, les glandes dans le col de l'utérus étant plus actives. Nulle raison de s'inquiéter, tant que les sécrétions restent liquides, blanchâtres ou d'un jaune clair. Le risque d'infection vaginale existe, si leur odeur est très forte, si elles sont légèrement verdâtres ou si les démangeaisons surgissent.

La quantité de sang augmente

La quantité de sang du système circulatoire passe de 5 à environ 6,5 litres pendant la grossesse. Cela garantit que la mère et le bébé en seront suffisamment pourvus. Des petites varices peuvent apparaître, résultant de l'augmentation du volume sanguin qui élargit les vaisseaux, et de la stagnation du sang.
Ces minuscules varices, aussi fines qu'un cheveu, sont de petites lignes bleues visibles sous la surface de la peau et sont le stade qui précède les varices à proprement parler. Elles pourront disparaître au moyen du rayon laser, après la naissance. Il vaut cependant mieux éviter tout simplement leur apparition (voir chapitre 2). Par ailleurs, la femme peut ressentir une pression plus importante sur la vessie et être amenée à aller plus souvent aux toilettes. La raison en est que le métabolisme de la mère et de l'enfant change, entraînant ainsi une plus grande production de déchets liquides.
Ce phénomène est davantage accru lorsque l'utérus grandissant exerce une pression sur la vessie. Plus d'un partenaire amusé constate que sa femme connaît bien toutes les toilettes pour dames, dans les supermarchés et les restaurants, dans un périmètre de cinq kilomètres…

Nombre de femmes éprouvent encore une fatigue paralysante, guère surprenante : grâce aux hormones concernées, le corps effectue un travail extraordinaire. C'est pourquoi il est nécessaire de se ménager le plus grand nombre possible de pauses. La pleine forme reviendra très vite, et la fatigue de plomb sera alors un souvenir.

Ce que les nausées ont de bon

Il faut souhaiter que les nausées disparaissent tout aussi vite. Bien qu'elles soient très désagréables, elles ont l'avantage de stabiliser la grossesse. Comme la fatigue, elles obligent à s'adapter à la nouvelle situation et à réserver l'énergie.

Si l'envie de sexe diminue durant ces semaines, le besoin de tendresse et de proximité augmente. Il faut en parler avec le partenaire, pour qui la situation est nouvelle. Peut-être est-il aussi désta-

INFO | QUE FAIRE ?

Ne pas oublier :
- Le deuxième examen prénatal
- La première échographie sur écran
- S'informer sur l'hôpital ou la clinique, le gynécologue, la sage-femme

bilisé ? Parler à cœur ouvert des angoisses, des préoccupations et des souhaits est indispensable. La confiance mutuelle renforce la relation pour les mois qui suivent.

Je devrais être encore plus heureuse…

Un autre élément peut encore rendre la vie difficile à ce stade : c'est la mauvaise conscience, car monte le sentiment de ne pas se réjouir de la grossesse comme on le devrait. Aucune femme ne se trouve, en fait, en permanence au septième ciel, durant sa grossesse. A côté de la joie et de l'envie d'avoir un enfant, quelques angoisses se développent : l'enfant sera-t-il en bonne santé ? Peut-on être une bonne mère ? Veut-on en porter la responsabilité ? Comment le couple évolue-t-il ? Peut-on se réaliser soi-même, en tant que femme ? Que deviendra la situation professionnelle ? Si une grossesse dure quarante semaines, ce n'est pas le fait du hasard. C'est en effet un moment important, durant lequel le père et la mère doivent s'habituer à la nouvelle situation. Les larmes peuvent monter, sans raison apparente. Il ne faut pas oublier que, durant la grossesse, les hormones bouleversent l'organisme.

Une saine fatigue : écoutez votre corps lorsqu'il vous oblige à freiner votre rythme de vie : le monde continuera de tourner, même sans votre participation active.

Restez détendue !

Les amis qui sont déjà parents donneront des conseils bienveillants, concernant le ressenti, et annonceront, en pointant du doigt, que désormais tout va changer dans la vie. Ils ont bien raison. Adieu le restaurant préféré, les grasses matinées et le petit déjeuner paisible. Au lieu de cela, se profilent des difficultés à trouver le calme, un manque de sommeil chronique et un réfrigérateur vide. Personne pourtant ne peut prédire les futurs comportements après la naissance, face à la nouvelle situation. Ce n'est pas une raison pour s'inquiéter : toute femme enceinte est, à certains moments, assaillie par le doute. Tous les parents vous affirmeront aussi que, pour le sourire de votre bébé, vous serez prête à tout !

Témoignage

Nina (29 ans) est kinésithérapeute, et Andreas (30 ans) est diplômé en gestion d'entreprise. A ce moment, Nina est à 30 semaines de grossesse.

Le test de grossesse

Andreas : *Avant la première grossesse, nous avons décidé de supprimer les moyens contraceptifs, et d'observer ce qui allait arriver. Une fois la pilule arrêtée, les cycles de Nina étaient devenus irréguliers. A cette époque-là, elle se réjouissait déjà à l'idée d'être enceinte, au point qu'elle croyait l'être dès le moindre retard de règles. A chaque fois, elle achetait un test de grossesse. Ainsi s'est installée une période de tension qui se répétait : elle faisait un test et nous attendions, pleins d'espoir, à l'idée qu'il soit positif. Puis la déception intervenait : le test était négatif. Nina avait souvent ses règles juste après. Nous en avons fait quatre et Jonas s'est manifesté au bout du cinquième. J'étais heureux de ne plus vivre cette alternance de moments d'espoirs et de déceptions. Dans ces moments-là, je faisais de mon mieux pour apporter mon soutien à Nina, mais elle se projetait déjà à nouveau dans l'idée d'être vite enceinte, alors qu'à mes yeux, le temps n'avait pas d'importance.*

Au moment de la deuxième grossesse, nous avions déjà de l'expérience. Nous étions même tellement expérimentés que nous étions persuadés que nous allions donner une petite sœur à Jonas. Il existe des centaines de moyens pour influencer le sexe de l'enfant. Nous avons aussi tenté de respecter ces conseils, mais le résultat a prouvé que la nature ne se manipule pas, et maintenant nous sommes

contents d'avoir un deuxième garçon. A sa deuxième grossesse, Nina a refusé de faire un test et a désiré patienter jusqu'à la première consultation médicale. Au bout d'une semaine et demie de retard de règles, j'ai souhaité qu'elle fasse un test. J'en ai acheté un dans une pharmacie, et il a confirmé très vite que Nina était enceinte. Cela a été bien moins stressant pour nous deux. Pour Jonas, nous avons eu recours à cinq tests et pour cet enfant-ci, à un seul.

Nina *(riant) : Lorsque j'ai cru que j'étais enceinte, tu m'as dit : « Ne va pas chercher un test tout de suite. C'est pourtant ce que j'ai fait…*

Bébé grandit

Le corps travaille, inlassablement, à plein régime : il est totalement préoccupé par la division cellulaire.

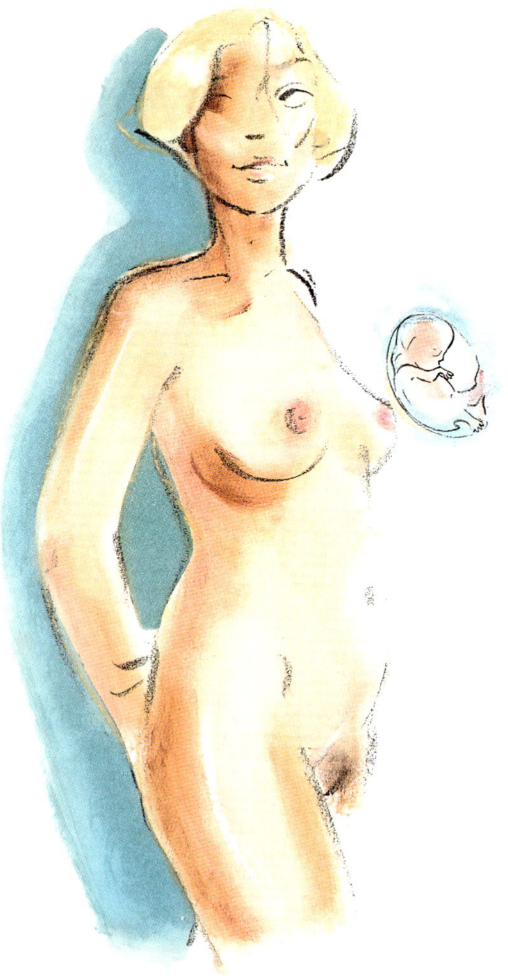

Examen du fond de l'utérus : il peut être palpé, de l'extérieur, juste au-dessus du pubis. La première grande échographie a généralement lieu ce mois-ci.

Tous les organes présents exercent, pour certains déjà, leur fonction : les reins évacuent l'urine, le foie produit des cellules sanguines, l'estomac forme les premiers sucs gastriques et le cœur pompe, avec force, le sang dans le corps. Aucun doute, l'embryon est bien vivant. A partir de la neuvième semaine, les nerfs et les muscles collaborent. L'embryon oscille lentement, d'avant en arrière, il bouge les jambes et les bras, tourne la tête et s'étire, de temps en temps. Si ces mouvements servent d'entraînement, ils ont aussi une autre signification fondamentale, en adéquation avec les mouvements de la mère : ils sont nécessaires à l'évolution du cerveau.

Formation de la tête

Au début de la neuvième semaine, le cerveau accomplit des progrès considérables. En l'espace de deux jours seulement, entre le 31e et le 33e jour environ, il grandit de 25 %. Pendant la période de grossesse, en moyenne 250 000 cellules nerveuses (neurones) sont en effet formées, par minute.
Durant cette phase, la bouche présente des lèvres et un début de langue. Au même moment, les mâchoires inférieure et supérieure se forment, ainsi que les bourgeons pour les vingt dents de lait.

Presque simultanément, la membrane de l'œil est pigmentée. Les yeux de l'embryon sont encore ouverts vers la dixième semaine, car les paupières ne

INFO | PLEIN DE VIE

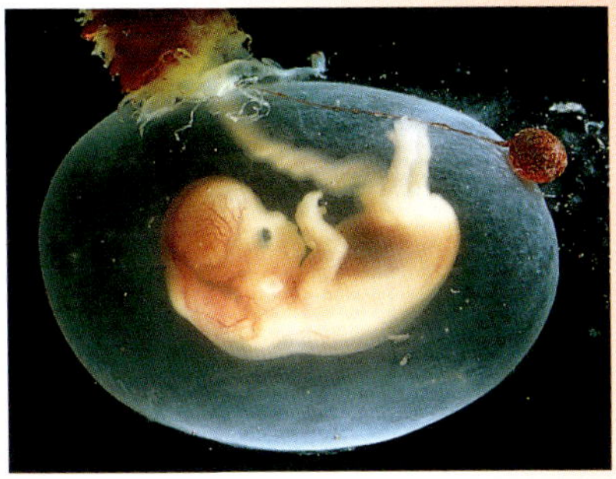

➤ **Dès la huitième** ou neuvième semaine, le foie et le cœur remplissent la totalité de la cavité pulmonaire de l'embryon, qui flotte comme un astronaute dans la poche amniotique. La petite poche, au bord, est le sac vitellin qui servait à la formation sanguine initiale de l'embryon. Progressivement, vu que son activité sera relayée par la moelle osseuse, le foie et la vésicule, ce sac disparaîtra.

se forment qu'à la fin de la douzième semaine. Les yeux sont encore éloignés de façon inhabituelle, mais ils se sont déjà déplacés vers l'avant du visage. Enfin, les canaux lacrymaux apparaissent. Aux environs du 35e jour après la fécondation, des bourrelets se dessinent autour des narines, d'où le nez se formera. A l'échographie, il est déjà reconnaissable, à sa forme retroussée. Quant à la tête, elle est encore la partie la plus grosse du corps de l'embryon.

Bébé a des empreintes digitales

Au bout des doigts, le berceau des ongles se distingue maintenant. Au cours de la dixième semaine, les stries et les lignes de vie se forment au bout des doigts ; l'empreinte digitale est terminée.

Maintenant que tous les organes sont en place, l'embryon commence à prendre de la taille et du poids. Le squelette, qui n'était que cartilage, se met à durcir. Les premières cellules osseuses apparaissent aux environs du 49e jour après la fécondation. Au 49e jour, l'embryon a sept semaines et il est complet.

L'embryon devient fœtus

A ce stade, les cellules ne doivent plus se différencier ni se spécialiser, car elles ont déjà agencé toutes les parties du corps ainsi que les organes. Maintenant, le minuscule corps doit grandir et ses organes se différencier avec précision. La phase de formation des organes (organogenèse) est en grande partie terminée. Lui succède ensuite la phase de croissance.

Le fœtus mesure environ huit centimètres et pèse 25 grammes. La tête a un diamètre d'environ 22 millimètres.

A la fin de ce mois de grossesse, on ne parle plus d'embryon, mais de fœtus (en latin « jeune » ou « descendant »). Une nouvelle étape de développement a ainsi commencé.

Questions, préoccupations

♀ *« Je suis dans ma onzième semaine et je lutte chaque jour contre les nausées. Au lieu de grossir, j'ai perdu 1,5 kg. Est-ce normal ? »*

De nombreuses femmes perdent du poids en début de grossesse, notamment à cause des nausées, car elles vomissent ou ne peuvent avaler quoi que ce soit. Nulle raison de s'inquiéter : l'enfant va bien, il prend ce dont il a besoin. Si le besoin énergétique n'a pas encore augmenté, celui en vitamines et en oligoéléments comme l'acide folique et l'iode est en revanche plus élevé. Les médecins prescrivent souvent des compléments. Cependant, une femme enceinte doit avoir grossi à partir du quatrième mois.

♂ *« Jusqu'à quand le médecin pratique-t-il une échographie endovaginale, et à partir de quand effectue-t-on l'échographie externe ? »*

Si l'échographie endovaginale est utilisée en tout début de grossesse, c'est qu'elle permet de mieux observer les plus petites structures. On y a recours en cas d'incertitude concernant la date de fécondation, pour vérifier si le noyau est situé à l'endroit adéquat, c'est-à-dire s'il grandit bien dans l'utérus et non dans une trompe, pour vérifier si la cavité amniotique présente la taille requise (35 jours après les dernières règles, elle doit mesurer environ cinq millimètres), enfin pour observer d'éventuelles transformations dans l'utérus, comme la présence de myomes, par exemple. Souvent inoffensifs, ils peuvent, dans certains cas rares, empêcher la croissance de l'embryon. Vers la douzième semaine, lorsque l'enfant s'est davantage ancré dans le ventre, le médecin procède à l'échographie externe. En fin de grossesse, on peut être amené à utiliser à nouveau l'échographie endovaginale, par exemple lorsque le médecin souhaite disposer d'une image plus précise de l'état actuel du col de l'utérus.

♀ *« J'ai un chat, tout le monde me prévient des dangers de la toxoplasmose. Dois-je me séparer de l'animal ? »*

Lorsque vous vivez avec un chat, vous êtes sans doute immunisée contre l'agent pathogène, en supposant que votre animal soit porteur du parasite. En cas de contact avec une bête atteinte de toxoplasmose, le risque de contagion existe. La raison en est que ces animaux propres se nettoient le pelage avec « le même gant de toilette » que celui utilisé pour nettoyer leur derrière. C'est pourquoi il est préférable, par précaution, de prendre l'habitude de vous laver systématiquement les mains avant de manger, et après tout contact avec l'animal ! Pour en savoir plus, reportez-vous à la page 114.

♀ *« Depuis que je suis enceinte, j'ai des flatulences. Parfois mon ventre est vraiment gros. Cela nuit-il au bébé ? »*

Non, bien au contraire. Le bébé est au chaud, bien protégé dans l'utérus et il s'est habitué depuis longtemps aux gargouillements et aux bouillonnements de l'estomac et de l'intestin. Le ventre est certes plus ballonné en fin de journée, mais cela ne nuit à l'enfant que si cela l'empêche de se nourrir. La constipation est souvent la cause des flatulences. Il est préférable de prendre plutôt de petits repas, et d'éviter de manger trop copieusement. Il faut aussi penser à prendre le temps de se nourrir, car ingurgiter de façon vorace ou rapidement, en déplacement, fait avaler beaucoup d'air. Bien mâcher est aussi à moitié digérer. Enfin, sont à éviter les aliments qui provoquent des flatulences : oignons, choux, brocolis, fritures et sucreries.

♂ *« Le soir de la conception de l'enfant, j'ai bu de la bière en bonne quantité. Dois-je craindre une anomalie chez le bébé ? »*

Non. Un jeune homme en bonne santé produit quotidiennement dix millions de spermatozoïdes dans les testicules, c'est-à-dire plus de mille spermatozoïdes par seconde. Avant d'être prêts pour la fécondation, ils sont stockés et ils mûrissent dans l'épididyme ; cela dure, au moins, deux mois. Lorsque les spermatozoïdes sont à l'intérieur du corps de la femme et qu'ils font le grand voyage, ils sont déjà complètement mûrs. L'alcool absorbé le jour de la conception n'a donc aucune influence sur la santé de l'enfant.

♂ *« Mon épouse aimerait que je participe aux cours de préparation à l'accouchement. Je n'en ai pourtant pas envie. Cela vaut-il la peine que j'y aille ? »*

Controverse : pourquoi ne le souhaitez-vous pas ? Peut-être craignez-vous d'être confronté à des situations pénibles ou douloureuses. Sachez cependant que tous les participants du cours sont sur le même bateau, et qu'un événement palpitant leur donne tous rendez-vous. Saisissez donc l'opportunité et montrez à votre femme que vous êtes solidaire de sa situation. Par ailleurs, les sages-femmes relatent toujours que les partenaires sont très reconnaissants à la fin des cours de préparation à l'accouchement, car ils peuvent imaginer le déroulement de la naissance, dans des circonstances normales, et comprendre quels comportements adopter dans des situations critiques, et par quels moyens soutenir leur partenaire. Ce cours leur apprend que l'affirmation « je ne peux de toute façon rien faire pendant l'accouchement » est fausse, et ils réalisent aussi combien leur aide est irremplaçable.

♀ *« Au cours de ma première grossesse, j'avais toujours des nausées pendant les trois premiers mois. Dois-je m'attendre à en avoir aussi pendant la deuxième ? »*

Voici un autre exemple : celui qui a dû lutter contre la diarrhée juste avant son dernier examen pense qu'il sera confronté au même problème au prochain. Il en va de même avec les nausées. Le risque de répétition existe si les conditions de base de la deuxième grossesse sont les mêmes. On peut cependant lutter de plusieurs façons (se reporter au chapitre 2). Le psychisme joue évidemment un rôle fondamental. En dialoguant avec la sage-femme ou le médecin et en ayant recours à la médecine alternative (par exemple, l'homéopathie), il est possible de rechercher les causes et de les éliminer.

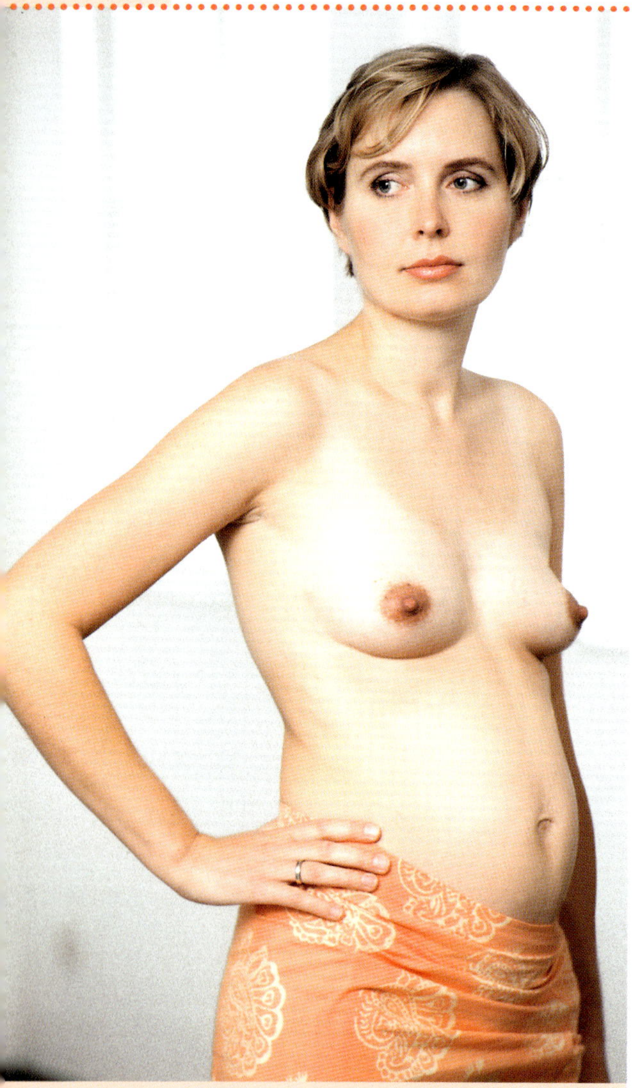

13 – 16 semaines

Le ventre est légèrement bombé, mais cela dépend de votre corpulence et de votre taille. Les seins ont grossi. On voit peut-être la linea nigra, une ligne sombre, du nombril au pubis.

Maman change

Il faut se réjouir, car les douze semaines les plus critiques sont passées. La grossesse est entrée dans une phase plus stable et le risque de fausse couche est désormais atténué. Les désagréments se sont estompés ou ont totalement disparu : nausées matinales, constante fatigue et sensation de tension au niveau des seins. Si ceux-ci sont nettement moins sensibles chez de nombreuses femmes, ils grossissent toujours. Aussi les femmes qui n'aimaient pas porter un soutien-gorge devront se résoudre à en porter un, dès maintenant, pour éviter l'affaissement des seins par la suite. Il arrive que les mamelons démangent, car les tissus des glandes mammaires se multiplient.

Premières gouttes de lait…

De nombreuses femmes remarquent que du liquide sort des mamelons si une pression y est exercée, ce qui indique que les glandes et les canaux galactophores se mobilisent déjà pour produire ce qui est appelé le premier lait.

L'utérus a tant grossi qu'il est maintenant possible de le sentir, en plaçant deux à trois doigts en travers, au-dessus du pubis.
Il est passé de la taille d'un œuf de poule à la grosseur d'un poing. Dès lors, la prise de poids moyenne sera de 250 grammes par semaine et le ventre va s'arrondir petit à petit.

Le fait que le ventre se voie peu ou soit très visible dépend de la corpulence. Certaines femmes soulignent déjà l'existence d'un petit ventre à ce stade, tandis que chez d'autres, rien n'est encore apparent.

La rétention d'eau peut par ailleurs entraîner un gonflement des mains et des pieds. Lorsqu'une femme est sujette aux varices et aux hémorroïdes, elle risque d'en avoir à ce stade de la grossesse.

Beauté naturelle

Avoir le nez bouché ou des saignements de nez ne doit pas inquiéter : cela est dû au taux élevé d'hormones faisant gonfler la muqueuse nasale. Ce sont aussi les hormones qui transforment le visage : nombreuses sont celles qui, souffrant auparavant d'impuretés de la peau, ont maintenant une peau claire et pure et un magnifique teint rosé. Les tissus sous-cutanés sont hydratés et rembourrent les ridules et les traits, raffermissant la peau du visage. Elle est lisse et régulière. En revanche, d'autres femmes souffrent de troubles cutanés inédits. De petites taches rouges peuvent apparaître sur le visage, les mains et les bras. Nulle crainte à développer, car les problèmes de peau liés à la grossesse disparaissent après l'accouchement.

A ce stade, l'aréole des mamelons devient plus sombre, et peut apparaître une mince ligne brunâtre, la *linea nigra*, allant du sternum au pubis ; elle parcourt tout le ventre. La pigmentation s'altère chez les femmes brunes aux yeux marron.

Les vergetures s'estompent

D'autres lignes peuvent aussi surgir : ce sont les vergetures. Il s'agit de bandes longitudinales d'un millimètre de large, qui apparaissent sur la poitrine, le ventre et les fesses.

Pourquoi certaines femmes subissent-elles ces inconvénients ? Sans doute est-ce une question de dispositions ou d'alimentation. Les vergetures se dessinent lorsque les tissus conjonctifs ne peuvent plus lutter contre la pression et l'augmentation du volume d'eau. Une déchirure naît et se profile une ligne allant du rose foncé au lilas, qui s'estompe ensuite. Il est donc utile d'adopter une alimentation riche en vitamines : la vitamine E est particulièrement recommandée, car elle maintient l'élasticité de la peau. Progressivement, les nausées se dissipent, l'appétit revient et le plaisir de manger renaît. Il est donc opportun de prévoir une alimentation riche et équilibrée, pour soi et le bébé (voir le chapitre 3).

INFO | QUE FAIRE ?

Ne pas oublier :

- Le troisième examen prénatal
- Faire, au besoin, un examen du liquide amniotique
- S'inscrire à un cours de préparation à l'accouchement

Bébé grandit

Dans son « studio », le fœtus a tant de place qu'il s'agite de bon cœur, ce qui lui permet de coordonner le travail de ses muscles : le bébé donne des coups de coude et de pied, étire les orteils, plisse le front, serre les poings, incline la tête et fait des galipettes de côté ou d'avant en arrière.

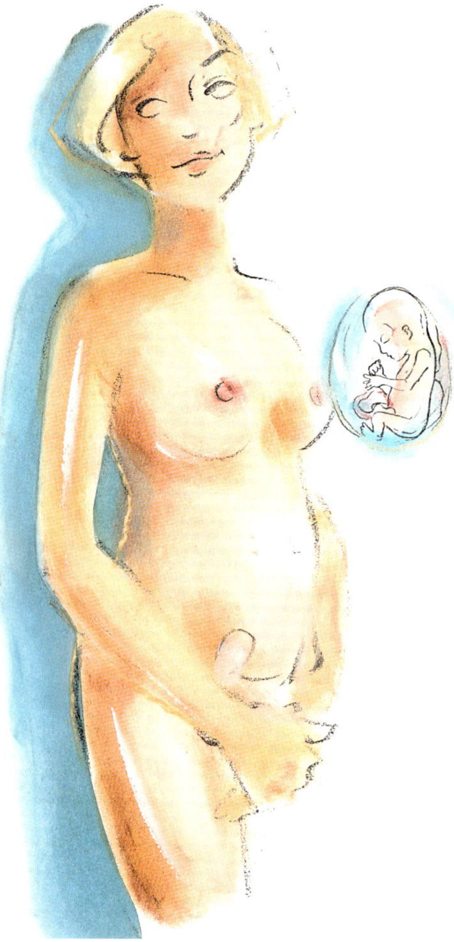

L'utérus est devenu si grand qu'il peut être palpé, environ deux à trois doigts au dessus du pubis. Il passe de la taille d'un œuf de poule à celle d'un œuf d'oie.

Il est aisé de jouer à l'acrobate dans le liquide amniotique, à une température de 37,5 °. Ces mouvements contribuent à la construction du cerveau et entraînent aussi la mobilité. Ainsi, le bébé peut changer de position dans l'utérus de façon autonome, quand la mère adopte une posture inconfortable. Il peut ainsi en changer au moins vingt fois par heure. A ce stade, la mère ne le perçoit pas.

Les yeux se ferment

Les proportions du petit corps se transforment : la tête ralentit sa croissance, le reste du corps s'achève. Le cou se forme, les bras et les jambes grandissent, les ongles apparaissent. Les oreilles et les yeux prennent forme, et les paupières sont maintenant devenues si grandes qu'elles couvrent les yeux. Ceux-ci se ferment désormais et ne se rouvriront que dans trois mois.

Au programme d'entraînement du mois, la « respiration ». Le diaphragme commence son travail. En se recroquevillant et en s'étirant régulièrement, il entraîne les poumons à prendre l'air et à l'expulser, pour après la naissance. Les poumons n'aspirent pas encore d'air dans le ventre de la mère, mais seulement de minuscules gorgées de liquide amniotique.

INFO | LIEN

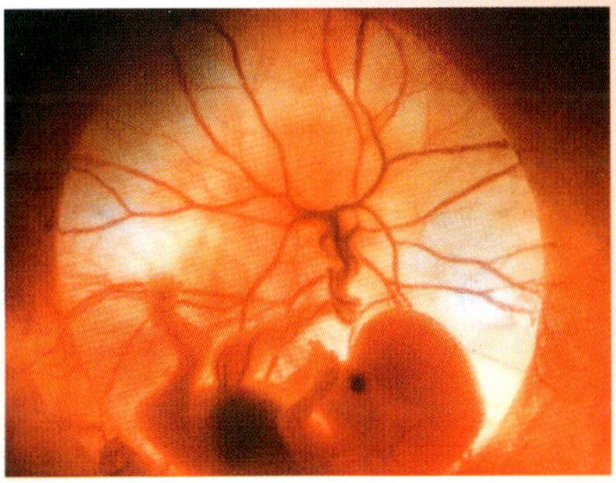

➤ **L'embryon** au début du quatrième mois : arrimé au cordon ombilical qui lui est vital, il nage dans le liquide amniotique qui le nourrit et protège son petit corps frêle des coups et des pressions. Il peut déjà goûter au sucré du liquide amniotique, entendre et gérer son positionnement dans l'utérus.

Cela sert probablement au développement des poumons, dont les vésicules ne seront totalement achevées qu'en fin de grossesse. En fait, l'apport en oxygène s'effectue par le placenta.

Le hoquet est une autre forme d'entraînement du diaphragme. Il arrive inopinément, et chez certains bébés, jusqu'à cent fois par heure. Parallèlement à la respiration, le bébé s'entraîne à avaler et sucer. Il doit en effet maîtriser ces deux activités après la naissance. Le minuscule fœtus boit maintenant de minuscules gorgées de liquide amniotique. Sa langue est déjà pourvue de papilles gustatives. Les glandes biliaires travaillent, tout autant que l'estomac, les reins et l'intestin. Les résidus de digestion qui sont durs restent dans l'intestin et seront évacués après l'accouchement. Quant aux déchets liquides, ils sont évacués dans l'urine. Bien que l'urine entre dans le liquide amniotique, elle ne le souille pas car elle est stérile et celui-là est renouvelé toutes les dix à douze heures.

Bébé a ses premiers cheveux

Pendant ce mois de grossesse, le bébé se recouvre d'un très fin duvet, le *lanugo* sur tout le corps. On ignore encore à quoi il sert. Chaque poil sert probablement à fixer l'enduit sébacé qui, imperméable, protège le corps du bébé. Il est certain que les poils ont quasiment disparu à la naissance : restent les cheveux, sur la tête.

Vers la fin de ce mois, les parties génitales se développent, de sorte qu'au moment de l'échographie, des pronostics concernant le sexe de l'enfant peuvent être établis.
Il mesure environ 15 centimètres de long et pèse 200 grammes. La tête a un diamètre de 35 millimètres environ, et les mains mesurent 1,4 millimètre.

Le placenta

Le mot « placenta » vient du latin et signifie « gâteau ». Il s'agit d'un amas d'innombrables vaisseaux sanguins, se ramifiant comme les branches d'un arbre. Les touffes, qui ressemblent à des racines, se sont enracinées à un endroit de la muqueuse utérine. Ancré à cet endroit, l'organe se développe, devient un voile plat et reste fixé jusqu'à la fin de la grossesse.

Fourniture d'anticorps

Le placenta, avec les vaisseaux sanguins appartenant au système de la circulation sanguine de l'enfant, est entouré par le sang maternel qui livre les substances nutritives telles que les vitamines, l'eau et l'oxygène. Elles traversent, sous la forme de molécules, les parois poreuses des vaisseaux sanguins et, chargées d'anticorps, parviennent au système circulatoire de l'enfant. Les déchets et les dioxydes de carbone sont évacués au même moment.

Le placenta se charge aussi de remplir la fonction de filtre et éloigne les substances nocives et toxiques. Cet organe produit, par ailleurs, des hormones servant à préserver la grossesse.
Dès que l'enfant est né, le placenta, qui a achevé son travail, quitte le ventre de la mère comme arrière-faix.
Certains parents emportent le placenta chez eux, et par exemple, l'enterrent dans le jardin et plantent un arbuste : cela porte bonheur, dit-on…

Le cordon ombilical

Le cordon ombilical, qui s'est développé à partir du ventre du bébé, le relie au placenta. Le cordon d'alimentation vital renferme les vaisseaux sanguins de l'enfant. Deux artères s'enroulent autour des veines et, parce que la veine est plus courte que les deux artères, le cordon se vrille comme un câble de téléphone. La veine de ce cordon achemine le sang chargé de substances nutritives et d'oxygène vers le corps de l'enfant, tandis que les deux artères transportent le sang usé vers le placenta. Cela se déroule très rapidement : le sang effectue un tour complet en environ trente secondes. La performance du cœur de l'enfant, par le biais du cordon ombilical, correspond à celle d'un sportif de haut niveau : au quatrième mois, environ 28 litres de liquide peuvent être brassés, et peu avant la naissance, le chiffre monte à environ 340 litres par jour.

INFO | DUO DE CHOC

- **Le placenta et le cordon ombilical** grandissent ensemble. En fin de grossesse, le premier a un diamètre d'environ 20 centimètres, son poids étant approximativement d'un demi-kilo. Le cordon ombilical mesurant, en fin de grossesse, 60 à 150 cm de long, est suffisamment long pour que la mère puisse tenir le nouveau-né dans ses bras tandis que le placenta reste attaché à la paroi de l'utérus.

Sans placenta, pas de vie : l'arbre de vie est accroché comme une pelote de nuages épais au fœtus (« jeune » en latin) âgé de 14 semaines. Tous les organes sont déjà en place ; à partir de maintenant, il faut grandir, grandir, grandir...

La cavité amniotique

Le cordon ombilical permet au bébé de disposer de l'oxygène dans la cavité amniotique. Il se compose de deux couches cellulaires : la membrane externe est le chorion, qui entoure aussi le cordon ombilical. Aussi fine qu'une feuille de papier, elle a des reflets d'argent et tapisse tout l'intérieur de l'utérus. La deuxième couche cellulaire est l'amnios. Elle tapisse la cavité amniotique de l'intérieur et s'est développée à partir des cellules de l'enfant. L'amnios enveloppe le liquide amniotique. Les deux couches réunies sont aussi épaisses que le caoutchouc d'un ballon gonflable. Le mot *amnios* vient du grec et signifie « petit agneau ». Lorsqu'ils naissent, les agneaux sont souvent enveloppés dans cette membrane.

La peau de la poche des eaux, se composant exclusivement de cellules vivantes, et provenant de l'amas cellulaire originel, s'adapte en permanence à la taille du bébé ; elle grandit avec lui.
Il arrive qu'elle éclate avant le début des contractions (perte prématurée des eaux). Sinon, elle se déchire pendant l'accouchement. En général, elle se perce à ce moment, idéalement, juste avant le début des contractions d'expulsion. Il arrive très rarement que la tête de l'enfant dépasse déjà du vagin alors qu'il est toujours dans la poche amniotique intacte. On raconte qu'un bébé naissant avec ce « bonnet de la chance » mènera une vie heureuse…

Le liquide amniotique

Celui-ci accomplit plusieurs tâches. Il procure à l'enfant un contexte susceptible de le faire séjourner dans l'apesanteur ; il maintient l'eau à une température d'environ 37,5 ° ; il livre à l'enfant des substances nutritives supplémentaires et le protège également contre les coups, en cas de chute de la mère, par exemple.

Durant les premiers mois, le liquide est fait d'eau, qui pénètre par le chorion et qui ressort par la peau du bébé. Plus tard, il est essentiellement composé de son urine. Le liquide amniotique est riche en sels, en minéraux, en sucre et en protéines. C'est une solution stérile, qui doit être renouvelée régulièrement, toutes les deux heures. La légère opacité provient de la présence de cellules mortes du fœtus et des substances nutritives.

Au cours des premières semaines, l'embryon flotte dans une quantité infime de liquide amniotique qui, vers le quatrième mois, équivaudra à environ un demi-litre. C'est le moment idéal pour réaliser un examen de ce liquide, à savoir une amniocentèse.

Plus l'enfant grandit, moins il a de place dans l'utérus et la quantité de liquide amniotique diminue. Au moment de l'accouchement, il ne reste plus que 500 à 1 500 millilitres, en moyenne 800, dans l'amnios.

Témoignage

Julia (31 ans), diplômée en gestion d'entreprise, et sa sœur Caroline (33 ans). A ce moment, Julia est à 37 semaines de grossesse.

Conversation avec sa sœur

Caroline : *Quand tu m'as annoncé que tu étais enceinte, je t'ai commandé secrètement des livres sur ce thème…*

Julia : *J'ai sans cesse reçu des présents de ta part : un livre, un magazine, des pantalons de grossesse…*

Caroline : *Qu'as-tu pensé lorsque tu as reçu ce colis ?*

Julia : *Cela m'a fait vraiment plaisir d'avoir une sœur si épatante !*

Caroline : *C'était aussi très agréable pour moi, parce que j'étais moi-même enceinte à ce moment-là. Lorsqu'on vit la même situation, on peut plus facilement comprendre…*

Julia : *C'était important de se sentir comprise. Je pouvais t'en parler pendant des heures au téléphone et te dire comme c'est passionnant de voir un petit embryon de 1,9 millimètre sur l'écran. Pratiquement aucune de mes amies ne pouvait le comprendre.*

Caroline : *Il y a une chose que j'aimerais savoir maintenant : tu ne voulais pas langer mon fils Anton, et cela m'a toujours étonnée. Je pensais que ce serait pour toi une façon de t'initier.*

Julia : *Je n'y ai jamais réfléchi. J'ai pensé que je saurais changer un bébé. Je n'ai jamais pensé que j'avais besoin de m'exercer.*

Caroline : *Je sais que j'ai appelé ma belle-sœur toutes les dix minutes lorsque mon premier fils est né ; je lui ai posé des tonnes de questions : « Mon bébé ne veut pas du biberon, que faire ? », ou bien : « Il crie depuis une demi-heure déjà, dois-je le remettre au lit ou lui donner à manger ? » Tu m'as aussi déjà demandé si tu pouvais m'appeler…*

Julia : *Et tu m'as répondu : à tout moment, de jour comme de nuit.*

Caroline : *N'hésite pas. Je serai toujours là pour toi.*

« Je sais que c'est nocif, mais je n'arrive pas à arrêter de fumer. Quelles en sont les conséquences pour mon enfant ? »

Votre enfant fume avec vous. Tentez de réduire la consommation le plus possible, l'idéal étant de fumer moins de 4 cigarettes par jour. Le placenta ne peut en effet protéger l'embryon de manière optimale lorsque la nicotine rétrécit les vaisseaux. Des études ont révélé que les bébés de fumeuses ont tendance à être plus petits et sous-alimentés lorsqu'ils viennent au monde. De même qu'un fumeur est, au cours de sa vie, plus sujet aux risques de rétrécissement des vaisseaux coronariens, d'infarctus ou d'artérite des membres inférieurs, de même la qualité du placenta est moindre, durant sa courte vie de neuf mois. Ainsi, lorsqu'une femme fume de manière active ou passive pendant sa grossesse, elle freine l'évolution physique et psychique de son enfant, au fur et à mesure qu'il grandit. Il est important d'en parler au médecin qui suivra davantage la grossesse, et fera pratiquer une ou deux échographies supplémentaires.
Les enfants de fumeuses sont souvent moins résistants, ceci même au moment de l'accouchement. Petite consolation pour les femmes enceintes fumeuses, incapables de s'arrêter : les sous-développements fréquemment remarqués au départ disparaissent le plus souvent progressivement. Il va de soi que chacun souhaite pourtant donner à son enfant les meilleures chances au départ...
Les parents fumeurs devraient ainsi profiter de cette belle occasion d'arrêter de fumer, au moment de la grossesse. C'est aussi une vérité évidente que de dire qu'un arrêt brutal de la dépendance à la nicotine nuirait à l'enfant.

« Je souffre depuis des semaines de constipation. Est-ce normal ? »

Rien d'alarmant à cela. Les troubles de la digestion sont liés au taux élevé des hormones détendant la musculature. Celle de l'estomac et de l'intestin est aussi plus lâche. L'utérus réduit ainsi l'espace des organes de digestion, si bien que ces derniers sont gênés dans leur travail. Il est donc précieux d'adopter une alimentation riche en fibres : aliments crus ou cuits, si possible avec leur peau, mais aussi pain, muesli, riz et pâtes complets ou fruits secs ; les pruneaux sont efficaces pour lutter contre la constipation. Il ne faut cependant pas en abuser, si l'on est habitué à une alimentation peu riche en fibres. Le mieux est d'élaborer des programmes de repas en y intégrant progressivement « de nouveaux produits riches en fibres », afin de ne pas trop solliciter les organes de digestion.
De plus, les femmes enceintes sont nombreuses à ne pas boire assez. Il est fondamental de boire beaucoup, l'idéal étant l'eau minérale et le thé ou la tisane non sucrée. Certaines ne jurent que par l'eau chaude avec du jus de citron frais non sucré. Le jus de pruneaux est aussi conseillé. En règle générale, six petits repas sont préférables, plutôt que trois trop copieux. Il faut aussi éviter de se nourrir très tard le soir. Enfin, un peu de mouvement est nécessaire : se promener à pied ou à vélo, pour stimuler la digestion.

« Je suis enceinte de 15 semaines et je voudrais que tout le monde voie mon ventre. J'aimerais tellement être déjà au septième mois... »

Beaucoup de femmes ne grossissent guère durant les premières semaines de grossesse. Tout le monde devrait pourtant s'apercevoir qu'un petit être grandit en vous... Il ne reste qu'à attendre, car le bébé croît et évolue. Vous pourrez bientôt le présenter fièrement. Au lieu de brûler d'impatience, il faut plutôt se réjouir d'être encore aussi vaillante. Dans quelques mois, vous vous serez tant arrondie que vous n'aspirerez qu'à pouvoir accomplir les tâches quotidiennes sans gêne : monter les escaliers, être allongée sur le ventre, vous mettre du vernis aux ongles de pied, mettre vos chaussures, etc.

« On me demande constamment si j'aimerais assister à l'accouchement. Je ne suis pas encore bien certain de pouvoir aider ma femme. »

Bien sûr, vous en êtes capable. Vous n'êtes pas obligé d'apprendre des exercices extraordinaires. Les seules choses qui importent sont votre présence, votre tendresse et votre soutien motivant. La connaissance intime de votre femme vous rend donc capable de savoir ce qui lui procure du bien-être. Vous ne devez pas pour autant avoir mauvaise conscience de ne pouvoir décharger votre partenaire de ce travail : la nature est ainsi faite que les femmes mettent au monde les enfants. Le seul fait d'entourer la future mère de tendresse l'aidera à gérer les contraintes et la douleur.

« Depuis que ma femme sait qu'elle est enceinte, elle n'a plus envie de sexe. Que lui arrive-t-il ? »

Profitez donc d'une atmosphère harmonieuse pour lui demander s'il y a un problème. Peut-être craint-elle que la relation sexuelle puisse nuire à l'enfant, ou encore son envie, dépendante des hormones, est-elle au point zéro. Peut-être n'a-t-elle envie, en ce moment, que de tendresse. De nombreuses causes peuvent expliquer ce fait et plutôt que de spéculer, mieux vaut en parler.

« Avant la grossesse, j'avais rarement un orgasme. Maintenant, je jouis à chaque fois, parfois à plusieurs reprises. Comment cela s'explique-t-il ? »

Nombre de femmes ont un orgasme après stimulation du clitoris. Et celui-ci, tout comme le vagin, s'est énormément transformé, après l'accumulation d'hormones : grâce à une meilleure circulation, il est plus sombre, et il a grossi. Cela vous rend plus sensible aux caresses.

« J'aime beaucoup nager. Dois-je craindre une infection, pendant la période de grossesse ? »

C'est un fait : les femmes risquent plus facilement d'attraper une infection vaginale en étant enceintes, car le système immunitaire est affaibli par la grossesse. Porter longtemps des vêtements de bains mouillés en dehors de l'eau peut aussi augmenter le risque d'infection. Il vaut donc mieux enlever le maillot de bain, immédiatement après avoir nagé.

♀ Questions de femmes enceintes ♂ Questions de futurs pères

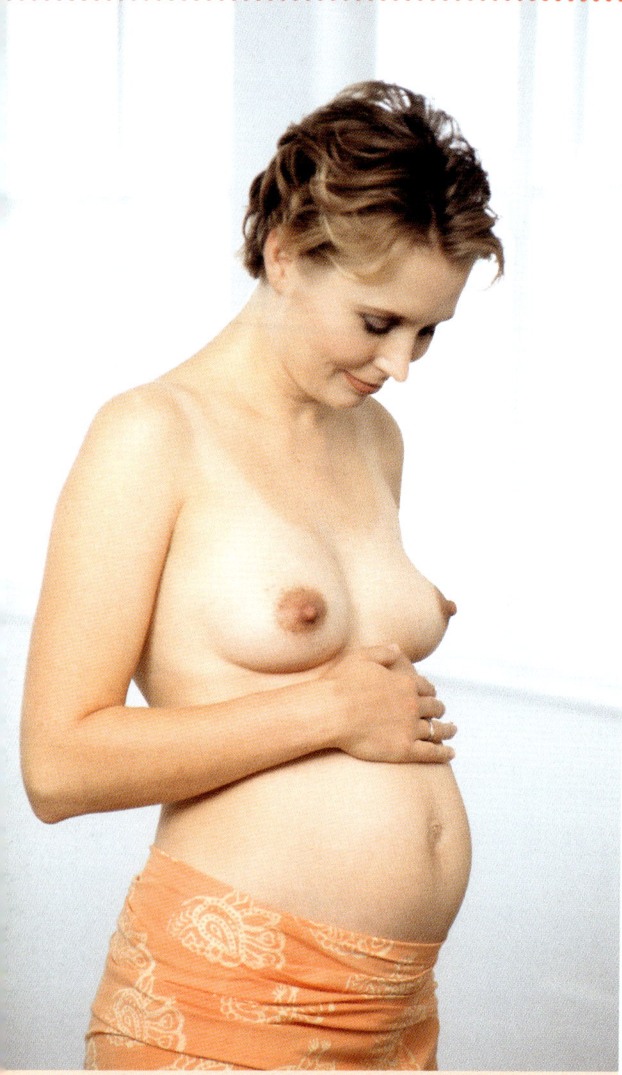

17 – 20 semaines

Grande première : c'est un mois très important. Le bébé a suffisamment de force et vous pourrez peut-être le sentir, durant les jours qui suivent. Maintenant, le ventre est bien visible. Chez de nombreuses femmes, la poitrine a très nettement grossi.

Maman change

La plupart des femmes enceintes mettront une priorité au programme ce mois-ci : se sentir bien. Les malaises de début de grossesse sont désormais du passé et, avec un peu de chance, ils n'apparaîtront plus durant les mois à venir. La future mère s'est maintenant habituée à être enceinte. Son ventre continue à s'arrondir, mais il n'est pas encore assez gros au point de gêner sa marche.

Déménager et voyager

La majorité des femmes se sentent globalement épanouies et débordent d'énergie. Il faut cependant se réserver des moments de repos, même s'il est question de profiter pleinement de cette vitalité et d'user du temps libre en se livrant à ses activités habituelles. Il est recommandé, si l'on veut entreprendre un voyage avant la naissance, de le faire durant cette période. C'est aussi le moment propice, s'il est question de déménager, ou de rénover ou d'achever la chambre du bébé. A ce moment, la plupart des femmes ont grossi en moyenne de 2 à 3 kg, prenant environ 300 grammes par semaine. La taille et les hanches sont plus rondes et les pantalons de début de grossesse sont trop étroits. Les femmes qui ont déjà plusieurs enfants ressentent davantage de gêne près de la ceinture du pantalon. Le bassin n'est ainsi pas une structure rigide, mais bien une ossature mobile, tendue par des muscles. Ceux-là se détendent progressivement au cours de la grossesse, sous l'influence des hormones et préparent le bassin pour l'accouchement, afin qu'il puisse s'élargir suffisamment, au moment crucial du passage de l'enfant.

Au moment du brossage des dents, il est fréquent que les gencives saignent. En effet, l'intensification de la circulation sanguine les fait gonfler, ce qui les rend plus sensibles. Il est important d'avoir une hygiène buccale toute particulière, car des restes alimentaires se logeant entre les gonflements de la gencive peuvent provoquer des infections. Il faut avoir recours, tous les jours, au fil dentaire. Pendant la grossesse, il est nécessaire de se rendre au moins une fois chez le dentiste.

Certaines femmes ont par ailleurs le sentiment que leur sens gustatif s'est altéré. Le fait de boire de l'eau, par exemple, procure un goût métallique dans la bouche. C'est ainsi une réalité : l'appétit et les envies peuvent se transformer, autant que la sensibilité gustative de la langue.

À mi-course

Le cinquième mois est très particulier : en effet, vous serez déjà à mi-course de la grossesse, à la fin de celui-ci. L'utérus est aussi gros qu'un melon et atteint presque le nombril. Pour la première fois, la femme va sentir son bébé, aux environs de la vingtième semaine, et un peu plus tôt chez celles qui sont déjà mères. Ce ne sont là ni des borborygmes ni des flatulences. C'est bien le bébé qui grandit et fortifie tellement que ses mouvements en deviennent perceptibles par la mère. Certaines femmes ont la sensation d'abriter un papillon dans le ventre, qui les caresse très tendrement. D'autres comparent cela à de petites bulles d'air remontant en gargouillant, ou à une petite souris qui court gaiement.

N'est-ce qu'un rêve ?

Peut-être cette sensation inhabituelle va-t-elle inquiéter ? Qu'était-ce donc ? Le fruit de l'imagination ? Au bout de deux ou trois galipettes du bébé, la future mère comprend très vite que c'est bien réel. Elle est alors certaine que c'est bien lui. Elle a si longtemps attendu cet instant… Dans un premier temps, elle ne ressent que de légères bourrades, puis ce sont bientôt des coups réguliers et ciblés.

Le moment est aussi venu de communiquer « manuellement » avec le bébé : poser, par exemple, la main sur le ventre, à l'endroit où un mouvement se fait sentir ; laisser reposer la main sans bouger, ou caresser l'endroit. La plupart du temps, le bébé répond par une légère poussée.

INFO | QUE FAIRE ?

Ne pas oublier :

- Le quatrième examen prénatal
- Le rendez-vous chez le dentiste

Bébé grandit

Pour le bébé aussi, c'est la mi-temps. Et il va vraiment bien. Tonique et gai, il fait des galipettes, donne des coups de pied et agite ses petites mains. Chaque mouvement est pour lui un entraînement et tous les exercices sont répétés à l'infini. Cela aide au développement des muscles et du squelette et c'est important pour la construction d'une motricité de précision.

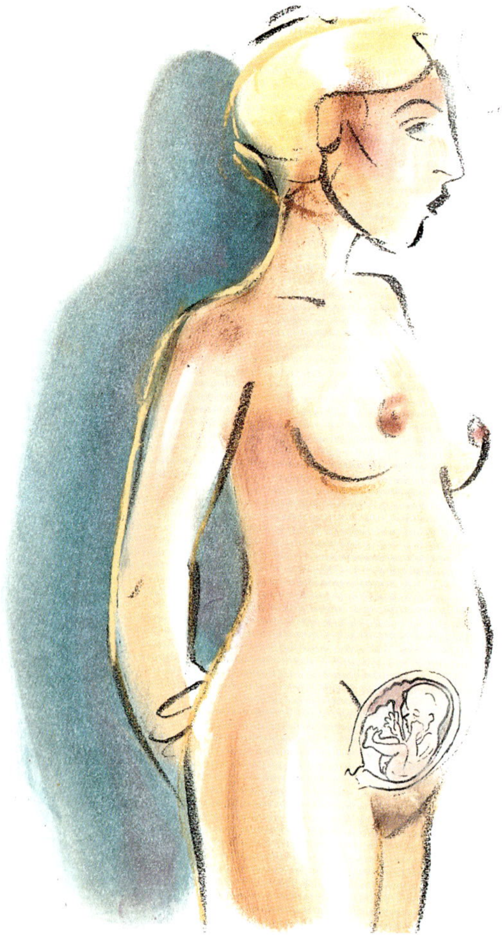

L'utérus, qui a la taille d'un melon, a déjà atteint le nombril. Dans le carnet de maternité de la mère, ce stade est considéré comme le N-2 (cela signifie deux doigts en dessous du nombril).

Le premier jouet de bébé

Le bébé s'occupe intensément du cordon ombilical, son premier jouet. Il touche aussi les parois de l'utérus, le placenta et son corps. De même, il découvre ses yeux, derrière les paupières fermées, et il fait rouler ses globes oculaires de gauche à droite. Il attache aussi maintenant une grande importance à sa respiration, car il entraîne souvent et régulièrement ses organes respiratoires. Lorsqu'il caresse par hasard ses lèvres, cela déclenche le réflexe de succion.

Le corps du fœtus a jusqu'à présent grandi de manière spectaculaire et maintenant la croissance est de plus en plus lente. Les pieds et les mains ont un peu grossi, puis c'est au tour des jambes de croître. Les os du bas de la jambe ont besoin d'absorber davantage de calcaire, ce qui les stabilisera. Le développement des organes est maintenant complètement terminé.

Le bébé prend nettement part à la vie de la maman et aussi à la vie émotionnelle. Il ressent lorsqu'elle est énervée, heureuse ou tendue. Ces émotions ont leurs propres hormones, qui voyagent dans le sang. Elles traversent le placenta

INFO PREHENSION

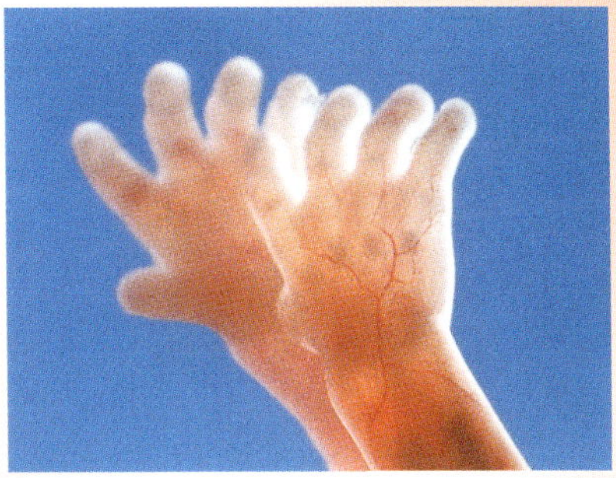

➤ **Tout se déroule** dans un ordre bien précis : la main est formée avant le pied, l'avant-bras avant la main. Celle-ci peut déjà saisir dès le troisième ou quatrième mois. Vers la onzième semaine, chacune est pourvue de cinq doigts et lors de la dix-septième, les ongles se forment. Les os venant s'ajouter absorbent du calcium et durcissent peu à peu.

et parviennent jusqu'à l'enfant, provoquant chez lui aussi une certaine réaction. La peur, par exemple, fait monter l'adrénaline dans le sang et déclenche chez le bébé des palpitations, de l'excitation et des mouvements violents.

La musique préférée du bébé : Mozart

Le fœtus peut dorénavant entendre et être influencé par différents sons et bruits, de manière positive comme négative. Plus la grossesse est avancée, plus l'enfant peut percevoir de sons et les traduire avec le cerveau. Des études scientifiques ont révélé que les bébés se sentent bien et se détendent en entendant de la musique classique, en particulier celle de Mozart, tandis que les sonorités très bruyantes de la musique hard rock les rendent souvent nerveux et agités. Des femmes enceintes ont parfois dû quitter un concert de rock, leur bébé ne cessant de protester par de violents coups de pied.

Selon un vieil adage d'Afrique occidentale : « Un homme ne devrait jamais se disputer avec une femme enceinte, car sa voix sévère s'amplifie sept fois dans son vagin et atteint le bébé ».

A la fin du cinquième mois, le bébé mesure environ 20 centimètres et pèse environ 400 grammes. Sa tête a un diamètre d'environ 50 millimètres.

LE POIDS DU BEBE

Si le poids varie naturellement selon les enfants, voici des indications moyennes :

➤ **semaine**	➤ **poids** (en g)
26	650
28	900
30	1350
32	1800
34	2300
36	2700
38	3200
40	3400
42	3600

Questions, préoccupations

« Je suis dans ma dix-neuvième semaine de grossesse et j'ai déjà pris cinq kg. Une amie, qui est enceinte de quatre semaines de plus que moi n'a grossi que de 3,5 kilos. Suis-je trop grosse ? »

Dès que les femmes sont entre elles, les questions fusent : quand accouches-tu ? As-tu des nausées le matin ? L'as-tu déjà senti ? Et une question revient en boucle : combien de kilos as-tu déjà pris ?

Une femme prend en moyenne et raisonnablement, entre dix et quinze kg. Les sujets minces et frêles s'en tiennent plutôt à dix, tandis que les femmes bien en chair et fortes se rapprochent du haut de la fourchette.

Certaines n'en prennent que cinq et d'autres grossissent de 25 kg : les deux sont acceptables.

Une forte augmentation du poids ne signifie pas pour autant que ces kilogrammes deviendront un fléau après l'accouchement. L'alimentation, la saison et la température extérieure influenceront le poids, en fonction de l'eau ou des graisses accumulées. En général, l'augmentation du poids est répartie de la manière suivante :

1er trimestre : 1,5 à 2 kg

2e trimestre : environ 300 à 400 grammes par semaine

3e trimestre : environ 500 grammes par semaine

L'augmentation hebdomadaire du poids peut évidemment varier : la balance indique, telle semaine, seulement cent grammes supplémentaires, et telle autre, trois cents grammes de plus. En été ou vers la fin de la grossesse, les variations de poids peuvent même atteindre cent grammes par jour ! Une vessie pleine, un estomac plein ou un intestin encombré sont aussi susceptibles d'influencer les variations de poids. Il faut donc suivre la tendance globale de l'évolution du poids plutôt que de tenir compte des résultats hebdomadaires.

« Comment les kilogrammes se répartissent-ils ? »

A peu près comme ceci :

Bébé :	3 300 g
Placenta :	600 g
Liquide amniotique :	500 g
Augmentation de la taille de l'utérus :	1 000 g
Volume des seins :	500 g
Tissus conjonctifs :	3 000 g
Volume sanguin de la mère :	1 200 g
Réserves en protéines et graisses :	1 900 g

« Depuis le début de ma grossesse, je souffre de violents maux de tête et j'ai peur d'en avoir jusqu'à l'accouchement. Dois-je m'en accommoder ou prendre des médicaments ? »

Il est impératif d'identifier, avec l'aide du médecin, la cause de ces maux de crâne. Pendant la grossesse, la plupart proviennent de tensions au niveau des vertèbres cervicales qui ensuite, se répercutent sur les muscles du crâne. A l'arrière de celui-ci, les douleurs sont souvent perceptibles ainsi qu'au niveau du front ; elles peuvent même se localiser d'un côté de la tête. Les massages, les compresses froides, l'acuponcture et l'homéopathie sont apaisants. Il est

aussi possible de prendre des antalgiques contre les maux de tête, le soir venu, afin de passer une nuit paisible.
Il vaut toujours mieux en parler à votre médecin, seul habilité à dire quel médicament est proscrit pendant la grossesse. Quoi qu'il en soit, il faut éviter d'en prendre pendant plusieurs jours : consulter est donc nécessaire.

♀ *« Habituellement, je ne suis pas facilement distraite, mais depuis que je suis enceinte, tout est sens dessus dessous. Hier, j'ai oublié les clés de la maison et aujourd'hui, j'ai même manqué un rendez-vous de travail. Que m'arrive-t-il ? »*

Vous n'êtes pas la seule à connaître ces comportements. Plus d'une femme d'affaires organisée, qui maîtrise à la perfection les situations les plus compliquées, s'irrite et hoche la tête pendant la grossesse, parce qu'elle vient soudain d'oublier un rendez-vous, qu'elle se concentre difficilement ou qu'elle perd de son assurance. De nombreuses femmes enceintes ont le sentiment à la fois de prendre du poids et aussi de « perdre des cellules du cerveau ». Heureusement, cette période ne dure pas : elle est liée aux hormones de grossesse. Vivez cela avec humour, plutôt que de vous en irriter. Tentez de réduire le stress et notez les choses importantes, d'ordre privé ou professionnel. Vous éviterez ainsi d'oublier des appels importants...

♂ *« J'ai entendu dire que la qualité du sperme diminuait avec l'âge. Qu'en est-il ? Dois-je, à 45 ans, craindre que mon bébé vienne au monde avec un handicap ? »*

Non. Le mot « qualité » signifie certainement, dans le contexte : plus l'homme est âgé, plus ses spermatozoïdes sont lents. Au lieu d'aller frénétiquement et rapidement vers l'ovocyte, ceux-là ont tendance, avec l'âge, à errer et à perdre de leur vélocité. Cela dit, personne n'a encore prouvé que l'âge puisse avoir un effet négatif sur la santé du bébé. Charlie Chaplin pourrait en attester...

♀ *« Est-il vrai que le deuxième accouchement soit plus facile que le premier et que le troisième se déroule en revanche à nouveau comme le premier ? »*

Il est vrai que le deuxième enfant vient plus vite et plus facilement que le premier, car le corps a déjà fait l'expérience de la grossesse et de l'accouchement. Le passage est déjà plus large. Cet avantage disparaît, si le deuxième enfant naît dix ans plus tard...
A cela, s'ajoute le fait qu'une mère sait ce qui l'attend, à la prochaine grossesse.
Il est certain que nombre de femmes ressentent la deuxième grossesse de façon plus violente que la première, car elle progresse plus rapidement. Une troisième naissance, si elle est rarement plus difficile que la deuxième, est plus imprévisible. En effet, on ne sait jamais quand elle commence. Il n'est pas rare que, pendant des heures, les contractions surviennent de temps à autre, puis que quelques-unes, violentes, surgissent, et que l'enfant naisse.

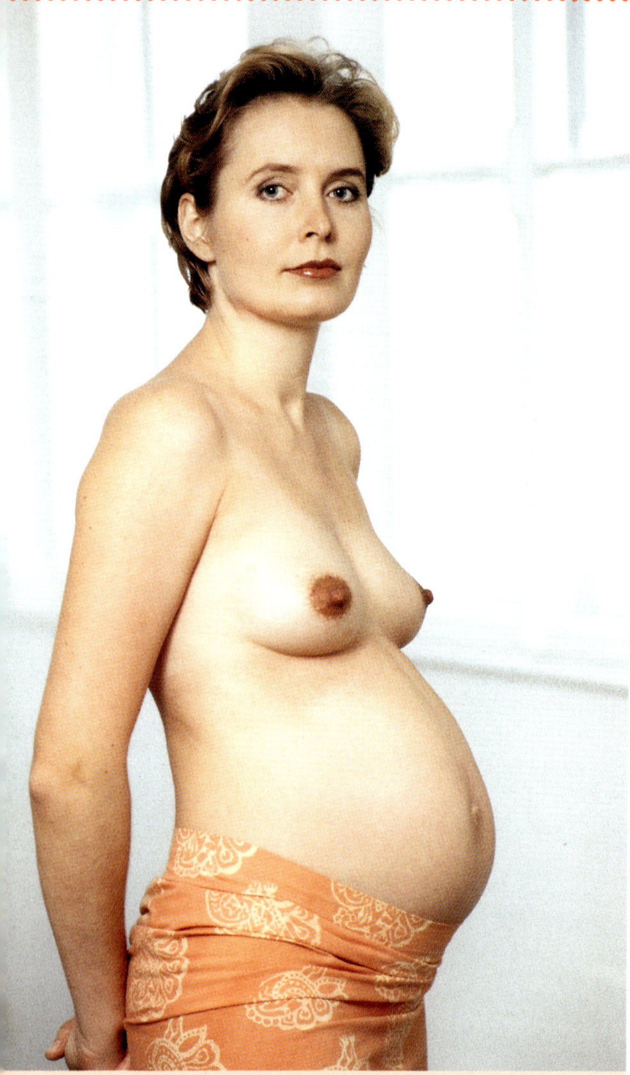

21 – 24 semaines

De nombreuses femmes enceintes ont, à ce stade, le visage particulièrement lisse, sans rides et les traits sont encore plus féminins. Les hormones et l'eau qui est stockée sous la peau sont responsables de ce phénomène. Maintenant, le ventre grossit très vite.

Maman change

Le ventre ne peut plus passer inaperçu maintenant : la femme a grossi de cinq kg et devrait prendre, chaque semaine, 400 grammes.

Lorsque la peau démange…

L'utérus a considérablement grandi et arrive presque à la hauteur du nombril. Il s'étend maintenant vers le haut, dans la sphère du ventre. Il arrive que ce dernier démange, à cause de la peau qui, se tendant, devient plus sèche. Il est recommandé de poser quotidiennement des crèmes et des huiles afin que la peau conserve toute son élasticité.

Si les seins se sont alourdis, ils grossissent encore, mais moins. Il est important de porter un soutien-gorge pour les maintenir. De plus en plus de femmes peuvent désormais voir apparaître des gouttelettes de lait en exerçant une pression sur le sein. D'autres n'en voient apparaître aucune, jusqu'à l'accouchement. Les deux situations sont d'ailleurs normales. Le fait d'avoir une très forte poitrine ne signifiera pas pour autant que le lait sera abondant après la naissance. Et à l'inverse, avoir une petite poitrine n'empêchera pas la lactation après la naissance. La grosseur des seins n'a par conséquent pas d'incidence sur la capacité ou non d'allaiter. C'est uniquement dû à la multiplication des tissus des glandes mammaires et au calme qui règne pendant l'allaitement.

Lors de l'achat du soutien-gorge, n'oubliez pas que la poitrine va encore grossir tout au long de la grossesse, en général de deux tailles. Allez dans un magasin spécialisé en lingerie et n'hésitez pas à vous faire conseiller.

Il faut accorder aux seins quelques rayons de soleil, à côté des soins de crème quotidiens. Une petite sieste, de temps à autre, sans soutien-gorge sera aussi très profitable.

La quantité de sang circulant dans le corps augmente sans cesse, et apporte, en même temps, du fer au bébé. La fatigue, l'abattement et les maux de tête peuvent d'ailleurs indiquer un manque en la matière. Le médecin prescrira alors une préparation riche en fer s'il constate, lors du prochain test sanguin, que le taux d'hémoglobine a baissé. Toutefois, ces préparations entraînent souvent la constipation, ce contre quoi nombre de femmes enceintes luttent. La solution est à chercher dans la nourriture (voir chapitre 3). Les mains et les pieds ont tendance à enfler, vu qu'une grande quantité d'eau s'est accumulée dans les tissus. Il arrive aussi que les bagues aux doigts ne passent plus et que la pointure de chaussures augmente d'une, voire de deux tailles. Porter maintenant des chaussures souples et plates, convenant mieux aux pieds, est nécessaire.

Jambes surélevées

Il faut marcher, le plus souvent possible, pieds nus, par temps froid chez soi et par temps chaud, dehors. Les sandales aèrent aussi les pieds, qui peuvent donc mieux respirer. Lever le plus souvent possible les jambes est indispensable. Renoncer aux tisanes drainantes et aux jours de riz, car ils privent les tissus de leur eau et le sang de ses dernières réserves en eau. Il faut ainsi privilégier une alimentation riche en protéines. Saler légèrement les plats est encore possible.

INFO | QUE FAIRE ?

Ne pas oublier :

- Le cinquième examen prénatal
- La deuxième échographie externe
- S'inscrire à des cours de préparation à l'accouchement
- S'informer sur les lieux d'accouchement
- C'est le meilleur moment pour voyager

Bébé grandit

Non seulement le bébé grandit, mais ses mouvements nécessitent aussi plus de place. Au sixième mois, il en a encore suffisamment pour se mouvoir. Il ne s'en prive pas : parfois, il est assis, droit comme un i, ou bien il s'assied dans une posture yogi, ou encore, il est allongé sur le côté. Puis il recommence à gigoter, tente pour la première fois de « marcher à quatre pattes », ou fait des galipettes.

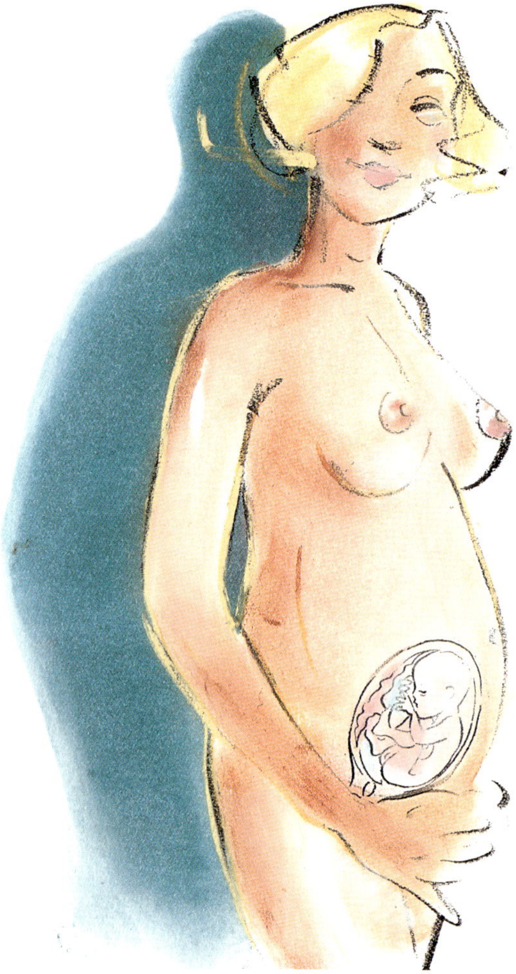

L'utérus qui grandit ostensiblement atteint maintenant presque le nombril. La place est encore suffisante pour que le bébé fasse des galipettes.

Etablir un contact

L'enfant est déjà habile de ses mains : il serre les poings, passe la main sur les plis de la cavité amniotique ou saisit le cordon ombilical. Il aime particulièrement sucer son pouce ou un autre doigt. Il trouve facilement la bouche, ce qui sera plus difficile, par la suite, à cause de l'apesanteur.

Si la vie dans le ventre maternel est bien douillette et chaude, elle n'est pas vraiment paisible. De nombreux sons parviennent aux oreilles du bébé, bien que l'appareil auditif ne soit pas entièrement achevé. Il entend les pulsations du cordon ombilical, le bruissement de la circulation sanguine, un intestin bouillonnant, les battements du cœur de maman… Autant de sons qui lui sont familiers. Il perçoit aussi des bruits en dehors du ventre : de la musique à fort volume par exemple, le bruit dans la voiture, l'essorage de la machine à laver ou bien les turbulences du mixeur. L'enfant ressent tous ces sons et il proteste par des mouvements violents, lorsqu'ils sont désagréables. Il réagit aussi lorsque, par exemple, sa mère est

INFO | PREMIER JOUET

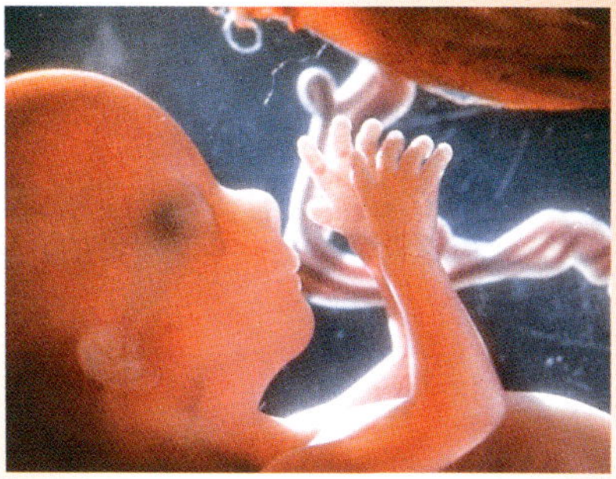

➤ **Jeu avec** le cordon ombilical : de ses minuscules menottes, le bébé touche avec le plus vif intérêt les parois plissées de l'utérus, son propre corps et le cordon ombilical qui palpite. Ce contact est un entraînement indispensable pour le développement de son cerveau.

très fatiguée et qu'elle ne s'accorde pas de moment de repos. Il est connu que les bébés réagissent au stress et les spéculations pour en connaître les raisons vont bon train.

Bien qu'aucun lien nerveux direct n'existe entre la mère et l'enfant, les hormones du stress parviennent pourtant au bébé. Peut-être vit-il aussi les situations tendues, lorsque la mère prend un autre ton, ou qu'il entend une autre voix s'élever ou encore que le battement du cœur maternel s'accélère. Cette osmose entre enfant et mère perdure encore après la naissance : de nombreux couples relatent que leur enfant s'est éveillé inquiet, sans raison, alors que sa mère, un jour, pleurait d'épuisement ou que ses parents se disputaient, quand bien même l'enfant était installé plus loin, et que plusieurs portes fermées les séparaient.

La future mère peut aussi vivre des situations étranges dans son ventre. Certains jours, l'enfant se déchaîne pendant des heures, à d'autres moments, il est à peine perceptible. De temps à autre, la femme enceinte sent un battement régulier et rythmé. Puis le petit a le hoquet.

Manteau spécial bébé

Une des tâches prioritaires du bébé est de prendre du poids. Durant ces semaines, le petit corps produit une importante couche de graisse qui, pour une partie, est appelée la « graisse brune ». Toute spéciale, elle apparaît plutôt dans la zone du cou, autour des reins et au niveau des dorsales. Elle l'isole et lui tient chaud. Les animaux qui hibernent fabriquent d'ailleurs ce type de graisse. Vu de l'extérieur, l'enfant est enduit d'une couche blanche, appelée enduit sébacé (*vernix caseosa*). Il protège la peau du liquide amniotique, conserve le corps au chaud et, au moment de l'accouchement, permet au bébé de mieux glisser dans le passage. A la fin de la 24e semaine, l'enfant mesurera environ 30 centimètres et pèsera entre 600 et 800 grammes environ. Sa tête aura un diamètre de 60 millimètres.

Questions, préoccupations

♀ *« Lorsque j'ai un orgasme, mon ventre se tend et devient dur. Cela peut-il provoquer prématurément des contractions ? »*

Au moment de l'orgasme, de multiples muscles se tendent dans tout le corps, puis se détendent à nouveau. Cette tension peut aller jusqu'aux orteils. Nulle crainte, cependant : les contractions dans l'utérus ne déclenchent ni fausse couche, ni accouchement prématuré. Elles sont trop faibles et trop courtes. La situation est différente si vous avez tendance à avoir des contractions avant terme. Dans ce cas, parlez-en à votre médecin.

♀ *« Je suis déjà dans ma 23e semaine de grossesse et n'ai pas encore senti bouger le bébé. Est-ce normal ? »*

La plupart des femmes considèrent les premiers mouvements du bébé comme le summum de la grossesse. Ils provoquent même parfois plus d'émotion qu'un test de grossesse positif, qu'un ventre qui s'arrondit ou que les battements du cœur visibles à l'écran, lors de l'échographie. En général, les femmes commencent à sentir bouger le bébé entre la 16e et la 24e semaine et la plupart, entre la 18e et la 22e semaine. Une femme qui a déjà eu un enfant le sentira plus tôt, car elle sait à quoi ressemblent les mouvements du bébé ; la musculature de son utérus n'est d'ailleurs plus aussi rigide et dure. Elle peut plus facilement percevoir un coup de pied, car les parois sont plus souples. Les femmes minces remarquent plus aisément les mouvements que celles qui sont fortes ou obèses. Parfois, les premiers ne se font sentir que plus tard, la date de l'accouchement ayant été mal calculée. Enfin, personne ne peut vous expliquer précisément ce que vous devez sentir. Cent femmes enceintes font cent descriptions différentes, qui vont des papillons dans le ventre, en passant par la crampe ou la sensation que l'estomac se retourne. Il est donc fort possible que vous n'ayez rien ressenti, jusqu'à présent. Tant que le médecin constate que le cœur du bébé bat bien fort, il est inutile de se faire du souci.

♂ *« Est-il vrai que les femmes qui ont un gros ventre font de gros bébés ? »*

Cela n'est pas systématique. La prise de poids de la mère n'est pas toujours en relation logique avec la grosseur d'un bébé. Il arrive ainsi qu'une femme enceinte prenne 18 kg et que son bébé n'en pèse que trois. Alors qu'une mère qui a grossi de dix kg mettra au monde un enfant de quatre kg. C'est donc la qualité de l'alimentation qui importe et non la quantité. La taille et le poids du bébé dépendent ainsi de multiples facteurs : taille, stature, patrimoine génétique, conditions de vie, stress, nicotine, etc.

♀ *« J'ai entendu dire que les femmes qui portent leur bébé en pointe auront vraisemblablement un garçon. Est-ce vrai ? »*

Qui n'a pas déjà entendu cela : si votre ventre est plutôt en pointe, s'il se dresse vers l'avant, et si le nombril est bombé vers l'extérieur, vous aurez un garçon. Si vous êtes plus arrondie de partout, à la taille, aux hanches, et si le cordon ombilical est rentré vers l'intérieur, vous aurez une fille... Enfin si vous avez le sentiment d'être moins attirante durant votre grossesse, vous êtes censée accoucher d'une fille, qui prend la beauté de sa mère. Ces vieux adages colportés n'ont en fait aucun fondement scientifique. Mythe ou réalité ? Une chose est certaine : de nombreux médecins et sages-femmes y adhèrent.

♀ *« Cela nuit-il à mon bébé, si le dentiste fait une piqûre anesthésiante ? »*

C'est moins l'anesthésiant local qui est nocif, que la dose d'adrénaline qui lui est souvent ajoutée. L'hormone de stress rétrécit les vaisseaux, et le dentiste s'en réjouit, car il aura besoin d'une quantité de produit anesthésiant plus infime, et les saignements seront moindres, lors de l'opération. L'adrénaline passant cependant dans le placenta par le sang, cela peut momentanément restreindre l'alimentation du bébé. Il vaut mieux éviter l'anesthésie, notamment en début de grossesse, lorsque les vaisseaux du placenta sont encore minces et tendres. N'ayez pas d'appréhension et ne vous infligez pas de souffrances inutiles : le dentiste peut endormir efficacement, sans adrénaline.

♀ *« J'ai entendu dire que les femmes peuvent contrôler le taux d'acidité de leur vagin. Comment est-ce possible ? »*

Six pour cent des grossesses, en moyenne, arrivent avant terme. Les infections vaginales sont les premières causes d'accouchements prématurés. Elles remontent insidieusement jusqu'à l'utérus et déclenchent des contractions ou bien entraînent une rupture prématurée de la poche des eaux. Un milieu vaginal acide est ainsi le meilleur obstacle naturel aux germes indésirables. Tant que le taux de PH est acide (entre 4,0 et 4,4), il protège des agents pathogènes. Si la barrière naturelle est affaiblie, les germes ont alors beau jeu.
Toute femme enceinte peut mesurer facilement, et de manière fiable, le taux d'acidité des pertes vaginales. Il suffit de prendre un gant-test du PH : à la pointe de son index se trouve un petit indicateur de PH. Deux tests par semaine peuvent déjà vous aider à reconnaître un éventuel début d'infection et vous permettre de minimiser les risques d'accouchement prématuré. Une étude montre que les risques de grossesse très prématurée peuvent être réduits grâce à ce test et passer de 3,3 à 0,3 pour cent. Il est ainsi recommandé de faire soi-même un test entre la 12e et la 32e semaine. Si le taux de PH se situe en dehors de la norme, il faut renouveler le test quelques heures plus tard ou le lendemain matin. S'il est toujours élevé, il faut consulter votre médecin traitant. Le gant, coûtant environ un euro, peut être acheté en pharmacie. Enfin, lors de l'examen prénatal, le gynécologue teste aussi régulièrement le taux de PH dans le vagin. Si vous voulez vous assurer qu'il reste dans la norme, vous pouvez effectuer vous-même des contrôles supplémentaires.

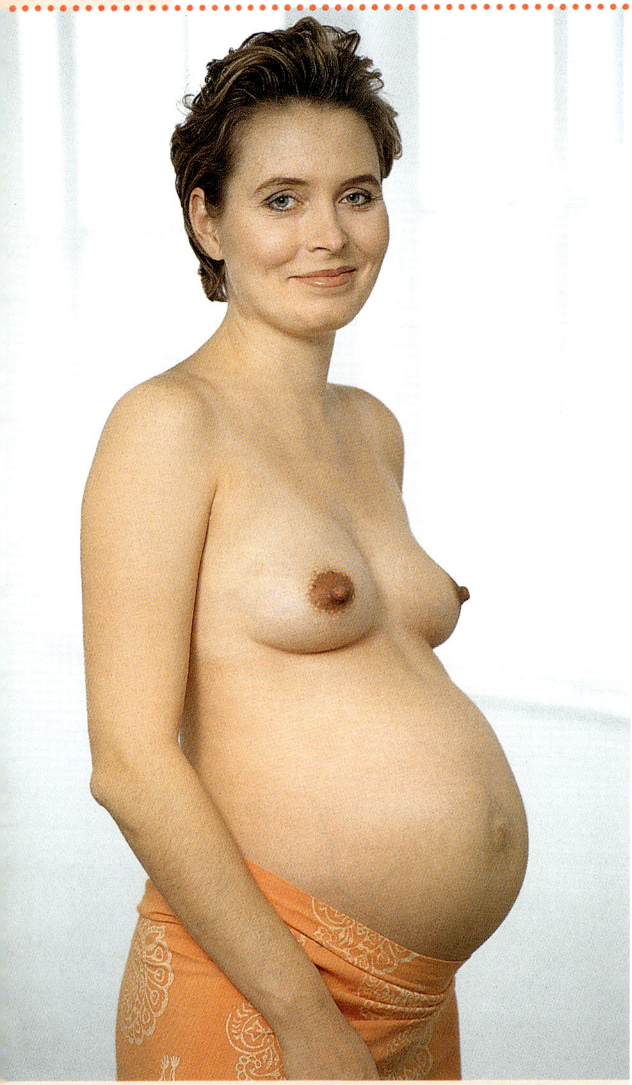

25 – 28 semaines

De petites bosses apparaissent à la surface du ventre lorsque le bébé bouge et gigote, ayant acquis une force certaine. La grosseur du ventre en est l'indice. Les seins se développent toujours, les tissus glandulaires se préparant à la future lactation.

Maman change

La future maman approche du terme : les deux tiers de la grossesse sont derrière elle.
Le ventre grossit toujours et encore : la mère grossit environ de 400 à 500 grammes par semaine et a pris au total sept kilogrammes. A la fin du septième mois, l'utérus se situera au milieu du ventre, entre le cordon ombilical et l'arc costal. Progressivement, il pousse le diaphragme vers le haut dans la cage thoracique, et réduit l'espace pulmonaire. Les poumons ne pouvant plus se gonfler entièrement, le souffle manque vite. Il est cependant fondamental de prendre des respirations profondes dans le ventre, car c'est le seul moyen de garantir au bébé et à soi-même une quantité suffisante d'oxygène.

Enfin respirer à fond

Savoir que, dans quelques semaines, la tête du bébé « descendra d'un étage », dans le petit bassin, est rassurant. Les deux effets secondaires agréables sont que vous pourrez respirer à nouveau à fond et lacerez vos chaussures plus facilement.

A ce moment-là, l'utérus fait pression vers le bas. Le bébé est sur la vessie et réduit son volume, si bien que la future mère devra aller aux toilettes, la nuit aussi. Evoquer cela auprès des parents ou des amis expérimentés déclenchera certainement des sourires ; il vous sera dit que c'est là un entraînement pour s'habituer aux futurs réveils du bébé durant la nuit…

Le ventre commence à être si rond qu'il devient difficile de trouver une position agréable, la nuit. En même temps, l'agitation du bébé se ressent de plus en plus fréquemment. Il peut parfois se manifester si fort que de grosses bosses surgissent, qui sont ses poings, ses coudes ou ses pieds. Ces mouvements peuvent parfois être douloureux, quand votre enfant envoie, par exemple, un coup de pied sous les côtes, vers le foie ou l'estomac. La plupart du temps, il cherche aussi sa position.

Certaines positions paraîtront désagréables : être longtemps debout ou assise, les jambes étant de plus en plus lourdes. Si une marque apparaît à l'ourlet ou à l'élastique des chaussettes sous le genou, c'est qu'il s'agit de rétention d'eau (ou œdème) au niveau des jambes. Il faut donc les surélever, régulièrement, même si tout va bien.

Programme santé en perspective

Il n'y a lieu de s'inquiéter que si les gonflements perdurent au-delà de 24 heures, et que d'autres parties du corps enflent (visage, mains), enfin si d'autres symptômes apparaissent : hypertension artérielle, maux de tête, éblouissements ou encore douleurs dans le haut du ventre, à droite. Dans ces cas-là, il faut immédiatement appeler le médecin, car il pourrait s'agir d'une forme particulièrement critique de toxémie gravidique (éclampsie) (voir chapitre 2).
Il faut absolument prendre soin de soi et se ménager. Or, la plupart des femmes se sentent tellement en forme qu'elles soulèveraient des montagnes.

Elles sont alors hyperactives : shopping, rénovation de la pièce de bébé ou de toute l'habitation, courses, visites à la famille, départ en vacances, etc.
« Je veux profiter du fait que je peux encore tout faire seule ou avec mon mari », pensent-elles certainement, ce qui se comprend. S'accorder des pauses de repos, en cas de nombreuses activités reste nécessaire, car trop d'agitation stresse l'enfant et soi-même. La future mère entre dans une phase où son corps lui indique ses limites.
Durant ce mois, il arrive plus fréquemment que le ventre se tende, pendant quelques secondes, puis se détende à nouveau. Il s'agit souvent de contractions « d'essai », durant lesquelles le corps se prépare à ce qui va suivre.
Tant que les contractions n'ont pas d'incidences sur le col de l'utérus, il n'y

INFO | QUE FAIRE ?

Ne pas oublier :

- Le sixième examen prénatal
- L'organisation de l'espace du bébé
- Les soirées d'information dans les centres d'accouchement et la visite de la clinique d'accouchement

CONSEIL | CONTRACTIONS

- **Lorsque** vous sentez que le ventre se tend à plusieurs reprises, prenez un bain chaud, de préférence en ajoutant de la lavande qui détend, puis allez vous allonger.
  Si les contractions persistent après le bain, le médecin sera consulté sans tarder.

a rien d'alarmant. Elles peuvent aussi indiquer une trop grande fatigue, agissant comme un signal qui engage à ralentir les activités.

Les contractions, lorsqu'elles surviennent trop tôt…

La situation est critique lorsque le col de l'utérus s'est rétréci ou ouvert prématurément. Si cela arrive lors d'un début de grossesse, le médecin fera tout pour éviter un accouchement prématuré. Lorsque l'hypothèse d'une infection comme élément déclencheur est exclue, le médecin prescrit alors souvent de garder le lit et de prendre une préparation à base de magnésium. Celle-ci est une substance minérale qui détend les muscles : ainsi, l'utérus ne se contracte plus.

Plantes médicinales

Dans de nombreux cas, les contractions précoces sont plutôt liées à des problèmes psychiques. Il faut en parler, pour en trouver la cause, et aussi prendre un traitement à base de plantes (phytothérapie, calmants naturels), comme la valériane, le houblon, le millepertuis ou la mélisse en infusion ou sous forme de dragées. Une cure de magnésium associée à la phytothérapie a fait ses preuves.

Si vous vous soignez par homéopathie, des reconstituants peuvent vous être d'un grand secours. Si vous vous sentez attirée par l'aromathérapie, vous pouvez faire brûler de la lavande dans votre habitation. Voici le remède de sage-femme qui a des effets souvent miraculeux et qui peut être combiné avec tout type de thérapie : il s'agit d'un mélange d'huile de marjolaine, de lavande et de bois de rose, à appliquer en massage sur le ventre. En revanche, il vaut mieux éviter le gingembre et la cannelle, ou les produits qui combattent le rhume, car ils favorisent les contractions.

En cas d'échec, il faut avoir recours au médicament classique qui empêche les contractions. Il est administré en structure hospitalière, par perfusion.

CONSEIL | INCIDENTS

- **Fondamental :** En cas de perte des eaux ou de saignements, il faut contacter le médecin ou bien la clinique (ou l'hôpital) où est prévu l'accouchement, ou encore appeler une ambulance et se faire transporter, en position allongée.

Témoignage

Nadine (28 ans), nutritionniste, et Thomas (31 ans), restaurateur. A ce moment, Nadine est à 38 semaines de grossesse.

Humeurs changeantes

Thomas : *De temps à autre, tu avais des changements soudains d'humeur, à propos de tout et de rien. Je ne te reconnaissais plus. Par exemple, récemment j'ai passé la soirée avec un ami et une connaissance. Nous sommes ainsi rentrés vers trois heures à la maison…*

Nadine : *Il était trois heures et tu avais dit que tu rentrerais à une heure.*

Thomas : *C'est vrai. Je suis rentré plus tard et lorsque je suis arrivé, j'ai pensé : c'est étrange, tout est allumé…*

Nadine *(riant) : Quand il sortait sans moi auparavant, j'allais au lit et, la plupart du temps, j'étais endormie quand il rentrait. Je savais que tout allait bien.*

Thomas : *Lorsque je suis rentré cette fois-là, tu étais dans la cuisine et tu avais fait la vaisselle, à trois heures du matin ! Tu m'as demandé, en colère : où étais-tu ?*

Nadine *(rit) : Je suis désolée !*

Thomas : *Alors, je me suis dit : que se passe-t-il, elle n'a jamais été comme cela, jusqu'ici.*

Nadine : *Tu as pris mon éclat avec philosophie, tu t'es assis sur une chaise et tu m'as regardée en ricanant.*

Thomas : *Tu pensais que j'avais pu avoir un accident et tu te demandais si je n'avais pas une autre femme… et j'ai pensé : O.K., c'est dû à la grossesse…*

Nadine : *C'est vraiment drôle ! Nous nous connaissons depuis quinze ans et je n'ai jamais été jalouse. Pendant ma grossesse, je me suis surprise à l'être, de toutes les femmes qui étaient autour de moi.*

Thomas *(riant) : Heureusement, cette atmosphère pesante a assez vite disparu. La plupart du temps, tu venais vers moi peu de temps après en riant et tu t'excusais.*

Nadine *: Heureusement, il ne reste plus rien de ces histoires anecdotiques. La plupart du temps, nous avons pensé que cela résultait du changement hormonal.*

Bébé grandit

Bien que la place soit encore suffisante dans l'utérus, le bébé est un peu à l'étroit : le volume de liquide amniotique diminue continuellement et l'enfant pèse un bon kilo, à la fin de la 28e semaine. Tandis que la taille de la tête est liée aux dispositions génétiques, le poids du corps est très dépendant de la fonction du placenta et de l'alimentation de la mère. Plus l'apport nutritionnel est élevé, plus la mère a une alimentation équilibrée, et mieux le bébé croît de façon satisfaisante.

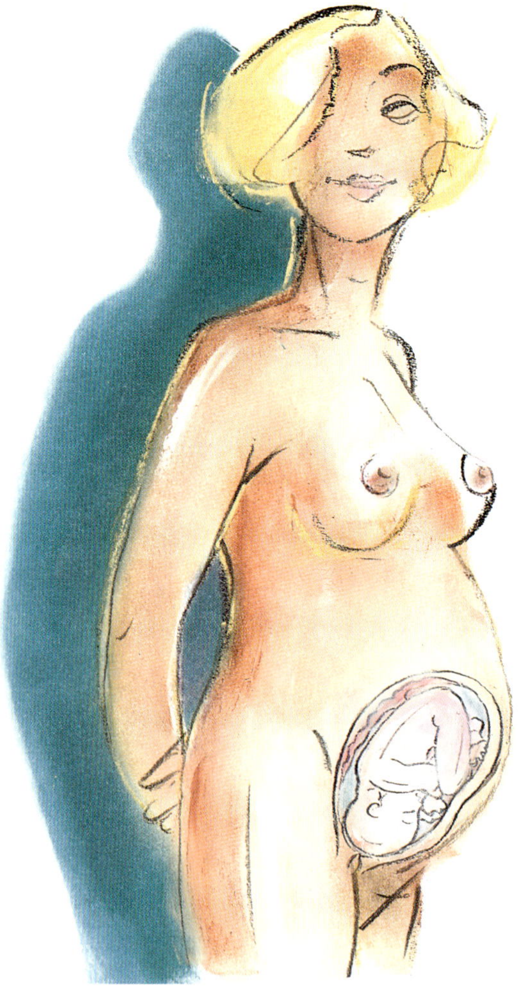

Le ventre poursuit son expansion, le haut de l'utérus se situe entre le nombril et l'arc costal. Il est si grand qu'il appuie sur la vessie, avec la conséquence qu'il déclenche une fréquente envie d'uriner.

Petits instants de béatitude

Alors que le bébé était plutôt maigre le mois précédent, il commence désormais à prendre des muscles et de la graisse. Tout son corps s'arrondit. La couche d'enduit sébacé mesure maintenant quelques millimètres d'épaisseur et donne à la fine peau presque transparente un teint rosé. A ce moment-là, la peau du bébé n'est pas encore pigmentée, de sorte que tous se ressemblent à ce stade, quelle que soit leur couleur de peau future. Le visage est achevé, les yeux sont un peu proéminents, car les joues ne sont pas encore rembourrées. Les yeux n'en sont pas moins actifs : alors qu'au sixième mois, le bébé faisait bouger lentement son globe oculaire de gauche à droite, il peut maintenant effectuer ce mouvement plus rapidement et regarder à gauche, puis tout de suite à droite, ou inversement. Vers la fin du mois, il ouvre à nouveau ses paupières.

Quoique l'appareil oculaire ne soit pas entièrement achevé, le bébé peut déjà

INFO | DEVELOPPEMENT

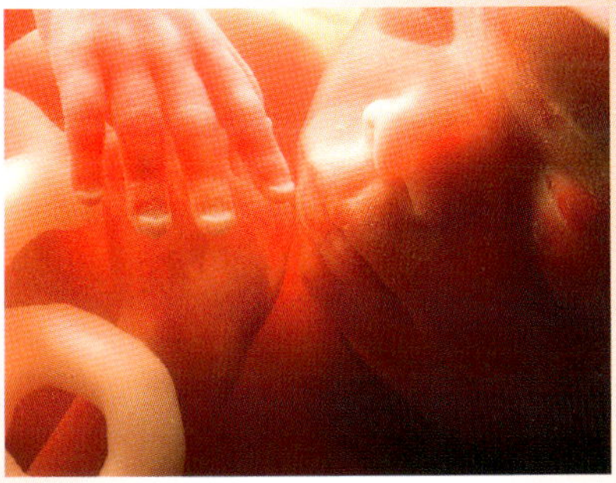

➤ **Prendre des forces** pour le grand départ dans la vie : vers la fin du septième mois, le bébé ouvre ses paupières, lesquelles portent déjà de minuscules cils. Les doigts ont aussi de longs ongles et à leur bout, l'empreinte digitale.

percevoir les changements de luminosité. Il sait s'il fait jour ou nuit dehors, car dans l'utérus, tout n'est pas entièrement sombre. Ainsi, quand le soleil brille sur le ventre, une lumière rougeâtre le traverse.

Le squelette devient de plus en plus dur. Les doigts et les ongles, plus fermes, s'allongent. Progressivement, le *lanugo* (duvet sur son corps) disparaît presque entièrement, seules quelques touffes de poils demeurent sur le dos et les épaules. Si on s'accorde à parler de rythme, ce qui se constate est que le bébé a des variations d'activité au cours de la journée.

En général, s'il est plus calme le matin, il se déchaîne souvent vers minuit. De nombreuses mères attestent qu'au moment de se coucher, elles sentent que le bébé s'agite.

Assurer un bon départ

Si le bébé venait au monde maintenant, il aurait toutes les chances de survivre. Il devrait cependant être constamment sous surveillance médicale. En effet, un accouchement prématuré est toujours dangereux pour l'enfant, c'est pourquoi chaque jour passé dans le ventre de la mère est précieux.

A la fin de la 28e semaine, le bébé mesurera environ 35 centimètres et pèse 1 000 grammes. Sa tête a un diamètre de 75 millimètres.

LES PREMATURES

Voici les chances de survie d'un prématuré, d'après une étude suédoise faite sur 332 enfants :

➤ **semaine de grossesse complète :**	➤ **chances de survie en pourcentage :**
23e semaine	0 %
24e semaine	19 %
25e semaine	32 %
26e semaine	49 %
27e semaine	64 %
28e semaine	79 %
29e semaine	86 %
30e semaine	90 %
31e semaine	94 %
32e semaine	96 %

Questions, préoccupations

♀ *« Lorsque, dans ma trentième semaine, le médecin a décidé pour la première fois d'un arrêt de travail, il avait constaté des contractions prématurées. Je n'avais moi-même rien senti du tout. Dois-je craindre que mon bébé naisse prématurément ? »*

Les contractions ne surviennent jamais sans raison, mais le plus souvent quand une femme est trop active et fait tout en même temps. Avec la grossesse, l'organisme est constamment surmené. Les contractions sont donc des signaux que le corps envoie, parce qu'il a besoin de repos. Cela ne signifie pas qu'il faille toujours rester au lit. Le mieux est de penser à l'enfant : chaque jour vécu dans le ventre est vital.
N'entreprenez que des choses qui vous donnent du bien-être : se promener au grand air, nager, paresser, lire ce qui vous fait plaisir et qui ne sollicite pas trop votre corps. La plus grande priorité est votre enfant : tentez d'éviter les sources de stress et n'hésitez pas à faire participer votre famille ou vos amis. Dans certains cas, un bébé vient prématurément au monde car il n'est plus bien dans le ventre de la mère. Les médicaments contre les contractions seront alors impuissants.

Voilà comment vous pouvez agir, en cas de contractions précoces :

➤ Multipliez les pauses dans la journée, et orientez les jambes vers le haut.

➤ Ne portez pas plus de 5 kg de charge (panier de courses, aspirateur, caissette de boissons), même si cela vous semble difficile. Ne soulevez plus de petits enfants.

➤ En cas d'énervement, prenez une grande respiration, avant de pester et expirez l'air par de profonds soupirs.

➤ Enfin, appelez votre médecin traitant : il connaît la situation et saura mieux vous conseiller.

♀ *« J'ai l'impression que je vois moins bien. Par ailleurs, mes lentilles de contact semblent ne plus convenir. Est-ce une impression ? »*

Pas du tout. Les hormones de grossesse diminuent aussi l'acuité visuelle. La vue est moins bonne et les lentilles dures peuvent devenir insupportables. En fait, l'œil produit probablement moins de liquidité à ce moment. Tout doit rentrer normalement dans l'ordre après la naissance. Il est donc presque inutile de changer de lentilles de contact. Portez plutôt des lunettes, jusqu'à la naissance.

♀ *« Certains jours, le bébé est très actif et gigote énormément, et d'autres jours, il est très calme. Est-ce inquiétant ? »*

Votre bébé est un être humain, avec toutes ses humeurs. Parfois, il a envie de boxer avec tant de force que ses coudes soulèvent le haut de votre ventre, parfois, il est allongé, les bras repliés, et se laisse bercer par vous, toute la journée. De toute évidence, son activité est dépendante de la vôtre : quand vous restez longtemps debout, il se complaît dans le balancement rythmé de votre ventre. Lorsque vous vous allongez le soir et vous reposez, le bébé commence à s'agiter. Ses mouvements peuvent s'intensifier aussi après un repas. C'est sans doute lié aussi au taux de sucre. Ou bien, le bébé est très actif lorsque vous êtes énervée ou irritée : l'adrénaline, hormone de stress, passe dans la circulation sanguine de l'enfant. Ses mouvements sont encore inhabituels et maladroits, mais ils sont très perceptibles entre la 26e et la 30e semaine. Ils sont plus coordonnés entre la 30e et la 34e semaine et vous pouvez remarquer quand le bébé est éveillé et à quel autre moment il dort. Il est inutile de s'inquiéter s'il gigote beaucoup aujourd'hui et moins demain. Le bébé a sa propre personnalité. L'essentiel est que vous le sentiez.

♀ *« J'aimerais allaiter mon enfant. Qu'en est-il des substances toxiques dans le lait maternel ? »*

Dans les années 1950, l'allaitement fut discrédité, lorsque des chercheurs eurent découvert du DDT, un pesticide, dans le lait maternel. Malheureusement, nombre de femmes se demandent encore, plus de cinquante ans plus tard, si leur lait n'est pas trop nocif. Un fait est certain : de nombreuses mesures de protection de l'environnement ont permis de diminuer considérablement le degré de pollution du lait maternel : aucune raison, donc, de ne pas allaiter.

♀ *« Est-il vrai que je peux accoucher par césarienne, sans aucune raison médicale (présentation par le siège, trop petit bassin, etc.) ? »*

En principe, oui. C'est une tendance de plus en plus répandue aux USA. Certaines raisons rendent cette pratique indispensable. Cependant, les femmes qui pensent qu'il est plus facile d'accoucher ainsi sont mal informées. La césarienne est une lourde opération du ventre qui comporte de nombreux risques, allant de l'infection des voies urinaires à la thrombose. Si la césarienne paraît plus confortable et les jours qui suivent plus agréables, la réalité est autre. Une femme qui a accouché par le vagin se sentira de nouveau en pleine forme, deux à quatre semaines après l'accouchement. La guérison totale après une césarienne peut en revanche demander plusieurs mois. Ce qui importe, c'est donc le besoin de l'enfant : c'est lui qui donne l'impulsion de l'accouchement. Lorsqu'ils naissent, les bébés ont besoin de ce massage de tout le corps, lors du passage, et ils apprennent très tôt à ne pas choisir le chemin où la résistance est moindre. Les enfants naissant par césarienne, sans prévenir, ne réalisent pas immédiatement qu'ils sont nés.

♂ *« A partir de quand les poumons de bébé sont-ils en mesure de travailler de manière autonome dans le ventre de la mère ? »*

Les poumons sont terminés aux environs de la 35e semaine, parfois même plus tôt, chez les femmes qui ont souvent des contractions avant terme. En cas de stress, le cortex surrénal répand une hormone, la cortisone. Les contractions sont stressantes pour le bébé qui produit de la cortisone et contribue ainsi lui-même à l'achèvement de ses poumons. Lorsqu'il existe un risque d'accouchement avant terme, le médecin fait une piqûre de cortisone à titre préventif.

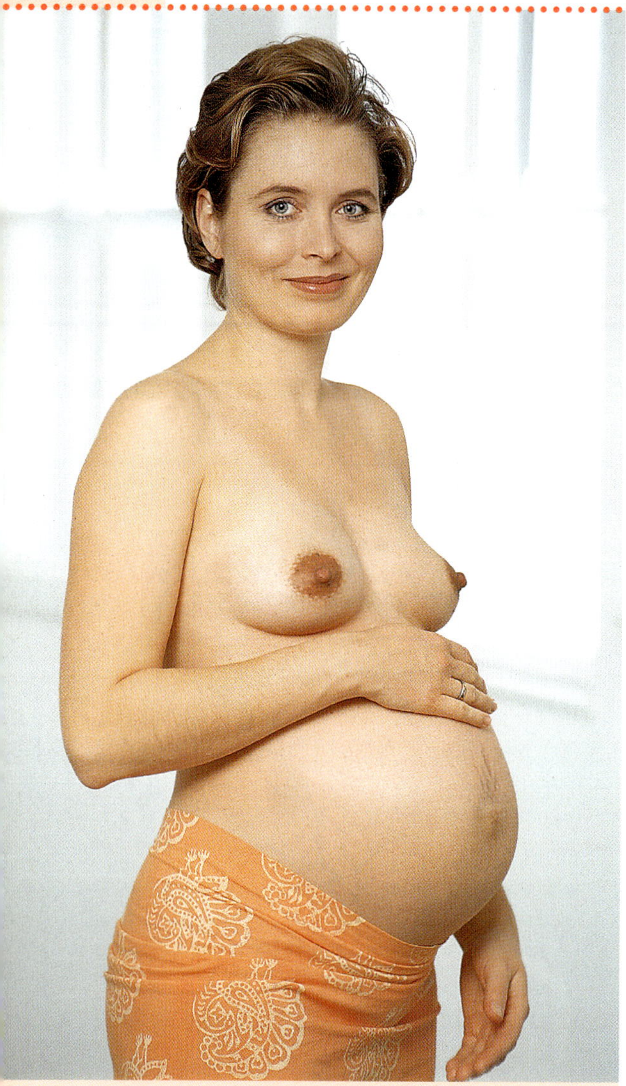

29 – 32 semaines

Quel magnifique ventre ! Celui de certaines femmes est plus proéminent quand le nombril est tourné vers l'extérieur. L'eau, stockée dans le visage, les mains et les jambes donne l'impression d'une rondeur plus accomplie. La poitrine peut avoir augmenté de deux tailles.

Maman change

Le ventre maternel ne peut vraiment plus passer inaperçu. Pendant les premiers mois, il s'est fait désirer et maintenant, il est rond comme un ballon. C'est une belle piste d'atterrissage pour les bouchées, qui vont normalement de la fourchette à la bouche. De nombreuses femmes font des taches en mangeant car leur ventre est devenu si gros que l'espace entre la table et la bouche est trop grand.

Le ventre est dans le chemin

Parfois, la future mère ne sait comment s'asseoir ou s'allonger ou bien tenir debout. L'enfant a, lui aussi, un mal croissant à trouver une position agréable. Il a tellement grandi qu'il peut à peine faire des galipettes. Si ses mouvements se sont peut-être calmés, on le sent encore aisément, car il est de plus en plus fort, ses coups de pied et de coude aussi ! La mère va sans doute ressentir plus facilement quand le bébé a le hoquet.

La prise de poids, en moyenne 500 grammes par semaine, est importante. Jusqu'à maintenant, la future mère aura pris environ 10 kilogrammes. Le cœur, quant à lui, pompe un bon litre de sang supplémentaire et le propulse dans le système vasculaire, mais il ne livre pas l'énergie pour le parcours du retour. Un sang pauvre en oxygène doit pouvoir aussi transporter celui des parties inférieures du corps vers le haut, et cela relève de la respiration.

Le sang est acheminé vers le haut, grâce à la pression alternativement positive et négative exercée dans la cage thoracique et le ventre. A chaque pas, les muscles des jambes envoient aussi le sang vers le haut, vers le cœur. C'est pourquoi il est désormais indispensable de pratiquer de la gymnastique pour les jambes. Les bas ou mi-bas de contention sont assez efficaces. Nombre de femmes commencent à avoir des crampes et/ou des hémorroïdes. En effet, le changement hormonal provoque un élargissement de la paroi musculaire des vaisseaux sanguins et ramollit les valvules veineuses, l'utérus grossit et comprime davantage les veines qui transportent le sang vers le haut ; enfin, la circulation se ralentit, dans la moitié inférieure du corps.

Rester hermétique !

La future mère sera gagnée par tous les petits maux classiques de fin de grossesse : manque de souffle, brûlures d'estomac, démangeaisons au niveau du ventre, problèmes de digestion et de dos, besoin d'uriner. De nombreuses femmes sont choquées, à l'idée de ne plus pouvoir se retenir d'uriner. Elles pensent « qu'elles ne sont plus hermétiques ».

Cette incontinence provient du fait que l'utérus grossit de plus en plus, ce qui oblige la vessie à changer sa position. La pression exercée sur celle-là peut occasionner un écoulement involontaire d'urine. Les serviettes hygiéniques peuvent cependant apporter une aide, jusqu'à la fin de la grossesse. Après l'accouchement, des écoulements involontaires d'urine peuvent résulter de toux, de rire, ou du fait de se moucher : ils sont liés à l'accouchement, quand la musculature du bassin s'est détendue. La plupart du temps, ce phénomène disparaît, après quelques séances de gymnastique du périnée.

Crampes dans les mollets

Durant ce mois, il peut arriver que surgissent des crampes dans les mollets. Il s'agit d'une forte douleur dans le bas de la jambe qui fera se redresser comme un cierge dans le lit, malgré le gros ventre. Premier remède : se lever et faire quelques pas. Les premières précontractions commencent aussi à ce moment-là. Le ventre durcit, car l'utérus se contracte de manière rythmée, cela indiquant que le corps se prépare à l'accouchement. C'est sans risque, jusqu'à dix précontractions par jour. Cela se stabilisera vers la 32e semaine.

INFO | QUE FAIRE ?

Ne pas oublier :

- Le septième examen prénatal
- La troisième échographie externe
- Décider du lieu et de la manière pour accoucher
- La préparation de la valise pour la clinique
- L'organisation de l'équipement pour le bébé

Bébé grandit

Des scientifiques ont constaté que les bébés apprennent quantité de choses, notamment au dernier trimestre de la grossesse. Ils sont, par exemple, en mesure de percevoir les voix, au travers du ventre. Ils se sont tellement habitués aux bruits des coulisses, bruit du sang qui circule, battements du cœur de la mère, qu'ils les perçoivent maintenant plutôt en arrière-plan. En effet, le bébé peut entendre les voix de personnes qui s'entretiennent dans la pièce. Bien qu'il ne puisse pas comprendre clairement chaque mot, il perçoit la mélodie de la langue.

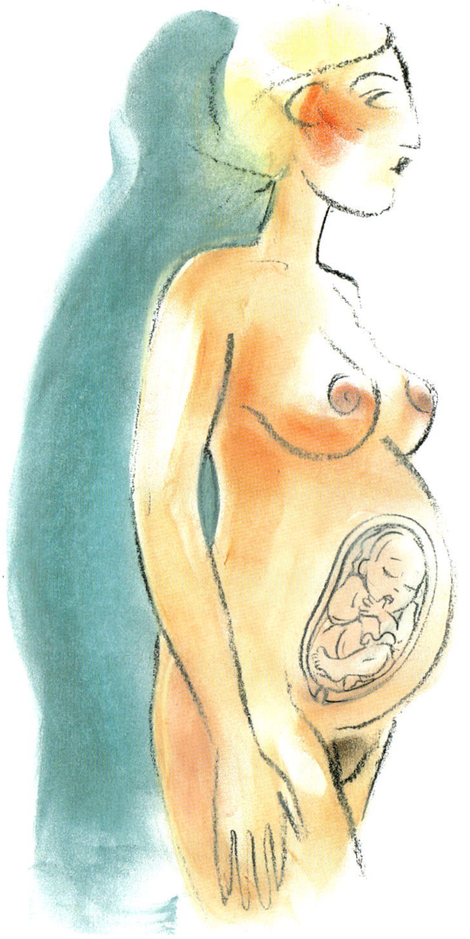

L'utérus, devenu si gros, comprime et restreint l'espace des organes autour de lui, les brûlures d'estomac et les difficultés à respirer en étant parfois la conséquence.

La voix familière de maman

Le bébé apprend à bien connaître la voix maternelle qu'il entend le plus. Lorsque la mère parle, les sons parviennent dans le ventre aussi fortement qu'à l'extérieur. Ils sont certes un peu assourdis, mais il les entend bien. Il apprend non seulement à identifier le ton de voix et la façon de parler, mais il s'imprègne aussi de la langue du pays.

Une étude française atteste que les bébés sont déjà plus sensibles à leur langue maternelle, juste après la naissance. On leur a fait entendre des voix en russe et en français sur magnétophone : la voix favorite était évidemment celle de la mère. De manière générale, les petits Français préféraient entendre la langue de leur pays plutôt que le russe.

Par ailleurs, la mère ressent de plus en plus précisément les mouvements de son enfant. Celui-ci est plus musclé et donc plus fort, et le volume du liquide

INFO | GYMNASTIQUE

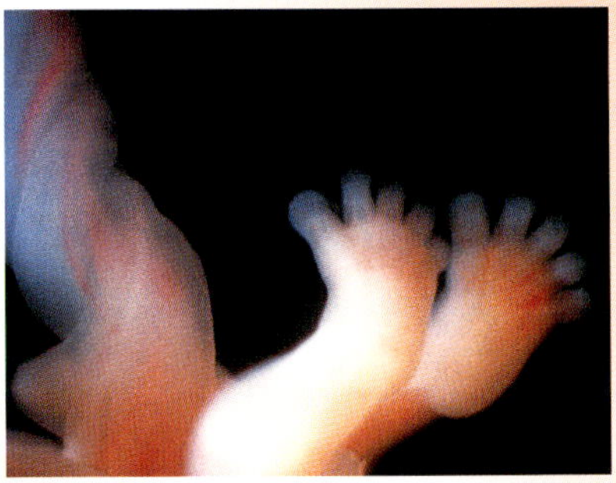

➤ **Le fœtus** montre ses jambes et ses bras. Ses orteils sont terminés, les ongles de pied se formant durant la trentième semaine. Le cordon ombilical est le seul moyen pour la mère d'acheminer la nourriture à l'enfant. Les vaisseaux sanguins sont entourés d'un manteau ressemblant à de la gelée ; il est si épais qu'en dépit des mouvements du bébé, l'apport en matières nutritives n'est pas interrompu.

amniotique a baissé de moitié. Le bébé a nettement moins de place et perd un peu de sa liberté de mouvement, car il ne flotte plus avec autant d'aisance dans la cavité amniotique.

Les coups de pied et l'agitation passent moins inaperçus et parfois, un petit poing ou un talon viennent soulever le ventre. La plupart des femmes éprouvent un réel sentiment de bien-être dans la baignoire, lorsqu'elles voient les mouvements du bébé faisant des ronds dans l'eau.

Le contact avec le père est maintenant plus facile, car il peut aussi voir et sentir les mouvements du bébé. Les pères s'épanouissent maintenant véritablement, alors qu'ils s'étaient sentis exclus au début de la grossesse. Ils peuvent ainsi vivre *de visu* l'évolution du bébé. C'est une des raisons pour lesquelles ils caressent toujours tendrement le ventre des mères qui, autant que le bébé, apprécient tout particulièrement cette délicate attention.

Tous les organes ont terminé leur développement

Tous les organes sont en phase terminale de développement, sauf les poumons. Si ces derniers ne fonctionnent pas de façon autonome, la plupart des enfants qui naissent à ce stade survivent : la respiration peut être assistée médicalement.

Lorsque le bébé dort, il adopte sa position préférée : les bras et les jambes sont ramenés près du corps. Il peut déjà avoir pris sa position définitive d'accouchement. Si ce n'est pas le cas, nulle inquiétude à avoir car, jusqu'à la 36e semaine, il aura suffisamment de place pour se retourner.

A la fin du huitième mois, le bébé mesure 40 centimètres et pèse environ 2 000 grammes. Sa tête a un diamètre de 85 millimètres.

Questions, préoccupations

« Le soutien-gorge d'allaitement est-il indispensable ? »

Non. C'est vous qui décidez si vous en porterez et de quel type il sera, pendant la période d'allaitement. Ce qui est certain est que votre poitrine a augmenté de deux, voire de trois tailles de bonnet. Si vous ne la soutenez pas, cela peut être désagréable et même douloureux et causer une inflammation mammaire. Plus elle est maintenue, plus elle conservera une belle forme. Tout peut convenir : bustier, soutien-gorge de sport ou d'allaitement. Les soutiens-gorge d'allaitement existent dans presque toutes les tailles, se ferment par une sorte de clip et peuvent être ouverts d'une main. Certains modèles offrent des poches pour mettre le nécessaire d'allaitement, afin qu'il ne glisse pas. Le soutien-gorge de sport s'ouvre sur le devant, ce qui est approprié pour les femmes dont la poitrine est encore petite, malgré la montée de lait. Un bustier est facile à remonter et peut laisser de la place pour une compresse, au cas où cette montée serait trop forte. L'inconvénient est qu'il ne convient pas aux fortes poitrines. Le modèle, en tout cas, importe peu. Choisissez un soutien-gorge de deux tailles au-dessus de celle que vous avez en fin de grossesse. Enfin, gardez l'emballage avec l'indication de la taille, au cas où vous en auriez besoin d'un deuxième.

« Mon médecin m'a prescrit un arrêt de travail à cause des contractions prématurées. Je dois me ménager. Que dois-je faire ? »

De nombreux médecins déclarent : les pires femmes sont celles qui n'ont pas de problèmes pendant leur grossesse, car elles continuent à vivre au même rythme qu'auparavant, sans se ménager de pauses. « Ce sont les mêmes qui ne veulent pas admettre que leur capacité d'action est réduite. Au troisième trimestre, elles veulent faire tout ce qui est à effectuer avant l'accouchement : déménager, rénover, acheter l'équipement du bébé, déléguer correctement leur travail, etc. Tôt ou tard, elles se heurtent à leurs propres limites corporelles, et les contractions se déclenchent. Le médecin prend cela très au sérieux et en leur faisant arrêter le travail, il prescrit même un « repos obligatoire ». « Se ménager » n'a ainsi rien de négatif : cela ne signifie pas que vous devrez rester alitée. Accordez-vous quelques jours de repos, consacrez tout votre temps à votre ventre, allez vous promener, faites du shopping, rencontrez des amis. Les femmes auxquelles on prescrit de s'aliter sont celles dont le col de l'utérus s'est déjà ouvert ou qui s'est déjà contracté. C'est le médecin qui en décidera.

« Parfois, mon bébé me donne des coups de pied si violents qu'il me fait vraiment mal. Que faire, dans ce cas ? »

Ce phénomène risque de s'amplifier tant que le bébé sera dans votre ventre. C'est plutôt bon signe que les papillons dans le ventre se soient transformés en vrais coups dans l'estomac : votre bébé sera de plus en plus fort. Parfois, il lui arrive de gigoter, par dépit, si fortement que cela vous fait mal sous les côtes ou sous l'utérus. Tentez de trouver une position qui conviendra mieux au petit Rambo, du moins provisoirement.

♀ *« Je crains une incision du périnée durant l'accouchement. Est-ce très douloureux et peut-on faire une anesthésie locale ? »*

En matière d'assistance à l'accouchement, rien n'est plus controversé que l'incision du périnée (épisiotomie).
L'opinion actuellement la plus partagée est que l'épisiotomie routinière est complètement dépassée. Elle devrait être faite, uniquement en cas de besoin pour l'enfant, à savoir s'il ne va plus bien et s'il doit rapidement être retiré du passage. La plupart des médecins pensent qu'une déchirure vaut mieux qu'une incision, en cas de doute. Ce sont eux qui la pratiquent. En général, elle se fait pendant une contraction, lorsque la tête du bébé fait pression sur le périnée. A ce moment-là, les tissus sont en effet beaucoup moins sensibles. Vous pouvez être certaine que l'incision ne sera alors pas douloureuse.
Lorsque l'accouchement est terminé, et que le bébé est sur votre ventre, une anesthésie locale est pratiquée et la plaie est recousue. Il est ainsi inutile d'anesthésier le périnée plus tôt, car les douleurs surgissent plus tard, lorsque l'anesthésie n'a plus d'effets. La plaie va alors « battre » ; toutes les positions deviennent inconfortables : marcher, s'asseoir, ainsi que certaines positions allongées. Les premières selles après l'accouchement peuvent aussi être douloureuses, le risque étant que la plaie se rouvre, ce qui n'arrive que très rarement.
Les douleurs sont les plus fortes, pendant les deux premiers jours après la naissance. Puis il est fréquent que la montée de lait ne s'enclenche pas, et que la patiente doive prendre des médicaments ou des suppositoires. D'autres moyens peuvent aussi soulager : compresses froides, glaçons, bouée sur laquelle on s'assied.

♀ *« Le médecin dit que le col de l'utérus est ouvert. Dois-je craindre de perdre l'enfant en route ? »*

Non. En principe, aucun enfant ne vient au monde sans contractions. Certains indices indiquent de fait à quel stade en est le corps : par exemple le col de l'utérus, les débuts de contractions et la situation de la tête du bébé. Lorsque le col de l'utérus est entier et « se tient », comme disent les médecins, il peut s'ouvrir d'un ou deux centimètres, lors des dernières semaines avant l'accouchement, notamment chez les femmes qui ont déjà eu un ou plusieurs enfants. Vous pouvez mener une vie normale avec ce diagnostic. Lorsque le col de l'utérus se rétrécit, l'enfant est poussé vers le bas. Il faut absolument vous ménager, si le col est ouvert et que vous n'êtes pas encore à terme.

♂ *« Pourquoi l'enfant doit-il être allaité durant quatre semaines après sa naissance ? »*

Même si un enfant naît avec un réflexe de succion, il doit néanmoins apprendre comment prendre le sein. Cela n'est pas toujours facile, mais lui donner à boire au biberon est encore plus difficile. L'expérience montre qu'au bout de quatre semaines, les difficultés rencontrées au début sont surmontées et qu'il est alors plus facile d'allaiter au biberon.

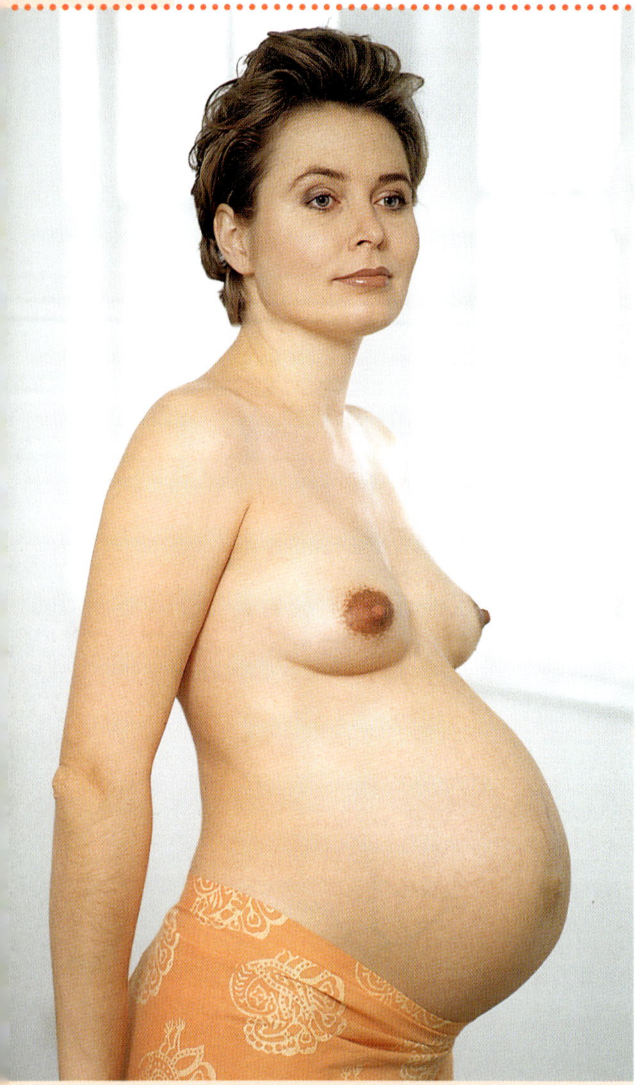

33 – 36 semaines

Les kilogrammes s'accumulent sur la balance : la date d'accouchement approche. Quelques semaines, encore... Vous allez encore gagner en poids et en tour de taille...

Maman change

La future mère prend environ 600 grammes par semaine, et a sans doute grossi de 10 à 12 kilos. Son ventre est omniprésent, lorsqu'elle se lève, s'habille, lace ses chaussures, fait ses courses. Elle dort de moins en moins pendant la nuit, car elle doit aller aux toilettes ou parce que l'agitation du bébé l'a réveillée. Les dernières semaines de la grossesse sont particulièrement pénibles pour la future mère.

Vous faites des rêves intenses

Il peut même arriver qu'elle fasse des cauchemars. Beaucoup de femmes font des rêves très denses et très variés. Dans nombre de représentations imaginaires, le bébé apparaît sous la forme d'un être malade ou d'un animal. D'autres femmes rêvent qu'elles perdent leur partenaire. Ces rêves sont bouleversants et effrayants mais ils aident à évacuer les peurs, les attentes ou les inquiétudes. En parler au médecin peut aider. Il faut le faire savoir sans retenue. Même les présentations par le siège peuvent être liées aux peurs ou aux problèmes non exprimés.
L'utérus a maintenant presque atteint sa taille ultime. Il arrive au niveau de l'arc costal et il comprime tous les organes.

Le ventre s'affaisse environ quatre à cinq semaines avant la naissance, la tête du bébé étant entrée dans le petit bassin.

Le ventre s'affaisse, grâce aux contractions d'affaissement. Si vous avez déjà accouché d'un ou de plusieurs enfants, elles seront probablement moins ressenties que pour un premier enfant mis au monde. En effet, après chaque accouchement, les tissus se détendent toujours davantage. Les contractions d'affaissement soulagent le diaphragme, ce qui est positif, et permettent enfin de mieux respirer. En revanche, l'utérus comprime davantage la vessie et oblige à aller encore un peu plus souvent aux toilettes. L'envie d'uriner réveille durant la nuit et nombre de femmes ont parfois du mal à se rendormir par après.

Vous y êtes presque

A l'approche de la date d'accouchement, le temps semble s'être arrêté. Une irrésistible envie de voir le bébé et de pouvoir le prendre dans les bras monte souvent. Est-il en bonne santé ? Comment est-il ? A-t-il des cheveux ? Les yeux bleus ? Le teint mat ? Est-il tout fripé et criera-t-il lorsqu'il viendra au monde ?

Certaines femmes redoutent parfois l'accouchement et en repoussent la date. D'autres peuvent à peine attendre le jour J. Il faut tenter de jouir et de profiter pleinement de ces quelques semaines qui restent, avant d'observer le ventre avec impatience. Dès ce moment, vous pouvez déjà prendre votre congé de maternité, si vous le souhaitez.

Vous pouvez avec votre partenaire vous consacrer entièrement à votre ventre, durant ces jours de vacances. Faites-le si vous en ressentez le besoin.

Petit secret

Les feuilles de framboisier auraient, sur les femmes enceintes, des vertus qui ne sont pas encore fondées scientifiquement. Cependant, il est parfois conseillé aux futures mères de boire trois à quatre tasses de tisane de feuilles de framboisier (disponibles en pharmacie), à partir de la 34e semaine. Cette tisane purifierait l'organisme, détendrait la musculature et attendrirait le col de l'utérus. Ce sont des vertus précieuses, juste avant l'accouchement. Il faut cependant être prudente, si des contractions surviennent de façon précoce, et si le col de l'utérus est déjà légèrement ouvert.

INFO | QUE FAIRE ?

Ne pas oublier :

- Effectuer maintenant deux examens prénataux par mois
- Demander au médecin une attestation de date d'accouchement pour la caisse d'assurance maladie
- Préparer la valise pour la clinique
- Compléter si nécessaire l'équipement du bébé
- Prévoir les formulaires pour les allocations familiales

Bébé grandit

L'enfant sent quand sa mère est assise, debout ou allongée. Comme son besoin de se reposer coïncide rarement avec elle, il réagit en gigotant lorsque sa mère s'allonge. Rien n'est plus agréable pour le bébé que d'être bercé, de-ci delà, quand elle est en mouvement. C'est un plaisir qu'il conservera plus tard, dans les bras maternels qui le berceront, cela contribuant aussi au développement mental de l'enfant.

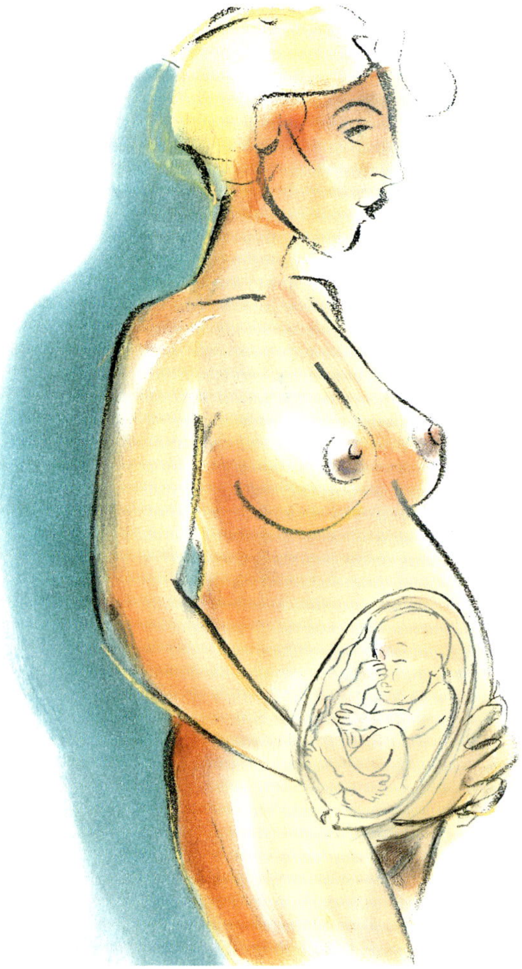

Les contractions d'affaissement ont déjà fait descendre le ventre. Ce serait vraiment parfait si le bébé se plaçait, dès maintenant, dans sa position d'accouchement, c'est-à-dire la tête en bas.

A présent, le bébé prend en moyenne 200 grammes par semaine. Il est enveloppé de graisse et sa peau se rembourre, ses rides s'estompent. Les ongles atteignent le bout des doigts et les dépassent même un peu. Chez les garçons, les testicules vont dans le scrotum.

Le bébé a désormais son propre rythme de sommeil et d'éveil. A ce stade, il dort en moyenne trois quarts d'heure à peine, puis il reste éveillé aussi longtemps et s'endort à nouveau. Même dans son sommeil, il n'est pas tout à fait tranquille. Les globes auriculaires roulent de gauche à droite. Les scientifiques appellent cette phase de sommeil le REM (*Rapid Eye Movement*) : c'est en fait la phase durant laquelle nous rêvons. Les bébés rêvent-ils déjà, dans le ventre de la mère ? Cela reste encore un mystère. A la 35e semaine, les poumons ont terminé leur développement. La plupart des enfants naissant à ce moment disposent d'une autonomie respiratoire.

A la fin du neuvième mois, le bébé mesure environ 45 centimètres. Il pèse 2 800 grammes. Sa tête a un diamètre d'environ 92 millimètres.

Témoignage

Jean-Pierre (35 ans), représentant, et Antonia (40 ans), professeur de musique. A ce moment, Antonia est à 36 semaines de grossesse.

Se marier avant la naissance de notre enfant

Jean-Pierre : *Nous nous sommes mariés environ dix semaines avant l'accouchement, vu que nous savions que notre bébé était en route. Je ne peux pas vraiment expliquer pourquoi c'était si important pour nous. Je voulais certainement que ce soit fait lorsque le bébé arriverait : c'était une manière de régulariser notre situation. Vu que nous songions à nous marier, cette année-ci nous semblait propice : ainsi avons-nous pensé. Les avantages fiscaux étaient eux aussi indéniables. Un beau jour, j'ai dit à Antonia : « Pourquoi ne pas nous marier maintenant ? »*

Antonia : *C'est curieux, on ne sait pas, au début, comment gérer une proposition de mariage. Il y a deux ans, je pensais : « Pourquoi nous marier ? Nous pouvons aussi vivre ensemble, simplement. Devoir faire le pas définitif pour dire « oui, je vais au bout de cette grossesse ! », occasionna des échanges préoccupants. J'ai dû, calmement, travailler la question. J'avais compris que je le voulais, même si cela me faisait encore peur. Dis-moi, désirais-tu te marier pour préserver tes droits de père ?*

Jean-Pierre : *Non, je n'ai même pas pensé à cela.*

Antonia : *Nous voulions avoir un enfant, et ce thème était au centre de nos discussions : nous voulions fonder une famille. La grossesse nous a poussés à prendre notre décision. Nous aurions pu, selon moi, nous marier plus tard, je savais tout le travail qui m'attendait et*

n'étais pas certaine de réussir à tout faire avec mon « gros » ventre.
Quand j'y repense, les préparatifs du mariage n'étaient pas si fastidieux, finalement.

Et comment va la vie de couple ?

Jean-Pierre : *Beaucoup de choses ont changé dans notre relation, et en bien. Nous éprouvons un très fort sentiment de confiance et de sécurité.*

Antonia : *Je me sens plus sûre de notre relation. C'est étrange, en fait, je pensais que cette décision aurait rendu nos rapports plus difficiles et que je me serais sentie plus à l'étroit. Il n'en est rien. C'est encore mieux qu'avant.*

Questions, préoccupations

♀ *« Mon bébé est allongé et son derrière repose sur mon bassin : il se présente par le siège. Comment peut-on le faire se retourner de l'extérieur et quelles sont les alternatives ? »*

On pratique toujours une rotation de l'extérieur, pour préparer à l'accouchement par césarienne, ce qui révèle combien la situation relève de l'urgence. La position du placenta doit aussi permettre une rotation. Il doit se situer contre la paroi arrière de l'utérus. En revanche, s'il est contre la paroi avant, tourné vers le ventre, il risque de se déchirer sous les massages.
Une rotation est envisageable à certaines conditions, quand la position du placenta s'y prête, lorsque la mère est suffisamment « large », lorsque le liquide amniotique est suffisant et que la mère parvient à se détendre correctement. Dans ces conditions, un médecin expérimenté peut, avec du tact, tenter de faire descendre la tête du bébé. La rotation doit être interrompue, s'il est constaté que le bébé maintient sa position de siège. Durant cette intervention, la longueur du cordon ombilical ne peut être calculée, ce qui peut être problématique : il peut se serrer et ainsi bloquer l'apport en oxygène pour l'enfant, ce que l'échographie ne saurait prévoir.
Un accouchement spontané n'est pas garanti, même si on a réussi à faire se retourner le bébé. Des raisons anatomiques, une tête trop grosse ou un bassin trop étroit peuvent nécessiter une césarienne.
D'autres techniques incitent aussi le bébé à se retourner, comme « le pont indien ». Cet exercice doit être pratiqué au moins deux fois par jour, environ quinze minutes. Allongez-vous au sol, glissez deux coussins sous les fesses et placez les jambes sur une chaise. Cette position est parfois si inconfortable pour les bébés qu'ils se retournent d'eux-mêmes.
Le massage des zones de réflexe du pied, la moxibustion (réchauffement de points d'acuponcture en brûlant des cigares d'armoise), l'homéopathie ou encore l'essence de lavande à diffuser ou dans le bain : autant de techniques possibles. Il est aussi important de rechercher les causes, lorsque des raisons psychiques ou le stress sont à l'origine de la présentation par le siège. C'est très souvent le cas. Nombre de facteurs peuvent déclencher le retournement du bébé, dans la moitié des cas : une discussion avec un psychologue spécialiste des femmes enceintes, peut suffire, combinée à des massages des zones de réflexe du pied, par exemple.

♀ *« Comment se présentent les massages du périnée ? »*

Environ six semaines avant la date d'accouchement, il est conseillé de commencer à détendre le périnée, à savoir les tissus entre la vessie et l'anus. Grâce au massage, il devient plus souple, plus mou et plus extensible. Il est plus facile de masser avec une huile de germe de blé, par exemple. Voilà comment procéder : mettez une goutte d'huile sur votre doigt et introduisez-le, à raison de trois centimètres environ, dans le vagin. Puis exercez prudemment une pression vers l'anus. Deux jours plus tard, introduisez deux doigts et écartez-les l'un de l'autre, afin d'élargir les tissus. Augmentez, chaque jour, un peu plus la pression et le

nombre de doigts, jusqu'à ce que trois, voire quatre doigts puissent entrer dans le vagin.
Vous pouvez aussi introduire les deux pouces puis les écarter progressivement l'un de l'autre, toujours en direction de l'anus. La pression doit être exercée vers le bas, en écartant les doigts, ce qui détend les tissus dans tous les sens, la longueur et la largeur.

♀ *« Existe-t-il encore une possibilité d'éviter la déchirure du périnée ? »*

Il existe en effet une possibilité. Il s'agit en fait d'un ballon synthétique de la grosseur du poing, qui est relié à une pompe manuelle, par un tuyau en plastique. Environ trois semaines avant l'accouchement, ce ballon est introduit, une fois par jour, jusqu'au milieu du vagin, il est gonflé et laissé tel pendant quinze à vingt minutes. On le gonfle tous les jours davantage, afin qu'il détende, centimètre après centimètre, les tissus du périnée. Les muscles et les fibres des tissus s'habituent ainsi à l'élargissement, de la même façon que le stretching en sport. Juste avant l'accouchement, la balle gonflée doit mesurer 10 centimètres de diamètre, ce qui correspond à la taille de la tête. La femme peut ensuite s'exercer à expulser la balle du vagin. Si vous réussissez ces exercices, vous garantissez vos chances le jour J...
Les obstétriciens ne sont pourtant pas tous du même avis : si l'idée semble plausible et l'utilité concevable, on ignore comment les tissus du périnée vont se comporter, après l'accouchement.

♀ *« Mon slip est parfois si mouillé que j'ai l'impression de perdre du liquide amniotique. Comment faire pour le différencier de l'urine ? »*

Ils ne peuvent se distinguer ni à l'odeur, ni à la couleur. Le liquide amniotique tendrait à avoir une odeur plus sucrée, offrant une couleur claire et légèrement jaunâtre. Remarquons que les urines d'une femme enceinte sont plutôt peu concentrées, du fait qu'elle urine souvent. Claire et presque inodore, son urine diffère de l'habituelle. Par ailleurs, aucune femme enceinte ou presque ne croit qu'elle perd de l'urine. Elle a l'habitude de contrôler sa vessie. Enfin, une rupture de la poche amniotique survient très rarement, à ce moment de la grossesse. Si c'est le cas, elle se manifeste par un écoulement permanent du vagin et le slip est constamment humide. Il ne s'agira probablement pas d'une perte des eaux si le slip est humide, puis sec durant les heures qui suivent.

♂ *« Est-il possible d'accoucher dans l'eau à domicile ? »*

Oui. Vous avez besoin uniquement d'une sage-femme expérimentée et d'un bassin dans lequel votre femme aimerait accoucher. Cela peut être une baignoire ou un bassin d'accouchement (baignoire, tonneau en bois, etc.). L'essentiel est de pouvoir être dans cinquante centimètres d'eau au minimum.

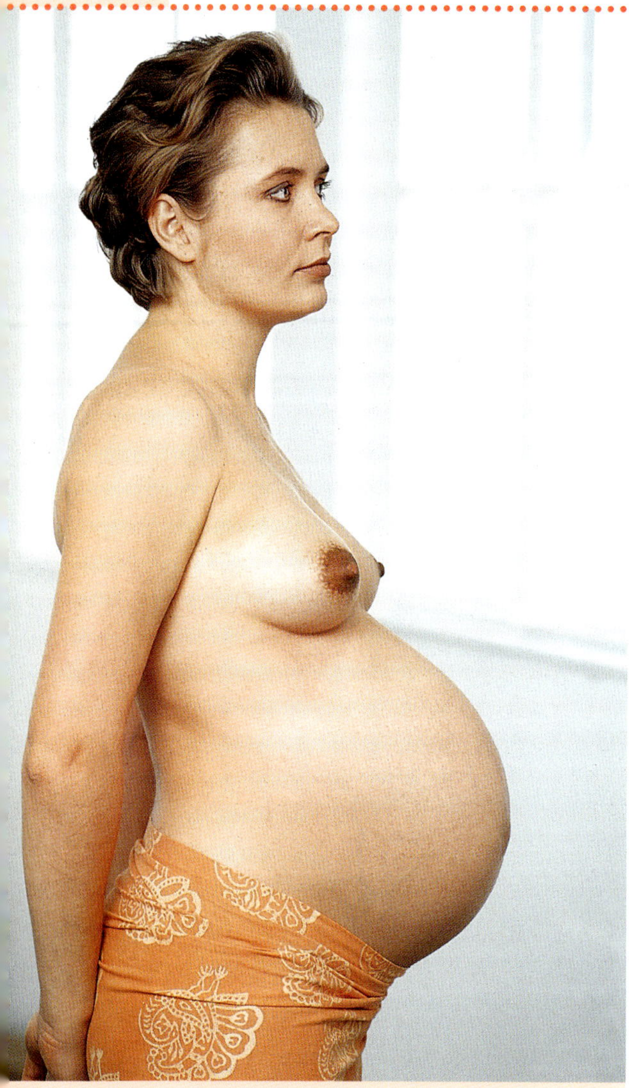

37 – 40/41 semaines

Le ventre est d'une rondeur majestueuse. Sa peau est très dure et tendue à l'extrême. Si la linea nigra est visible chez nombre de femmes, chez d'autres, le nombril du ventre s'étale complètement.

Maman change

Le compte à rebours a commencé : les semaines les plus pénibles attendent donc la future mère qui a pris entre 10 et 15 kg. Elle porte majestueusement son ventre, comme si elle tenait un gros ballon devant elle, et quand elle souhaite fermer un chemisier, la quantité de tissu nécessaire pour l'envelopper est impressionnante.

Les dernières semaines sont les plus longues

A ce stade, nombre de femmes n'ont plus envie d'être enceintes, même si leur grossesse a été parfaite et qu'elles se sont senties bien. Elles nourrissent maintenant l'espoir de voir leur ventre s'amincir. Aussi sont-elles traversées par des sentiments très contradictoires, oscillant entre la peur de l'accouchement, et la curiosité de voir le bébé.

La naissance est un événement unique !

C'est la même chose pour chacun, au moment d'avoir à vivre une expérience pour la première fois dans la vie, et il n'est donc pas difficile de savoir ce qu'on éprouve. Lorsqu'une femme est sur le point d'accoucher, elle ne peut en revanche se raccrocher à aucun type d'expérience similaire : mettre un enfant au monde est ainsi inédit.
Aucun témoignage d'autres femmes expérimentées et d'amies, aucun cours d'information prénatale et nul livre ne

peuvent décrire ce qui sera éprouvé lors de l'accouchement. Les émotions contradictoires sont très compréhensibles. Même si la future mère souhaite de tout cœur serrer son enfant dans ses bras, elle doit conserver la pensée que chaque jour dans son ventre est précieux. La patience est mise à l'épreuve.

Il faut profiter de ces dernières semaines pour les partager avec le partenaire. Sortir le soir, dîner ensemble quelque part, rencontrer des amis et rester longtemps au lit le matin : autant d'activités précieuses.
Par ailleurs, le poids de la plupart des femmes stagne, avant l'accouchement. Certaines n'en prennent plus, d'autres perdent parfois un ou deux kilos. Tandis que l'une a un appétit féroce, l'autre n'en a plus du tout. Les deux situations sont normales.

Les contractions sont plus fréquentes

Certaines femmes ont le nombril très étendu. Le volume total de leur ventre peut parfois s'élever à un mètre. La peau est sèche et tendue à l'extrême. En cas de démangeaison, il faut enduire le ventre de crème ou d'huile.
A présent, les contractions sont de plus en plus fréquentes. En se contractant, l'utérus s'entraîne déjà pour l'accouchement. Le ventre devient très dur, mais se détend, quelques secondes plus tard. Ces phénomènes apparaissent si souvent qu'ils peuvent être considérés comme des contractions d'accouchement, notamment s'il s'agit d'un premier enfant. Est-ce une fausse alarme ? Le mieux est de prendre un bain chaud pour distinguer les contractions d'entraînement des douleurs d'accouchement. Les « vraies » contractions s'intensifient sous l'eau chaude, alors que les « fausses » s'arrêtent.

Contractions ou pas contractions ?

Voici un conseil pour tous les pères ; cet exercice pourra leur servir d'exemple. Vous poserez à votre femme, lorsqu'elle ressent ce qui s'apparente à une contraction, les questions suivantes : « As-tu téléphoné à ta mère aujourd'hui ? » « As-tu acheté du jambon chez le boucher ? » « Avons-nous assez de café pour le petit déjeuner ? » Tant que votre femme vous répond malgré les douleurs, il ne s'agit pas de véritables contractions. En revanche, si elle est concentrée et qu'elle respire profondément, et si elle se tient à la rampe d'escalier, à la chaise ou à la table de la cuisine, vous devez immédiatement vous saisir de la valise pour partir à la clinique…

INFO | QUE FAIRE ?

Ne pas oublier :
- Deux examens prénataux par mois
- Tenter de travailler les contractions, si la date de onze à douze jours est dépassée, sans que l'accouchement soit déclenché.

Bébé grandit

Tous les bébés, à 97 % ont, à ce stade, adopté la position d'accouchement, tête en bas.

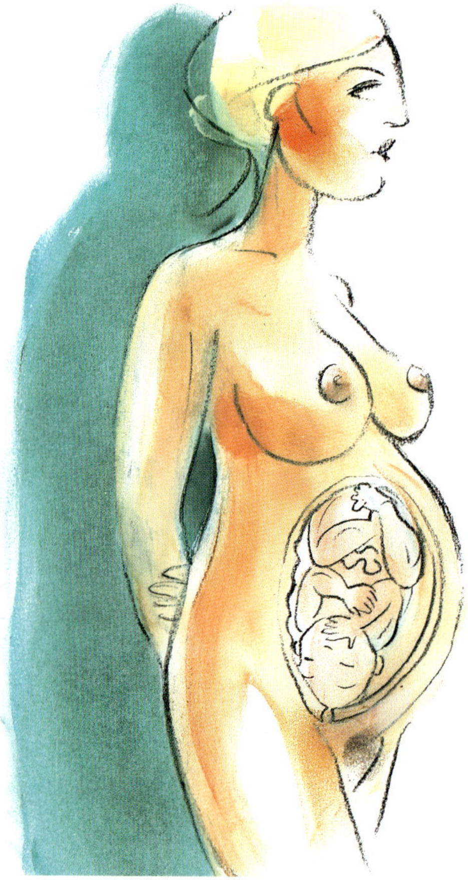

Le compte à rebours a commencé ; les tendons dans le bassin sont extrêmement détendus, l'utérus et l'enfant remplissent tout l'espace du ventre. Grâce aux contractions, l'utérus se prépare à l'accouchement.

Idéalement, la tête est dans le bassin et le fessier, jambes en tailleur, vers le haut de l'utérus. L'enfant ne peut plus effectuer de grands mouvements. Certains font néanmoins fi de la position idéale et, préférant conserver les fessiers vers le bas, se présentent alors par le siège. Durant le dernier mois, le bébé n'ayant plus assez de place pour faire des galipettes, préférera plutôt se tourner d'un côté et de l'autre.

Tous les organes sont à présent achevés et matures. Le bébé a déjà exercé certains de ses sens pour s'adapter à la vie extérieure : son sens gustatif notamment est très aiguisé. Jamais l'enfant n'aura autant de papilles gustatives sur la langue qu'à ce moment-là, juste avant la naissance.

Bagage de protection pour le bébé

Même si cela pèse maintenant, il faut tenter de consacrer chaque jour au bébé, tant qu'il est dans le ventre. C'est le moment où vous lui donnez un bagage de protection pour la route, par vos anticorps. Ces molécules de protéines protègent en effet le bébé de toutes les maladies, dont vous vous êtes immunisée jusqu'à présent, par des vaccins (rubéole, coqueluche, poliomyélite), ou par des maladies contractées (rougeole, oreillons, varicelle).
Il est aussi protégé pendant six mois environ, contre des infections telles que le rhume et la grippe, du moins tant que vous le nourrissez.

INFO | LONGUE ATTENTE

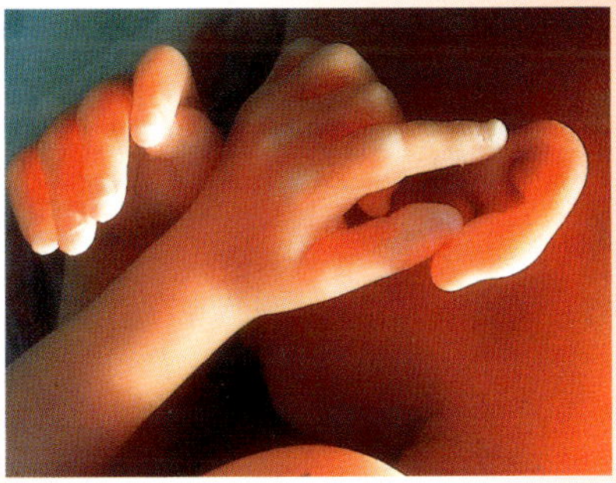

➤ **Durant le dernier mois** de grossesse, le bébé présente des types de comportements variant en fonction de ses besoins : parfois il rêve, pendant la période du sommeil paisible, il ne bouge pas et au réveil, soit il reste allongé, sans bouger, les yeux grand ouverts, soit il s'active, à la mesure de son espace. La place lui manque pour faire des galipettes.

C'est le placenta qui puise ces anticorps dans la circulation sanguine de la mère et les transmet à l'enfant.

Pendant le dernier mois de grossesse, le bébé prend environ 100 à 200 grammes par semaine. Le corps tout entier est plus rondelet et ses joues bien rebondies le rendent encore plus mignon. Comme le bébé suce toujours ses doigts, la musculature de succion de son visage s'est développée. Son duvet a maintenant disparu et l'enduit sébacé n'est plus qu'un mince film sur la peau. Le bébé va ainsi entraîner son réflexe de succion jusqu'à la naissance ; il avale jusqu'à trois litres de liquide amniotique par jour, l'évacuant sous forme d'urine. Il prépare ainsi les reins et la vessie à leur future fonction.

Le miracle humain

Il est extraordinaire de constater comment la nature peut passer du mariage d'un minuscule ovocyte et d'un spermatozoïde à un être vivant. En l'espace de quelques mois, des millions de cellules s'assemblent comme une construction lego et, toutes réunies, elles pèsent 2,5 milliards de fois plus que la cellule originelle ! A la fin du dixième mois, le bébé est six fois plus grand qu'au troisième mois et pèse 140 fois plus.

Sa croissance dans l'utérus est terminée et il est prêt à venir au monde. Il mesure maintenant 50 centimètres et pèse environ 3 400 grammes. Sa tête a un diamètre d'environ 100 millimètres.

INFO | DATE D'ACCOUCHEMENT

➤ Environ 80 % des enfants naissent quatre jours avant ou après le 280e jour, date présumée d'accouchement, tandis que seulement 4 % sont là exactement pour le jour prévu.

Questions, préoccupations

♀ *« J'ai peur d'une rupture prématurée de la poche des eaux. Dois-je me faire emmener en clinique en position allongée ? »*

Une petite explication s'impose : une rupture de la poche des eaux, comme on se l'imagine, quand la femme perd une grande quantité de liquide amniotique, est très rare. A cela s'ajoute que le gynécologue vérifie toujours, par palpations, si la tête du bébé est dans le petit bassin. Si oui, cela calfeutre le bas du passage, si bien que très peu de liquide amniotique s'échapperait, au cas où la poche des eaux s'ouvrirait de façon prématurée. La situation est critique si vous êtes loin de votre date d'accouchement, en cas de rupture de la poche des eaux et si l'enfant est encore haut placé. Le cordon ombilical peut passer devant le bébé en direction du passage. Si, de plus, l'enfant glisse vers le bas, le cordon peut être comprimé et bloquer la circulation du sang. Dans ce cas, il faut immédiatement vous allonger, placer deux coussins sous les fesses, afin que la tête du bébé reste en haut et vous faire emmener à la clinique en ambulance, en position allongée. Demandez toujours à un médecin où se situe la tête.

♂ *« Plus le ventre est gros, plus ma femme marche « en se dandinant ». Pourquoi les femmes enceintes finissent-elles par marcher en canard ? »*

Les femmes enceintes marchent en arquant les jambes, à cause du gros ventre qui pèse vers le bas. Les tendons soutenant les os du bassin se détendent, le bassin se disloque et devient instable. A cela s'ajoute que nombre de femmes marchent en creusant exagérément le dos, comme si elles voulaient montrer fièrement leur gros ventre à leur entourage. Cela provoque un basculement du bassin vers l'arrière. Pour soulager le dos, il faut faire basculer celui-là plutôt vers l'avant : le corps retrouve alors sa verticalité et le dos est plus droit.

♀ *« Que faut-il conseiller : une déchirure du périnée ou une incision ? »*

Jusqu'à ces quelques dernières années, l'épisiotomie fut systématiquement pratiquée, dans presque toutes les cliniques. La plupart des sages-femmes se rejoignent pour dire qu'une déchirure cicatrise plus vite et mieux qu'une incision. Vous n'avez rien à craindre de la première. Une étude atteste que les femmes qui ont subi une déchirure du périnée connaissent des douleurs atténuées pendant le retour de couches et durant les mois suivant l'accouchement. Elles nécessitent moins d'antalgiques.
Selon l'endroit et la dimension de la déchirure, celle-ci est plus longue à recoudre, mais elle est moins douloureuse par la suite. Il vaut donc mieux la préférer à l'incision. Dans certains cas, cette dernière est incontournable, quand la tête du bébé est trop grosse, ou lors d'un accouchement prématuré : car la tête est encore trop fragile pour pouvoir supporter la moindre pression.
De même, lorsque les battements du cœur de bébé s'affaiblissent, afin d'accélérer la naissance, lors d'une intervention vaginale (par forceps ou par ventouse obstétricale),

elle est alors nécessaire. Enfin, c'est aussi le cas si la patiente ne peut plus participer de manière active, lors de la phase finale, et que la tête reste trop longtemps bloquée dans le passage.

♂ *« Est-il vrai que le sperme contient des agents susceptibles de déclencher l'accouchement ? »*

Oui, c'est vrai. Le sperme contient de la prostaglandine, hormone qui stimule les contractions et n'agissant réellement qu'au moment où la femme enceinte est prête à enfanter, lorsque le col de l'utérus est mou, peut-être déjà ouvert et que l'enfant, déjà dans le bassin, est apte à naître. Un couple qui fait l'amour quelques jours avant la date prévue peut certes, par l'acte sexuel, déclencher les contractions. Par ailleurs, la femme secrète aussi de la prostaglandine, en cas d'excitation intense.

♀ *« Certaines personnes prétendent encore qu'il n'est pas recommandé d'utiliser l'huile de ricin comme moyen de préparation à l'accouchement. Qu'en dites-vous ? »*

Ce laxatif donné à dose trop forte, qu'il soit pur ou mélangé à de l'alcool ou à du sirop en cocktail, peut dans des cas extrêmes déclencher une forte diarrhée. Dans des cas très graves, un risque de déshydratation existe. Les conséquences peuvent être lourdes pour le bébé et pour la circulation sanguine chez les femmes déjà avancées dans leur grossesse. Il en va comme pour tout : c'est un mauvais dosage qui cause le poison. Si une consommation ininterrompue d'huile de ricin est donc nocive, l'absorption de deux cuillères à soupe reste inoffensive.
Il est important de n'en consommer qu'après avoir pris conseil auprès du médecin (consultez aussi la page 198).

♂ *« Je ne supporte pas la vue du sang et j'ai peur de m'évanouir au moment de l'accouchement. Ne vaut-il pas mieux que j'attende ailleurs ? »*

Certainement pas. Une grossesse ne dure pas quarante semaines par hasard. Elle n'est pas un événement auquel vous assistez sans y être préparé. Les premières contractions vont et viennent, s'intensifiant d'heure en heure. C'est un état auquel vous devez vous habituer, ne permettant pas que vous puissiez vous évanouir. Quant au sang, il coule seulement au moment où le bébé vient au monde, lorsqu'une plaie s'ouvre ou lors du retour de couches. Vous n'êtes d'ailleurs pas tenu d'en voir. Dès que le bébé paraît, la plupart des partenaires se tiennent derrière leur femme, près de son visage ou bien à ses côtés, pour accueillir leur bébé.

♂ *« Ma femme aimerait accoucher dans l'eau. Puis-je aussi l'accompagner dans la baignoire pendant l'accouchement ? »*

Si votre femme le souhaite, il faut le lui accorder. Elle peut enfanter à la maison. Si l'accouchement dans l'eau a lieu en clinique, il faut d'abord consulter le médecin. Le partenaire devra, quant à lui, prévoir son maillot de bain dans la valise.

Une attente sans soucis

La grossesse est un moment particulier. Un nouvel être grandit, cellule après cellule, bouleversant le système hormonal. De nombreux conseils peuvent aider à enrayer des effets secondaires tels que les nausées, les brûlures d'estomac et les crampes, afin de vivre harmonieusement le moment de la « belle espérance ».

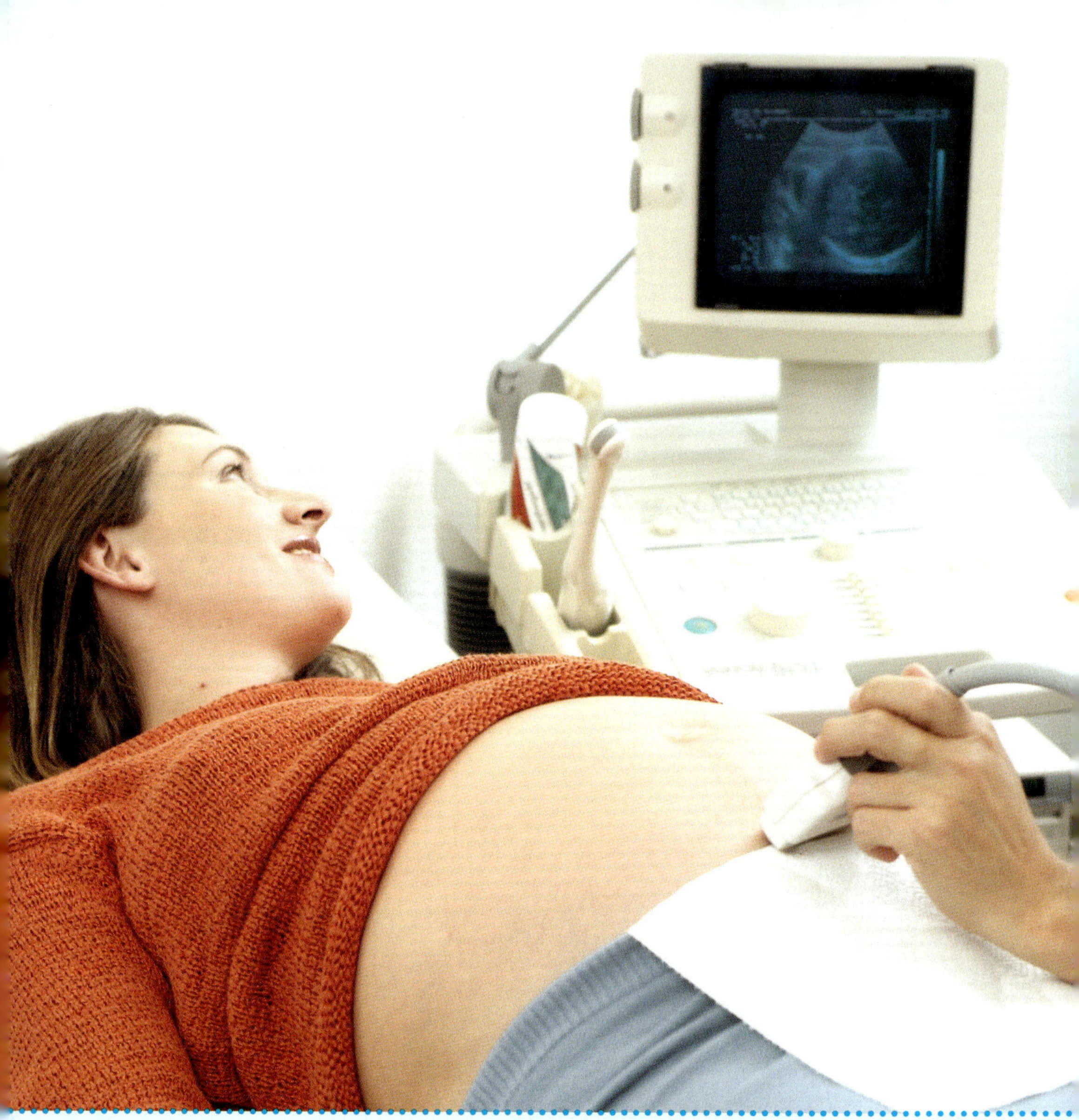

Check-up pour la mère et l'enfant

Il y a quarante ans, certaines femmes faisaient la connaissance de leur médecin le jour de l'accouchement. Grâce aux diagnostics modernes, une future maman est actuellement bien suivie médicalement. Des examens prénataux sont prévus tout au long de la grossesse et doivent être effectués sérieusement. Répétons qu'il faut, dès l'état de grossesse connu, prendre contact avec la sage-femme ou le gynécologue. Ils pourront vous conseiller, répondre à vos questions et vous guider durant la grossesse et l'accouchement.

Examens de routine

Une femme enceinte doit rapidement se sentir en confiance chez le gynécologue, qu'elle rencontrera souvent : elle doit savoir si elle pourra se sentir bien avec lui et tout pouvoir lui dire. Il doit privilégier du temps pour être à l'écoute, se donner la peine d'expliquer les images lors des échographies et informer du déroulement des examens. Il doit laisser le sentiment qu'il prend au sérieux les problèmes. Si cela ne devait pas être le cas, changer de médecin s'avère opportun. La caisse d'assurance maladie intervient et finance tous les examens liés à l'accompagnement de la grossesse. Dans les premiers mois, ils ont lieu toutes les quatre semaines, et dans les dernières semaines avant terme, tous les quinze jours. Il est évidemment possible de consulter le médecin à tout moment si des problèmes surviennent entre les examens.

Examens effectués à chaque consultation

Mesure de la pression artérielle

Une pression artérielle normale se situe aux alentours de 120/80 mm Hg (millimètres de mercure), un maximum de 140/90 mm Hg étant toléré. Si elle est nettement plus élevée (à partir de 150/100 mm Hg), on parle d'hypertension, et la mère et l'enfant sont en danger. Si des symptômes apparaissent, tels que de l'œdème et/ou de l'albumine dans les urines, on parle de toxémie gravidique (prééclampsie). Sans traitement, l'évolution se fait vers l'éclampsie, qui est très grave.

Analyse d'urine

A chaque rendez-vous, une analyse d'urine sera effectuée, pour examiner les protides, pouvant renseigner sur des problèmes rénaux ou sur une toxémie gravidique, afin d'examiner aussi le sucre pour le diabète, le nitrite (sels) et le sang, pouvant indiquer une infection urinaire et une néphrite.

Analyse de sang

Toutes les deux consultations, l'aide médicale pique votre doigt afin de prélever une goutte de sang. Cette analyse permet au médecin de déceler à temps une carence en fer.

Contrôle du poids

Se peser régulièrement sur la même balance vous permet ainsi qu'au médecin de suivre les changements de poids. Les petites sucreries ne sont pas toujours responsables d'une prise de poids démesurée, la rétention d'eau pouvant en être la cause.

Palpations

Lors de chaque examen, le médecin palpe le bas-ventre. Il introduit prudemment un ou deux doigts de la main dans le vagin vers le col de l'utérus, tandis que de l'autre main, il palpe le ventre. Il peut vérifier à quel stade en est l'utérus, se renseigner sur la position de l'enfant, et vérifier que le col est toujours bien fermé. Les résultats de chaque visite sont soigneusement notés dans le carnet de grossesse.

Diagnostic par échographie

La technique par ultrasons se dévelop-pa, à l'origine, pendant la Seconde Guerre mondiale, pour identifier les sous-marins. De nos jours, un examen prénatal serait inimaginable sans y avoir recours.
De nombreux parents attendent avec impatience la prochaine échographie : ils pourront voir le cœur battre, admi-rer comment le bébé remue les mains et les pieds et suce son pouce. Beau-coup de pères sont présents lors de ces examens prénataux. L'échographie a aussi une autre fonction : elle offre au médecin la possibilité d'observer le bébé sans douleur et sans risque, de sa-voir comment bat son cœur, comment il grandit, bouge et se développe. Tout au long de la grossesse, le médecin peut, avec cet outil, réaliser une image du placenta, de la quantité de liquide amniotique et du col de l'utérus. Le diagnostic par échographie est une aide précieuse pour déceler des malforma-tions chez les enfants, comme l'hydro-céphalie, le *spina bifida*, la méningo-myélocèle et la rupture du cordon om-bilical (omphalocèle). Elle peut aussi donner des indications permettant de déceler des malformations (par exemple, un œdème cervical qui gros-sit). Le médecin peut connaître le sexe de l'enfant, avec certitude, dès la deuxième échographie, entre la 19e et la 22e semaine de grossesse, et au plus tard à la trentième. Il demandera si vous souhaitez le connaître. Toutefois, sachez qu'il risque de ne pas vous en informer avec certitude dès la première fois. Faites-lui savoir auparavant si vous préférez attendre le jour de l'accouche-ment.

En général, on pratique trois échogra-phies tout au long de la grossesse : une au début, la deuxième en moitié de grossesse et la dernière en fin de gros-sesse. Elles sont remboursées par la sé-curité sociale. Certaines femmes anxieuses demandent une échographie lors de chaque visite prénatale. Cela n'est pas toujours possible ; des méde-cins le déconseillent. A vous de voir avec le gynécologue qui suit votre gros-sesse.

Comment les ultrasons fonctionnent-ils ?

Le médecin répartit du gel de contact sur le ventre au niveau de l'utérus. Il passe délicatement la sonde à ultrasons, à la fois émettrice et réceptrice, sur le ventre. L'appareil envoie vite des ondes sonores vibratoires à travers les muscles, dans le liquide amniotique. Comme pour le sonar, ces ondes so-nores (échos) sont renvoyées, puis ré-ceptionnées par la sonde à ultrasons et transformées en signaux électriques. Sur le moniteur, des points lumineux formant une image sont visibles. Ce n'est pas une photographie, mais une représentation proche d'une esquisse. De nouvelles techniques offrent une image du bébé en trois dimensions (3D), vraiment très agréable à découvrir. L'utilisation médicale de ces appareils est cependant très controversée. Ce procédé ne relève pas de la pratique courante et il est payant.

Cardiotocographie (CTG)

La cardiotocographie est une technique avancée qui permet de contrôler la fréquence cardiaque fœtale et l'activité des contractions (lors de l'accouchement). Les futures mamans sont en général très friandes de ce moment. Confortablement assises dans un fauteuil, jambes en hauteur, elles perçoivent les battements du cœur de bébé. Soudain, chaque mouvement est audible ; lorsque bébé se tourne, bruitages et gargouillements se font entendre, dans le haut-parleur.

Et les battements du cœur, encore et encore…

Grâce au CTG, les battements du cœur du bébé peuvent être amplifiés, en dehors du ventre maternel, et être couchés sur papier. Un amplificateur de sons est placé sous une ceinture élastique ou orthopédique de la largeur d'une main, à l'endroit du ventre où les battements sont les plus audibles. Un indicateur de contractions est simultanément installé sur le ventre, enregistrant les mouvements de l'utérus, le nombre, l'espacement et la durée des contractions.

Tout cela est raccordé à un appareil dont sort une bande de papier sur laquelle apparaissent deux courbes parallèles, l'une pour les battements du cœur et l'autre pour les contractions. Un haut-parleur amplifie les battements.

Grâce au cardiotocographe, ou moniteur fœtal, les obstétriciens peuvent connaître l'état du bébé, sa fréquence cardiaque et l'intensité des contractions.

Consultations prénatales

Des consultations spécifiques, dont peut bénéficier la femme enceinte, viennent s'ajouter aux examens normaux. Les médecins les appellent « diagnostics prénatals » : ils permettent de détecter, en amont de l'accouchement, certaines malformations, des infections, des maladies génétiquement transmissibles (la mucoviscidose, par exemple) et des maladies chromosomiques, comme le syndrome de Down ou trisomie 21.
On distingue deux types de méthodes : celles qui sont non invasives, comme l'échographie, et celles qui le sont (elles percent la peau). Un médecin spécialiste introduit alors une aiguille de ponction dans l'utérus.

Les méthodes non invasives

Il est souvent dit aux femmes enceintes : « A votre âge, vous avez un risque sur X de mettre au monde un enfant malformé. » Ce chiffre n'est ainsi qu'une moyenne. Les méthodes non invasives calculent le risque individuel, car elles tiennent compte de l'âge de la mère, de la durée de la grossesse et des résultats de l'embryon. Elles livrent donc des informations déterminantes, pour décider s'il faut procéder à un diagnostic invasif ou non.

Cependant, la méthode non invasive ne répond jamais par un « oui » ou un « non » franc à la question « mon enfant est-il trisomique ? ». En revanche, elle peut donner une fourchette de probabilité, par exemple : « La vraisemblance de trisomie 21 chez votre enfant est de 1 sur 400. »

INFO | LES SPECIALISTES

➤ C'est au gynécologue qu'incombent les tâches de surveiller la croissance et le développement du bébé, et de repérer les complications.
Le médecin distingue grossièrement ce qui est remarquable et ce qui ne l'est pas. Le médecin chargé du diagnostic prénatal se doit de repérer « ce qui ne va pas », et pose son diagnostic.

En général, le médecin exige, dès la première échographie, entre la neuvième et la douzième semaine de grossesse, que soit mesuré le pli de la nuque. S'il remarque une anomalie, il vous enverra passer une seconde échographie dans un autre centre pour avoir l'avis d'un deuxième spécialiste.

1. Mesure de la clarté nucale (« échographie génétique »)

C'est l'espace clair situé entre la peau de la nuque fœtale et la colonne vertébrale cervicale. Cet examen fait un lien entre l'épaisseur de la clarté nucale (nuque épaisse) et la probabilité d'une trisomie 21. « L'échographie génétique » peut être effectuée entre le début de la douzième et la fin de la quatorzième semaine.

A ce stade de développement, chaque enfant a un amas d'eau (œdème) plus ou moins important dans le creux du cou. S'il est trop important, cela peut indiquer une malformation. On tient compte de l'épaisseur du pli cervical, de l'âge de la mère et également de celui de l'embryon. C'est ainsi que le spécialiste calcule la vraisemblance d'une trisomie.

➤ Le déroulement correspond à celui d'une échographie normale.

➤ L'avantage est qu'aucun risque n'existe pour la grossesse. On peut calculer, avec une grande précision, le risque de trisomie. Cet examen est celui qui décèle le mieux la trisomie 21 : il est en effet fiable à 80 %. La fiabilité sera de 90 % si cet examen est complété par une analyse biochimique du sang de la mère et s'il est constaté que l'os nasal de l'enfant est sous-développé.

➤ En revanche, l'inconvénient est qu'au final, nul diagnostic n'est posé : il ne s'agit que d'une fourchette de probabilité. Les parents sont donc confrontés à un chiffre et doivent y réfléchir.

➤ Les trois échographies sont remboursées par la sécurité sociale.

➤ Enfin, cet examen s'adresse aux parents désireux de mesurer la probabilité en matière de trisomie et ne souhaitant pas recourir d'emblée à la méthode invasive.

CONSEIL | ETRE CONSEILLE

➤ Les centres d'information et de conseil en matière de génétique sont des instituts dans lesquels des généticiens sont disponibles pour orienter les patientes.
Les femmes enceintes exposeront ainsi leur problème et feront effectuer une analyse de l'arbre généalogique. Le conseiller explique les méthodes ainsi que les avantages et les inconvénients du diagnostic prénatal. La consultation est remboursée par la sécurité sociale.

2. Triple test

Le triple test est un examen sanguin servant à évaluer la probabilité de trisomie 21 ou de *spina bifida* chez l'embryon/fœtus. Un résultat atypique ne signifie pas systématiquement que le bébé est atteint réellement par cette maladie. Dans ce cas, le médecin discutera avec sa patiente, afin de savoir si elle serait prête à effectuer un examen invasif, à savoir une biopsie du placenta ou amniocentèse.

➤ Voici son déroulement : il intervient entre la 16e et la 18e semaine de grossesse, le gynécologue prélevant environ cinq millimètres de sang, dans la veine du bras de la patiente. Le prélèvement est alors envoyé à un centre d'analyse qui testera la concentration des deux hormones : œstrogène et beta-HCG, de même que l'alpha-foeto protéine (AFP). Les trois résultats seront mis en relation avec l'âge de la femme et le stade de grossesse ; ils indiquent le risque de trisomie 21 du fœtus.

➤ L'avantage est que le triple test est indolore, excepté la piqûre. L'examen ne nuit pas à l'enfant et le résultat est obtenu quelques jours plus tard.

➤ L'inconvénient est que la fiabilité n'atteint pas 100 %. Il y a entre 60 à 70 % de chances de découvrir une trisomie 21. Le résultat ne sera précis que si la date d'accouchement est juste, de multiples facteurs pouvant influencer le test : par exemple, une prévision erronée de la date d'accouchement, des saignements en début de grossesse, de l'adipose, du diabète et une grossesse multiple. Les résultats faussement positifs (annoncés comme tels, ils indiquent une maladie) pouvant traumatiser les parents, si c'est le cas.

➤ Le coût de ces examens est généralement remboursé par la sécurité sociale. Parfois, le remboursement ne se fait qu'au-delà d'un certain risque ; il faut se renseigner.

➤ Le test s'adresse à tous les parents désireux d'obtenir une sécurité supplémentaire à celle de l'échographie et refusant de réaliser une ponction, ne souhaitant pas d'examen invasif dans l'immédiat.

3. Examens spéciaux par échographie

Toute femme peut compléter l'échographie classique par une « grande échographie », effectuée entre la 20e et la 21e semaine de grossesse. Spécifique, elle permet un examen de la tête aux pieds. Tandis que, lors d'une échographie classique, sont mesurés le diamètre et la circonférence de la tête, la grande échographie peut offrir des informations supplémentaires sur la structure du cerveau : où est le petit cerveau ? Où se forme le grand cerveau ? Elle informe aussi sur la structure du cœur (Quels vaisseaux partent du cœur ? Quels vaisseaux vont vers lui ?) et sur le pied (pied-bot).

➤ Le déroulement s'apparente à celui d'une échographie classique.

➤ L'avantage est que cet examen n'entraîne aucune complication chez l'enfant.

➤ L'inconvénient est qu'il ne peut pas diagnostiquer de manière certaine la trisomie 21. La femme enceinte est alors confrontée à des chiffres et doit faire avec.

➤ Quant aux coûts, ils sont pris en charge par la sécurité sociale, s'il y a prescription médicale.

➤ Cet examen s'adresse enfin à toutes les femmes qui désirent obtenir un complément d'informations plus pointu, mais qui ne souhaitent pas faire d'emblée une ponction.

Deux examens, qui se complètent :

➤ la mesure de la clarté nucale (13e semaine) et

➤ la « grande » échographie (20e semaine).

Témoignage

Julia (31 ans) et Robert (28 ans), tous deux diplômés en gestion d'entreprise. A ce moment, Julia est enceinte de 36 semaines.

Comment nous représentons-nous la naissance ?

Julia : *Je m'imagine que j'aurai, à un moment donné, des contractions et que je*

les reconnaîtrai. Puis j'observerai si elles arrivent toutes les 10 minutes et si j'ai rompu la poche des eaux. Je rassemblerai tranquillement mes affaires, que j'aurai déjà rangées dans la valise là-haut, sans paniquer. Peut-être prendrai-je encore une douche avant de me rendre à la clinique. Je m'en réjouis à l'avance. Je suis certaine que cela sera palpitant. On peut se dire enfin : maintenant, il arrive ! Jusqu'ici, nous ne savions jamais exactement quand cela arriverait. A la clinique, la sage-femme me mettra probablement d'abord sous cardiotocographe ou palpera le col de l'utérus. Je me suis déjà demandé si on est assez détendue entre deux contractions pour faire un petit jeu, ou si tout est si tendu, que l'on arrive à peine à prendre sa respiration.

Robert : *Mon intuition me dit que tout se passera très vite. Je ne pense pas que ce sera très pénible. J'ai le sentiment que notre bébé viendra au monde au bout de trois heures. Mais peu importe combien d'heures cela durera. Je suis certain que cela sera très très… facile.*

Soutien du partenaire

Robert : *Personne ne peut savoir ce qui préoccupera l'esprit de Julia. Tout est possible. Je sais que je m'adapterai à tout : Julia devra juste me dire ce que je devrai faire. Je ne peux pas prendre d'initiative : je ne peux que l'aider, à condition qu'elle me dise comment.*

Julia : *Il faut attendre d'être en situation et les choses se feront. J'espère que Robert participera à tout.*

Robert : *Je crois que c'est cela, oui : on doit se dire, en tant que mari : « Je participe à tout ».*

Julia : *Je suis convaincue que Robert sera un remarquable assistant à mon accouchement. Je sais qu'il fera tout pour m'aider.*

Diagnostic invasif

Quand une femme enceinte se pose la question suivante : « Mon bébé risque-t-il d'être trisomique 21 ? » et qu'elle souhaite recevoir une réponse claire, elle doit effectuer un examen invasif. Quelques fragments cellulaires sont prélevés dans le placenta ou le liquide amniotique, en traversant le ventre de la mère. Ces prélèvements sont ensuite analysés, le but étant de déceler des déficiences chromosomiques. Ces techniques sont précieuses, notamment pour les familles connaissant des maladies génétiques. Ainsi, le médecin peut par exemple déterminer le sexe de l'enfant, au cas où une maladie génétique liée au sexe serait recherchée, l'hémophilie par exemple. Ces méthodes sont aussi fondamentales lorsque la femme enceinte est âgée de plus de 38 ans (en France), 35 ans dans les autres pays. On sait depuis longtemps que les risques de déficiences chromosomiques augmentent avec l'âge : une femme de 20 ans a 1 chance sur 1500 de mettre au monde un enfant trisomique tandis que le risque s'élève à 1/111 pour une femme de 40 ans. Lors de ces examens, deux spécialistes sont présents : tandis que le médecin effectue le prélèvement, à l'aide d'une seringue de ponction, une assistante médicale contrôle, par échographie, la position de l'enfant et ses mouvements.

1. Biopsie du trophoblaste (choriocentèse)

C'est la méthode la plus ancienne du diagnostic invasif. Elle se réalise de préférence autour de la 11e semaine de grossesse. A ce stade, l'enveloppe de la poche des eaux de l'embryon est recouverte par le chorion. Ledit chorion *frondosum* grandit à l'endroit où l'ovule s'est ancré (s'est niché) dans l'utérus, qui deviendra, plus tard, le placenta. Certaines de ses cellules sont ponctionnées à l'aide d'une seringue (biopsie). Les cellules du chorion proviennent, tout comme l'embryon, de l'ovule. Ses noyaux cellulaires contiennent les mêmes informations génétiques que les cellules du bébé. Il est ainsi possible de déterminer les modifications chromosomiques et les maladies génétiques.

➤ Le déroulement s'effectue comme suit : avant tout examen, une échographie détaillée est effectuée. A ce moment-là, le médecin organise la procédure de la ponction. L'intervention est réalisée dans des conditions stériles (le ventre est désinfecté), et le médecin revêt des gants stérilisés. Pendant la ponction, l'assistante médicale promène la sonde à ultrasons sur le ventre de la femme enceinte, et contrôle ainsi la position et les mouvements de l'enfant. Assisté par échographie, celui qui ponctionne introduit la seringue de ponction dans le chorion (tissu placentaire) et prélève quelques cellules (environ 20 mg). Cette intervention dure à peu près une demi-minute.

➤ L'avantage est que cet examen est réalisable très tôt, le temps d'attente étant très court : un premier résultat s'obtient souvent un à deux jours après. Pour contrôler les résultats, les prélèvements sont placés sous culture, et le verdict tombe deux semaines plus tard.

➤ Les inconvénients sont les suivants : il faut éviter de réaliser cet examen si la grossesse est menacée dès les premières semaines par des saignements ou des contractions. Enfin, le risque de provoquer une fausse couche déclenchée par l'intervention est de 0,5 à 1 %.

➤ Les coûts sont pris en charge par la sécurité sociale.

➤ Enfin, cet examen s'adresse à toutes les femmes souhaitant savoir si l'embryon présente une anomalie chromosomique. Le risque de trisomie s'élève avec l'âge maternel, rappelons-le.

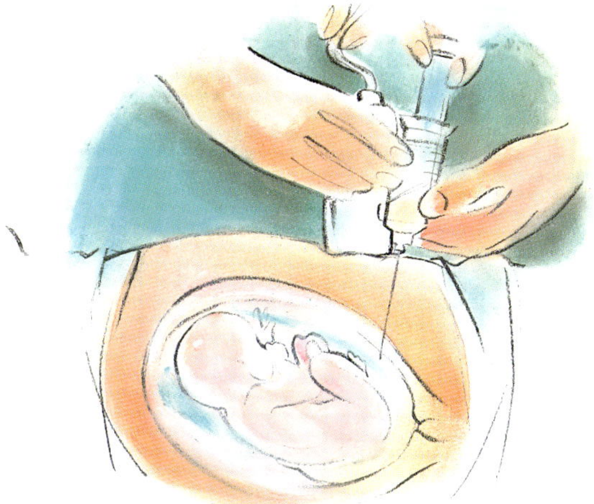

Amniocentèse : le spécialiste pique la poche des eaux et ponctionne un peu de liquide amniotique, sous contrôle échographique.

2. Amniocentèse

En examinant le liquide amniotique (amniocentèse), des altérations maladives du patrimoine génétique peuvent être décelées. L'anomalie chromosomique la plus répandue est la trisomie 21. D'autres anomalies chromosomiques peuvent être identifiées (les chromosomes liés au sexe par exemple) ainsi que des malformations de la colonne vertébrale (*spina bifida*), des déficiences innées des enzymes, responsables de maladies du métabolisme, enfin les maladies héréditaires liées au sexe (l'atrophie musculaire, par exemple).

➤ Qu'en est-il du déroulement ? L'intervention se fait au plus tôt, à partir de la quatorzième semaine de grossesse. La procédure est presque identique à celle de la biopsie du trophoblaste. Sous contrôle échographique permanent, le médecin pique le ventre avec une aiguille de ponction et traverse l'utérus pour atteindre la cavité amniotique. Muni d'une seringue, il prélève environ 15 à 20 millilitres de liquide amniotique. Cette intervention dure aussi à peu près une demi-minute.

➤ L'avantage est qu'au moment où le liquide amniotique est examiné, la grossesse est en général stable. Dans des cas très rares, grâce à l'amniocentèse, il est possible d'obtenir des résultats plus précis, en raison d'une meilleure qualité chromosomique.

L'autre avantage est qu'en surcroît de l'analyse chromosomique, on peut aussi diagnostiquer ou exclure la présence d'un *spina bifida*, par observation des protéines *alpha-fœto* dans le liquide amniotique.

➤ L'inconvénient majeur est lié au risque de déclenchement d'une fausse couche : il est de 0,5 % à 1 %. Les parents reçoivent les résultats après quinze jours d'une attente parfois très pénible. Avant d'examiner les chromosomes, il est d'abord nécessaire d'établir des cultures ; c'est pourquoi les résultats ne parviennent que deux semaines plus tard.

➤ Les coûts, quant à eux, sont pris en charge par la sécurité sociale.

➤ Enfin, à qui l'examen s'adresse-t-il ? Ce sont les mêmes indications que pour la biopsie du trophoblaste, mais il est plus fiable.

Biopsie du trophoblaste ou amniocentèse ?

Les femmes enceintes choisissent souvent à l'intuition la méthode, chacune ayant ses raisons. Une femme qui dit : « Je suis de nature impatiente et je ne dirai pas que je suis enceinte tant que je ne sais pas si mon enfant est normal » choisira plutôt la biopsie du trophoblaste. Une autre va déclarer : « Je me sens plus à l'aise avec l'amniocentèse vu qu'une de mes amies l'a déjà faite ». Des raisons très pragmatiques peuvent ainsi influencer la décision : projet de voyage prévu pour l'une ou l'autre des périodes, ou bien partenaire non disponible au moment requis.

Le père et la mère doivent en fait s'accorder sur la méthode à choisir. Souvent, la décision n'est pas encore prise à la onzième semaine et la préférence ira à l'amniocentèse. En général, nous disons que plus tôt la décision est prise, mieux c'est. Si un résultat inquiétant est obtenu, il est plus facile de prendre une décision, lorsqu'il est encore possible de discuter, en début de grossesse, sans être sous pression. Si les parents ont décidé, très tôt, d'effectuer un diagnostic prénatal, tout parle en faveur de la biopsie du trophoblaste.

Si la grossesse est stable, les deux méthodes comportent quasiment le même risque. Nous conseillons cependant l'amniocentèse si la menace de fausse couche existe.

Il arrive, après une telle intervention, que l'utérus réagisse par une irritation, se manifestant, par exemple, par une légère contraction ou une « sensation désagréable dans le ventre ». Il faut se

INFO | LA TECHNIQUE FISH

➤ **Les centres spécialisés en diagnostic prénatal** permettent d'écourter la longue attente en ayant recours à la technique FISH : en l'espace de 24 heures, certains chromosomes de cellules non cultivées sont marqués d'une couleur et comptés. Des informations sont ainsi obtenues sur le chromosome 21 (trisomie 21), 18, 13 (concernant les malformations physiques complexes et les handicaps mentaux) et sur les chromosomes sexuels. De cette manière, 85 % des pathologies suspectes peuvent être identifiées.

COMPARAISON DES METHODES INVASIVES

Quelle méthode vous convient-elle ? Nous avons mis en parallèle les grandes lignes des deux méthodes de diagnostic prénatal invasif.

	➤ Biopsie du chorion	➤ Amniocentèse
Quand la réaliser ?	A partir de la 11e semaine	A partir de la 14e semaine
Comment se déroule l'examen ?	Le spécialiste introduit une aiguille creuse dans le ventre jusqu'à l'enveloppe placentaire.	Le spécialiste introduit une aiguille creuse dans le ventre jusqu'à la cavité amniotique.
Que prélève-t-on ?	Des extraits de l'enveloppe externe du placenta	Du liquide amniotique de la cavité amniotique
Quelles maladies/anomalies peut-on déceler ?	Anomalies chromosomiques (trisomie 21, syndrome de Turner par ex.), troubles du métabolisme (mucoviscidose par ex.), troubles immunitaires, maladies musculaires, déficiences liées au sexe (hémophilie par ex.)	
Quand obtient-on les résultats ?	Premier résultat, un ou deux jours après ; la confirmation du premier résultat suit, deux semaines plus tard, après la mise sous culture.	Deux à trois semaines plus tard. Exception : grâce à la technique FISH, un premier résultat peut être obtenu au bout de 24 heures.
Coûts	Aucun. La sécurité sociale le prend l'examen en charge.	Aucun. La sécurité sociale rembourse l'examen. Exception : technique FISH Prix : 125-140 euros

ménager, rester allongée pendant deux jours et ne pas aller travailler. Tout médecin prescrira, dans ce cas, un arrêt de travail.

Important à retenir : après une telle ponction, il vaut mieux éviter de prendre l'avion durant les trois ou quatre jours qui suivent.

Diagnostic prénatal : pour ou contre

Le débat autour du diagnostic prénatal soulève toujours les passions les plus vives. Spécialistes et porte-parole avancent que, grâce aux techniques hautement scientifiques, il est non seulement possible de repérer très tôt des maladies héréditaires et des anomalies chromosomiques, mais qu'il est aussi possible de protéger et d'alimenter le fœtus dans l'utérus, par le cordon ombilical ou par le biais d'une opération.
Si une femme décide de ne pas garder l'enfant, suite à un résultat funeste, ceux qui argumentent en faveur du diagnostic prénatal soutiennent que, jusqu'à la 13e semaine, le fœtus n'a pas encore construit son système neurologique qui lui permettrait de ressentir de façon consciente, et qu'il est donc insensible à la douleur. Ce développement commence à la 13e semaine et est complètement achevé à la 26e.

La croyance bouddhiste

Ceux qui critiquent le diagnostic prénatal sont stupéfaits : comment un être humain peut-il s'arroger le droit de décider quelle vie humaine vaut mieux qu'une autre ? Ils reprochent à la médecine moderne de réserver tout son enthousiasme à vouloir découvrir d'autres maladies héréditaires et d'autres malformations, au lieu de faire des recherches dans la thérapie et la guérison d'êtres handicapés. Est-on obligé de savoir, dès à présent, qu'à cause d'une information génétique déterminée, notre enfant, si c'est une fille, a de grandes chances d'avoir un cancer du sein ? Celui qui, comme les bouddhistes, croit que les enfants se cherchent eux-mêmes leurs parents et doivent accomplir une tâche bien définie dans la vie, celui-là ne se posera pas la question très longtemps. La plupart du temps, nous avons un avis partagé, qui ne relève jamais d'un oui ou d'un non franc. Au sein même du couple, les avis peuvent diverger et il faut en discuter.

Une décision difficile

C'est un fait certain : aucune femme enceinte ne décide facilement de faire un diagnostic prénatal. Il est important que le couple envisage aussi la question suivante : comment agirons-nous si les résultats indiquent une anomalie ?
Il ne s'agit pas de se mettre sous pression, mais de réfléchir ensemble, à ce que cela signifierait pour l'avenir, d'avoir un enfant handicapé. Pour prendre la décision, il faut demander de l'aide auprès d'un centre indépendant de conseil, en matière de diagnostic prénatal (adresses dans l'index).

Le thème du diagnostic prénatal révèle, de manière encore plus flagrante, combien il est important de se faire suivre par un médecin durant toute la grossesse. Il n'est pas là seulement pour user de son savoir-faire médical, mais est aussi en mesure d'avoir suffisamment d'intuition pour comprendre préoccupations et points de vue. Il est aussi conseillé de se rapprocher d'une sage-femme, laquelle pourra faire partager son expérience.

Témoignage

Antonia (40 ans), professeur de musique, partenaire de Jean-Pierre (35 ans). A ce moment, elle est enceinte de 32 semaines.

Diagnostic prénatal

J'ai longuement discuté avec mon mari sur l'éventualité d'une amniocentèse. Plus j'avançais dans la grossesse, plus j'avais du mal à prendre une décision.

Mon médecin disait : « Si vous pouvez vous imaginer vivre par la suite avec un enfant handicapé, alors vous n'avez pas besoin de faire un diagnostic prénatal. »
Progressivement, mon mari a adopté une position plus concrète : il voulait la garantie que notre enfant était en bonne santé. Sa position me paraissait au début très rigide, mais je suis maintenant contente qu'il ait été si sincère et si ferme. Qu'aurais-je fait avec un partenaire, qui, après dix ans de vie commune, m'aurait dit qu'il ne pouvait pas vivre avec moi et notre enfant ?
J'ai vécu cette intervention de façon très désagréable, non pas physiquement, mais de façon émotionnelle. J'ai eu l'impression que la ponction durait une éternité. Je fermais les yeux et essayais d'effectuer des exercices de détente.
Et puis commença le temps de l'attente. La première semaine s'est déroulée sans problème, j'avais un bon sentiment, au fond de mon ventre. Pendant la deuxième semaine, je me suis mise à cogiter. Tout à coup, je ne voulais plus renoncer à l'enfant, si les résultats étaient positifs. D'un côté, je savais parfaitement que je ne voulais pas élever seule un enfant handicapé. De l'autre, je sentais monter la peur en moi : pourrais-je survivre à cette interruption de grossesse ? Tout commença tout à coup à être flou. A ce moment-là, j'ai vraiment souvent souhaité avoir moins de 35 ans…
Quinze jours plus tard, la généticienne me laissa un message sur mon répondeur. Elle laissa son numéro de portable et dit : « Veuillez me rappeler, s'il vous plaît ! ». Alors, je me suis dit : « Oh ! non, maintenant, ils savent ! ». J'appelai le médecin et elle déclara : « Voulez-vous connaître le sexe de votre enfant ? Vous pouvez boire une coupe de champagne, car tout va bien ! ». Mon cœur fut, tout à coup, soulagé d'un énorme poids. J'ai mis du temps à réaliser et ensuite, nous avons annoncé la naissance de façon officielle.

Remèdes aux petits maux

Si la grossesse n'est pas une maladie, c'est un moment permettant d'apprendre, davantage encore, à s'occuper de soi : le corps tourne à plein régime, de même que l'être qui grandit pendant neuf mois. Rien d'étonnant si surgissent parfois « des petits bobos », pouvant parfois être très lourds à gérer. Ne vous laissez pas décourager par les brûlures d'estomac et autres maux. Pensez au but poursuivi et tentez de remédier à « ces circonstances pénibles ».

Petits maux pesants : quelles solutions ?

On ne le redira jamais assez : vous êtes enceinte et votre corps est extrêmement performant, notamment durant les trois premiers mois. Les hormones désarçonnent littéralement tout l'organisme. Ce n'est pas étonnant si cela donne le vertige. Pour trouver des solutions à ce « changement d'état », il faut absolument adopter une attitude positive et surveiller votre alimentation.

Nausées et vomissements

Plus de la moitié des femmes enceintes luttent contre les nausées durant les premiers mois de grossesse, et cela peut aller jusqu'aux vomissements. Très souvent, elles ressentent des malaises juste après le réveil, lorsqu'elles sont encore à jeun. Dans des cas extrêmement rares, les nausées durent jusqu'au soir.
Les raisons exactes de ces effets secondaires liés à la grossesse ne sont pas encore très bien connues. Sans doute, l'hormone HCG y est-elle pour quelque chose. Fabriquée dans le chorion, l'enveloppe extérieure du placenta, elle engendre la production d'une deuxième hormone, la progestérone. Au deuxième trimestre, le placenta s'est déjà développé. Il jouera le même rôle que l'hormone HCG, qui elle, disparaît petit à petit. Cette baisse du taux d'hormone HCG explique en partie la disparition des nausées, à partir du quatrième mois de grossesse.
Mais une question demeure : pourquoi les femmes ne souffrent-elles pas toutes de ce fléau ? D'autres phénomènes doivent déclencher ou amplifier les nausées.
Le psychisme peut jouer bien des tours aux futures mamans. Il est parlant de constater que bon nombre de femmes, à peine informées par leur médecin de leur état, ont soudain des nausées, dès le lendemain du diagnostic.

Autrefois, une interprétation simpliste avançait qu'une femme avait des nausées parce qu'elle refusait secrètement son bébé. Les raisons psychologiques jouent ici aussi un grand rôle, et par exemple, la peur des complications en est une : une femme enceinte peut vouloir le rester à tout prix. Si nous sommes sincères avec nous-mêmes, nous entendons souvent deux voix à l'intérieur de nous-mêmes. L'arrivée d'un bébé nous comble de joie, et pourtant nous trouvons aussi des raisons qui ne parlent pas en sa faveur. Ce paradoxe nous livre peut-être la clé pour comprendre l'origine des nausées.

Des questions nombreuses, mais sans réponse

Une grossesse déclenche de nombreuses questions encore sans réponses. Le couple est-il assez stable pour l'arrivée d'un enfant ? Comment mon ami ou mari va-t-il réagir ? Et mes parents ? Et mon chef ? Que va devenir ma formation, ou ma carrière ? Où bébé va-t-il dormir ? Ma situation financière me le permet-elle ?

Que faire ? Le mieux est de changer d'air. Cela ne signifie pas qu'il faille envisager un séjour en clinique avec perfusions. Sortir de la routine quotidienne et s'accorder quelques jours de repos, dans la famille, avec les amis ou en vacances. Réfléchir en toute quiétude à la grossesse, et tenter de rassembler toutes ses pensées. Commencer, par exemple, par manger un peu avant de vous lever le matin : une banane, une pomme, des fruits secs ou des figues séchées, une biscotte. Se préparer, le soir avant de se coucher, un petit en-cas pour le lendemain matin. Ou mieux encore : se faire apporter le petit déjeuner au lit. Ce premier repas augmente le taux de sucre dans le sang et atténue les nausées. Il faut aussi veiller à prendre plusieurs petits repas, pendant la journée et ne laisser aucune chance à la grosse faim, car un estomac vide accentue les nausées.

Il est aussi nécessaire de demander conseil au médecin en cas de problèmes pour avaler les bouchées. L'homéopathie, l'acuponcture et le « *seaband* » (un bracelet élastique porté au poignet, qui appuie sur un point particulier d'acuponcture) donnent de bons résultats.

Seins douloureux

La poitrine réagit de manière spectaculaire aux changements hormonaux. Elle se tend, durcit, gonfle, et est parfois plus chaude. Puis apparaissent les veines bleues, qui se dessinent sous la peau telles des autoroutes. Les mamelons grossissent, deviennent plus foncés et plus sensibles. En un mot : les seins peuvent vraiment être douloureux. Les hormones y travaillent aussi. Le corps produit la prolactine, l'hormone qui forme le lait, qui réveille les glandes mammaires jusqu'alors endormies et incite les tissus glandulaires à se développer. Les seins grossissent et s'alourdissent, jusqu'à la 20e semaine environ. Comment agir ? Il faut veiller à porter un soutien-gorge efficace. Lorsque les douleurs sont très fortes, il est opportun de prendre un bain avec de l'huile de lavande pour apaiser. Ou encore, de faire un massage avec de l'huile de lavande, car elle détend.

Fatigue

La fatigue paralysante est plus désagréable que maladive. C'est comme si les os et les membres étaient alourdis par du plomb. Alors, les femmes enceintes ne souhaitent qu'une chose, aller au lit et dormir longtemps. Et peu importe, même si elles passent douze heures dans le lit. Les responsables sont encore les hormones. A cela s'ajoutent d'autres désagréments tels que les nausées, les vomissements et les brûlures d'estomac, qui enlèvent tout le plaisir de faire un bon repas et qui pompent l'énergie. Les conséquences sont l'épuisement et l'abattement. Peut-être des maux de dos, des varices, de fréquentes envies d'uriner et des rêves désagréables sont-ils au programme. Il faut alors développer des pensées positives.
Que faire ? Pensez positivement. Le

Voilà la meilleure façon de combattre les nausées matinales : le partenaire apporte le petit déjeuner au lit : ainsi la journée peut-elle commencer.

corps va chercher ce dont il a besoin et solliciter toutes ses forces en réserve. Il tourne à plein régime, 24 heures sur 24, et cela coûte de l'énergie. Il est bon de s'allonger le plus souvent possible et de parler aussi de ses problèmes avec le médecin, afin qu'il enraye une éventuelle anémie (manque en fer), par exemple. Avoir une alimentation saine et équilibrée et partir s'aérer au grand air, au moins une heure : c'est utile, ainsi que respirer profondément, afin d'oxygéner au maximum l'organisme. La gymnastique et le yoga, l'acuponcture et les massages peuvent aussi réguler la circulation de l'énergie. Heureusement, cette phase désagréable devrait se terminer dans les huit semaines, au plus tard.

Brûlures d'estomac

Des chymes et du suc gastrique remontent constamment dans le tube digestif, accompagnés de douleurs lancinantes et brûlantes au niveau du sternum. Quelles sont les raisons de ces acidités ou de ces brûlures très désagréables ? Les hormones liées à la grossesse assouplissent et détendent tous les muscles et aussi la valve, entre le tube digestif et l'estomac. Il arrive qu'elle soit si détendue que des acidités gastriques remontent dans le tube digestif, où elles peuvent irriter des muqueuses sensibles. Lorsque la grossesse est déjà avancée, le bébé peut exercer une telle pression sur l'estomac que cela provoque des brûlures d'estomac.

Que faire ? Il ne faut alors pas irriter l'estomac. Le repas du soir doit être pris une à deux heures plus tôt que d'habitude et être frugal, et non copieux. A éviter aussi, les plats épicés et difficiles à digérer, comme les fritures. Les aliments suivants ont un taux élevé excessif d'acidité : steak, poulet rôti, jambon cuit, œufs sur le plat et cheddar. Les aliments basiques peuvent neutraliser l'acide chlorhydrique de l'estomac : yaourt, lait, figues sèches, épinards cuits, laitue, tomates, pommes de terre et carottes. Il est recommandé de faire plutôt cinq petits repas par jour et d'éviter tout alcool. Porter des vêtements amples ne comprimant pas le ventre est utile. Enfin, il faudrait rehausser la tête de lit, en glissant un coussin sous le matelas.

Constipation

Presque toutes les femmes enceintes sont confrontées aux mêmes désagréments : selles dures et constipation. Les femmes qui connaissaient déjà des problèmes de digestion, avant la grossesse, sont concernées au premier chef.
Il existe au moins trois raisons pour lesquelles les aliments sont plus lents à digérer, pendant la grossesse : premièrement, les hormones diminuent le travail musculaire des intestins ; deuxièmement, l'utérus pousse les organes de digestion sur le côté ; enfin, de nombreuses femmes enceintes ne boivent pas suffisamment.

Que faire ? Il ne faut prendre des laxatifs qu'en dernier recours, car vous pouvez résoudre le problème par l'alimentation. Des aliments riches en fibres et des produits complets doivent être privilégiés : muesli, fruits frais, légumes et jus de fruits sans sucre. Les produits laitiers fermentés tels que le yaourt, le fromage blanc et le kéfir favorisent la digestion. Il est nécessaire de boire beaucoup d'eau minérale et du thé aux fruits non sucré, afin que le contenu de l'intestin soit bien hydraté et toujours acheminé. Pour une efficacité plus grande, avoir recours aux aliments ayant déjà fait leurs preuves : pruneaux, jus de pruneau et graines de lin.

Il faut aussi bouger le plus possible, car le mouvement prépare l'intestin à se vider. Une promenade quotidienne fera aussi grand bien à votre bébé. Enfin, la constipation suppose d'aller moins de trois fois par semaine à la selle.

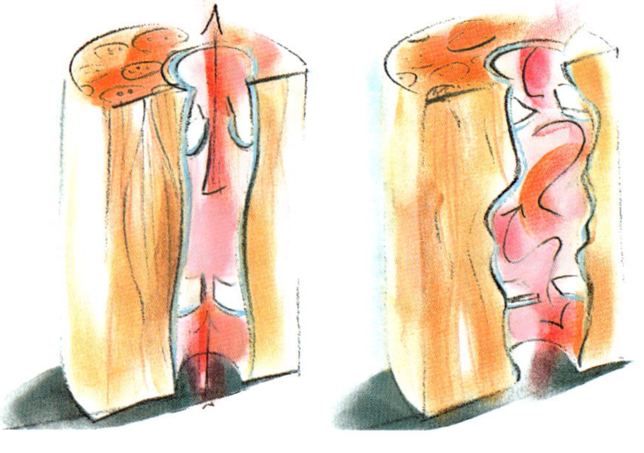

A gauche : des valves de veines intactes empêchent le sang de couler vers le bas, sinon l'écluse se ferme. A droite : des valves défectueuses : le sang s'accumule et fait pression sur les tissus veineux. Conséquences : les varices.

Varices et hémorroïdes

Comment naissent les varices ? Notre circulation sanguine comprend deux systèmes de vaisseaux : les artères approvisionnent les cellules avec un sang riche en oxygène en partant du cœur. Les veines transportent le sang usé, pauvre en oxygène vers les poumons en passant par le cœur. Contrairement aux artères, les veines ne possèdent pratiquement pas de muscle et doivent acheminer le sang des pieds vers le cœur, à contre-courant du sens de gravité. Leurs moyens de transport sont ainsi de petites poches, les valves, qui font circuler le sang, de bas en haut. S'il veut aller dans l'autre direction, les poches se remplissent et se « gonflent ». Elles grossissent et forment un barrage pour empêcher le sang de redescendre. Pour préserver ce rôle d'écluse, il faut absolument renforcer la musculature des veines. Si les muscles ne sont pas assez entraînés, elles ne peuvent pas se vider complètement et le sang s'écoulera vers le bas. Il s'accumule, et sous la pression, les tissus des veines s'élargissent. Les valves alors ne peuvent plus vraiment se fermer. La conséquence est que les parois des vaisseaux s'amincissent, la veine s'allongeant et formant, tôt ou tard, un trait sinueux, la varice. Elles deviennent dangereuses lorsqu'un amas de sang se forme dans le profond système veineux, voyageant à travers les vaisseaux et les bouchant complètement (thrombose). Il arrive souvent que des varices apparaissent, durant la grossesse. Si la mère ou la grand-mère ont eu des problèmes de varice, l'hérédité risque de jouer.

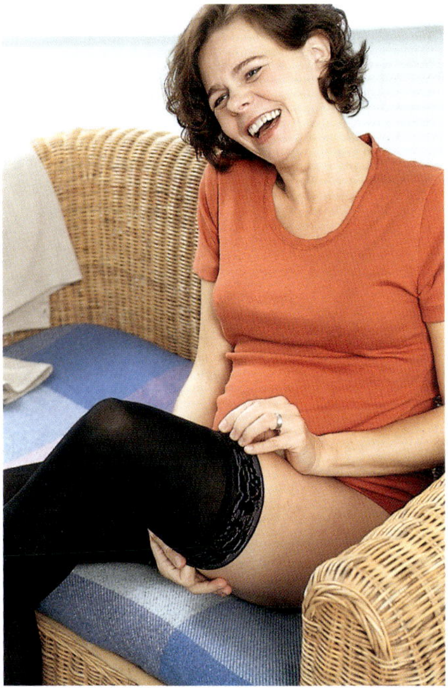

Les bas de contention moulants exercent une pression sur les tissus veineux et empêchent la formation de varices.

Que faire ? Il faut accomplir les nombreuses tâches quotidiennes, en restant assise : laver les légumes, peler les pommes de terre et repasser. Mettre le plus souvent possible les jambes en hauteur, et rehausser au besoin le bout du lit. Il faut s'habituer à ne plus croiser les jambes, car cette position comprime les veines. Ce qui est appelé la pompe des veines maintient le flux du sang : étirer les jambes, remuer les orteils d'avant en arrière sont de bons exercices. Ils entretiennent la musculature des veines et les aident dans leur travail, à savoir transporter le sang dans le corps. La solution est aussi de porter des bas de contention, moulant les jambes et empêchant les veines de se « détendre ». Il ne faut pas les confondre avec les bas à varices disponibles dans les supermarchés. Les bas de contention sont prescrits par le médecin et sont ajustés individuellement dans un centre de soins.

Les hémorroïdes sont des veines élargies, sortes de varices situées dans l'anus. Si les veines à la surface gonflent, c'est que le symptôme est plutôt superficiel. Elles deviennent cependant désagréables, si elles touchent les veines en profondeur. Des crampes du muscle de l'anus, associées à des saignements et des irritations, des brûlures et des douleurs peuvent apparaître. On veillera à avoir une alimentation équilibrée riche en fibres et à éviter des selles trop molles ou trop dures. Après le passage à la selle, il faut enduire l'anus de crème contre les hémorroïdes.

Crampes musculaires

Bien qu'une femme enceinte soit mobile pendant le dernier trimestre de grossesse, dès qu'elle est envahie par une crampe, située le plus souvent au mollet, elle bondit en un éclair. La tension permanente d'un groupe de muscles engendre cette douleur lancinante, pouvant même entraîner des courbatures. D'autres circonstances peuvent aussi provoquer des crampes musculaires : une grande fatigue physique et des chaussures trop hautes.

Que faire ? Il est important d'avoir une alimentation équilibrée et d'être bien hydratée. Les médecins prescrivent, en général, du magnésium, ce minéral détendant les muscles. Venir à bout des crampes, c'est aussi privilégier une alimentation riche en magnésium : l'eau minérale, la viande, les noix, les amandes, la levure, les légumes et les fruits secs, les bananes et les pommes de terre. Prendre aussi une tisane très chaude de badiane, de houblon, de marjolaine, de mélisse ou de thym (une à deux tasses avant de se coucher) atténue les crampes.

Rétention d'eau

La rétention d'eau (œdème) et les légers gonflements des doigts, des mains, des jambes et des pieds sont tout à fait normaux pendant la grossesse. Si la formation d'œdème ne peut pas être identifiée du premier coup d'œil, la femme enceinte le remarque à ses bagues, qui ne passent plus, ou à ses chaussettes, dont les élastiques laissent des marques sur la jambe. Rester longtemps dans la position debout, et une forte chaleur, peuvent aussi favoriser l'œdème. La rétention d'eau devient critique, lorsque le visage et le cou gonflent considéra-

Les chaussures à talon plat ménagent le dos et la musculature des mollets. Il ne faut pas hésiter à marcher pieds nus à la maison.

blement, cela étant conjugué à une hypertension et à de l'albumine, pouvant révéler une prééclampsie (voir page 113).

Que faire ? Dans la journée, le conseil à suivre est de mettre le plus possible les jambes en hauteur, et de retirer les bagues. Les bas à varices sont susceptibles de diminuer les gonflements.
Il faut aussi désormais veiller à adopter une alimentation riche en protéines (voir chapitre 3). Privilégiez donc les plats de poissons, de viandes et les produits à base de soja, en contenant en abondance, tout autant que les produits laitiers. En dépit de l'idée reçue selon laquelle les femmes enceintes doivent boire beaucoup de lait, il a été fréquemment constaté qu'il favorisait l'œdème, notamment si la consommation de yaourt est importante.
Les femmes souffrant de rétention d'eau seront soulagées d'apprendre que le corps évacue l'eau en excédent durant les premières semaines qui suivent la naissance.

Maux de dos

Les maux situés au niveau de la colonne vertébrale apparaissent essentiellement pendant le troisième trimestre : aucune femme enceinte ou presque n'est épargnée. Les causes sont multiples : la tête de l'enfant appuie sur le sacrum, et les hormones détendent l'ensemble des tendons entourant toutes les articulations du corps. La forme de la colonne vertébrale se transforme, du fait du poids grandissant de l'enfant, et du ventre s'arrondissant. Ces deux changements poussent la femme à adopter une position incorrecte : elle cambre le dos, ce qui provoque des maux de dos.

Que faire ? La gymnastique ciblée, le shiatsu et la natation (nage sur le dos) permettent au corps de retrouver sa position naturelle. Il faut porter des chaussures plates ou à faible talon et éviter de soulever des choses lourdes. Dormir sur un matelas dur favorise le redressement du dos cambré.

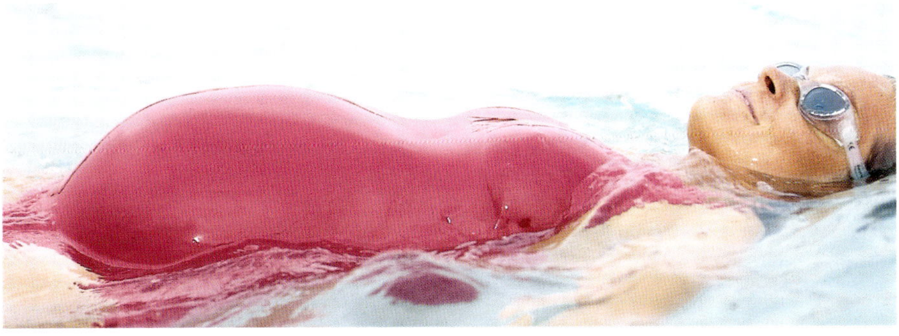

La natation est un excellent sport pour les femmes enceintes : elle leste le dos et les articulations et favorise la détente et le bien-être.

Grossesse avec complications

Toute femme attendant un enfant souhaite naturellement que tout aille bien. Et c'est le plus souvent le cas. Il existe pourtant des « complications », auxquelles toutes doivent prendre garde, dès les premiers symptômes. En premier lieu, ce sont par exemple des contractions précoces, des saignements, la rubéole ou la toxémie gravidique. Dans ces cas-là, penser positivement ne suffit plus. Il faut en parler immédiatement au médecin ou à la sage-femme. N'hésitez pas : aucune question n'est inutile.

Quand surgissent les complications

En règle générale, tout saignement doit être pris très au sérieux. En effet, quel que soit le moment où il se produit, il peut indiquer que la grossesse est en danger.

Des saignements en début de grossesse

Les faibles saignements en début de grossesse proviennent souvent de la muqueuse de l'utérus. Ils peuvent être confondus avec les règles, survenant au moment où elles sont attendues, même s'ils sont moins intenses et moins denses que celles-là. Cela ressemble davantage à un écoulement de sang qui indique que le corps ne s'est pas encore complètement préparé à la grossesse.

Ces saignements peuvent aussi provenir de la partie externe du col de l'utérus, particulièrement irrigué durant la grossesse et qui a tendance à saigner, sans menacer cette dernière. Sans gravité, ils surviennent après des rapports sexuels. Lors d'un examen délicat, le médecin pourra déterminer la cause de ces saignements ne donnant souvent pas lieu de s'inquiéter.

Faibles ou assez forts durant le premier trimestre, ils nécessitent toujours un conseil et une aide du médecin, d'autant plus si surviennent des douleurs dans le bas-ventre et dans le dos : ils peuvent être les signes avant-coureurs d'une fausse couche latente. Les femmes qui ne perdent pas leur enfant doivent se rassurer : les saignements ne lui portent pas préjudice.

La grossesse extra-utérine

Les saignements peuvent aussi résulter, dans des cas extrêmement rares, d'une grossesse extra-utérine : l'ovule s'est alors niché en dehors de l'utérus, à savoir dans la trompe. L'amas cellulaire situé dans celle-ci grossit, l'élargit et menace de la déchirer. L'élargissement des parois de la trompe provoque souvent de violentes douleurs, d'un côté du bas-ventre. Il est parfois difficile d'identifier une grossesse extra-utérine (GEU), du moins tout au début ; elle laisse présager de lourdes complications et doit être opérée le plus tôt possible, car l'enfant ne peut être gardé.

Un médecin scrupuleux indique simplement ses soupçons, s'il ne peut exclure à 100 % une grossesse extra-utérine. Se faire du souci outre mesure serait inutile, si le gynécologue annonce l'existence d'un tel risque. Dans la plupart des cas, il s'ensuit une surveillance très étroite de l'évolution de la grossesse (taille de la poche des eaux et concentration hormonale dans le sang). La situation se rétablit en général quelques jours après, sans conséquence fâcheuse. La règle d'or, aux yeux du gynécologue est la suivante : mieux vaut y penser cent fois que de s'en apercevoir trop tard.

Des saignements en fin de grossesse

Pendant le dernier trimestre, les saignements peuvent annoncer un accouchement avant terme. Dans ce cas, il faut absolument rester allongée et prendre, au besoin, un traitement. Parfois, le placenta est mal positionné : au lieu d'être sur le côté de l'utérus, il se situe trop au fond, dans la partie inférieure, et recouvre la partie interne du col de l'utérus, partiellement, voire entièrement (placenta *praevia*). En fin de grossesse, lorsque les précontractions élargissent l'utérus, quelques vaisseaux placentaires sont parfois blessés, provoquant un saignement rouge clair, normal et indolore. Au début, il peut s'agir d'une infime quantité, pouvant devenir plus abondante.

Rupture prématurée du placenta

En général, l'échographie aide à déceler si le placenta est mal positionné et cela figure dans le carnet de maternité de la mère. Le médecin évoque ensuite les règles de vie à adopter. Une rupture n'étant pourtant pas (ou rarement) prévisible, cela peut devenir problématique : le sang risque de s'accumuler d'abord derrière le placenta déchiré, déclenchant aussi, au début, de petits saignements.

A noter qu'une rupture du placenta s'accompagne généralement de fortes douleurs. Un placenta *praevia* ou une rupture prématurée du placenta sont toutefois très rares.

Prière de se rendre à l'hôpital

En cas d'abondants saignements d'un rouge vif et comparables aux règles habituelles, ou encore plus abondants, accompagnés de surcroît de caillots de sang, il faut de toute urgence se rendre à l'hôpital, de préférence par ambulance, en position allongée (appeler un ambulancier, ou se faire conduire en voiture, ou en taxi, etc., allongée sur la banquette arrière). Ceci, quelle que soit la semaine de grossesse, et que des contractions surgissent ou pas.

Fausse couche

Seulement 25 % des ovocytes fécondés débouchent sur la naissance d'un enfant en vie. La partie restante se loge dans l'utérus d'une femme, à son insu. Des fausses couches précoces surviennent souvent, que la femme prend pour un retard de règles. La plupart du temps, la nature intervient pour éliminer un « œuf anormal ». En fait, seulement 15 % sont reconnues en tant que telles, abortives.

INFO | QUE FAIRE ?

- **Fondamental :** Il faut impérativement rechercher la cause de tout saignement, abondant ou non, notamment en fin de grossesse. Les fortes douleurs, susceptibles d'être prises pour des contractions, peuvent être le signe avant-coureur d'un saignement interne.

Témoignage

Antonia (40 ans), professeur de musique, partenaire de Jean-Pierre (35 ans). A ce moment, elle est enceinte de 32 semaines.

Un bébé à 40 ans

Pendant longtemps, il n'était pas question pour moi d'avoir un enfant : je l'ai souhaité très tardivement. Peut-être était-ce un peu naïf de ma part, car l'horloge biologique est là…

Imaginer que ma vie serait exclusivement orientée vers un enfant était pour moi une aberration. J'aime mon métier et ne voulais pas du tout y renoncer. Il est important pour moi, parce qu'il me donne de la force. Lorsque je chante, je me charge d'énergie, et je vais bien. Je ne voulais pas de « soit - soit », mais les deux. Apparemment, il m'a fallu beaucoup d'années pour que je puisse dire : oui, maintenant, c'est le moment d'oser les deux : famille et métier.

Je sais évidemment qu'une grossesse à un âge avancé n'est pas plus facile qu'en pleine jeunesse. Mais j'ai un atout : je me sens encore jeune et je ne fais pas mon âge, et je suis sûre que ce sentiment a des répercussions positives.

Du reste, beaucoup de femmes enceintes approchent de nos jours la quarantaine. Un gynécologue m'a un jour expliqué que la complexité de la grossesse est la même pour chaque corps, qu'il s'agisse du premier comme du troisième enfant. Cela m'a donné du courage.

Je continue bien sûr à y réfléchir : quand mon enfant aura dix ans, j'en aurai cinquante, et si je venais à mourir à soixante ans, je laisserais derrière moi une fille âgée de vingt ans. Ce n'est pas une pensée agréable. Mais d'une part, je suis optimiste, et d'autre part, j'essaie de mener une vie qui me permette de partir le

moins vite possible d'ici… Je suis comme tout le monde, je ne peux jurer de rien. Une femme de trente ans ne peut pas dire non plus qu'elle s'occupera de son enfant dans les trente années qui suivront. On ne peut pas tout garantir ; et cela, j'ai dû l'apprendre moi aussi.

« Menace de fausse couche »

Les grossesses, pour un quart, se terminent prématurément, pendant les douze premières semaines. Les saignements vaginaux sont les symptômes les plus importants, accompagnés ou non de douleurs. Cela s'appelle une « menace » de fausse couche, ce qui veut dire qu'avec beaucoup de chance, le bébé vivra et la grossesse continuera. Il est facile de venir à bout des petits saignements, en début de grossesse, en gardant le lit.

Lorsqu'ils sont abondants et accompagnés de caillots de sang et de contractions douloureuses dans le bas-ventre, la fausse couche ne peut être évitée. Plus la douleur est grande, plus le risque d'avortement est élevé.

Causes d'une fausse couche

Le psychisme joue évidemment un grand rôle. Plusieurs facteurs se conjuguent souvent : problème psychologique au sein du couple ou sur le lieu de travail, couplé avec un stress physique (porter de lourds cartons, faire de longs trajets en voiture). Il est en fait difficile de cerner la vraie raison. Peut-être l'ovocyte ou le spermatozoïde étaient-ils déjà défectueux, ou bien une malformation a existé dès la première scission cellulaire.

Parfois, la mère réagit de façon allergique : son système immunitaire identifie l'embryon en tant que corps étranger, composé pour moitié de tissus du père. Il est aussi possible que l'ovule ne parvienne pas à se loger dans l'utérus. Une fausse couche au premier trimestre est rarement due à une déficience chromosomique. Le fœtus a certes évolué normalement, mais, pour des raisons diverses, il ne peut pas grandir, vu que, par exemple, l'utérus est trop petit, ou que des fibromes (myomes) empêchent un développement satisfaisant. Par ailleurs, certains dysfonctionnements peuvent endommager le fœtus : des rayons X, des médicaments, des troubles du métabolisme (du diabète par exemple) ou encore des maladies infectieuses graves.

Le corps a besoin d'un temps d'adaptation

Plus la fausse couche se produit tard, plus le corps a besoin de temps pour retrouver son état normal. La plupart des médecins conseillent un espacement de deux à trois cycles, avant la prochaine grossesse, afin que le corps se repose. La muqueuse de l'utérus a aussi besoin de temps pour se reconstituer complètement. Nombre de femmes peinent à attendre la prochaine grossesse : elles sont souvent marquées par la peur de refaire une fausse couche. Statistiquement parlant, une femme en ayant subi une n'a pas plus de risque d'en refaire qu'une femme n'en ayant jamais fait. A la suite de deux fausses couches consécutives, le risque d'en subir une troisième, par la suite, est plus probable. Le psychisme joue un rôle fondamental : l'appréhension peut provoquer un tel stress qu'elle est une menace pour une nouvelle grossesse.

Accouchement prématuré

On parle d'accouchement prématuré quand un enfant vient au monde après la 24e semaine et avant la 37e : cela concerne 6 % de toutes les grossesses. Des recherches révèlent que certains facteurs favorisent l'accouchement prématuré : l'âge, la taille jouent par exemple un rôle important. Du point de vue statistique, les jeunes filles, âgées de moins de 18 ans, ainsi que les femmes de plus de 38 ans, mais aussi celles qui mesurent moins de 1 m 56 seront davantage prédisposées aux accouchements prématurés. Ils sont aussi plus nombreux chez les femmes célibataires, séparées, et chez celles qui vivent dans des conditions sociales précaires. Une très grande tension psychique en serait l'explication. A cela s'ajoutent des facteurs tels que la cigarette, une consommation d'alcool régulière, un travail corporel intense et des grossesses très rapprochées. Certaines maladies peuvent aussi en être la cause, comme l'hypotension, l'asthme, ou de graves maladies infectieuses (grippe, néphrite, infections de l'estomac et de l'intestin accompagnées de fièvres) ou une prééclampsie (toxémie gravidique).
On ne surestimera jamais assez les contrôles médicaux, chez le gynécologue ou la sage-femme, de même que la volonté consciente de s'occuper de soi.

Laisser au bébé le temps de grandir

Chaque jour de plus passé dans l'utérus rend le bébé plus robuste. C'est pourquoi les médecins poursuivent le même but : faire en sorte qu'il demeure le plus longtemps possible dans le ventre de sa maman. Les prématurés ont une grande fragilité : leur système pulmonaire est inachevé. Avant la 34e semaine, les poumons ne sont pas terminés, si bien que le bébé risque des troubles respiratoires pouvant mettre sa vie en danger. A partir de la 34e semaine seulement, le corps de l'enfant fabrique une substance, le surfactant, qui permet aux vésicules pulmonaires de se développer

INFO | CERCLAGE

- **A chaque examen prophylactique,** le médecin contrôle si le col de l'utérus est bien fermé, par une échographie ou un toucher. S'il a tendance à s'ouvrir, il peut le fermer artificiellement par un cerclage posé autour du col de l'utérus. Cela est uniquement pratiqué quand l'ouverture du col n'est pas provoquée par des contractions, ce qui, du reste, est très rare. Lors de cette intervention réalisée sous anesthésie générale, le médecin entoure le col de l'utérus d'un fil de soie ou de perlon le maintenant fermé. Ce fil est ôté environ trois semaines avant la date présumée de l'accouchement, au plus tard au commencement du travail de contraction. Une anesthésie est alors inutile dans ce cas.

INFO | CONGE DE MATERNITE

- **France :** La durée légale du congé de maternité des salariées et fonctionnaires est de 16 semaines : 6 semaines avant et 10 semaines après. Les non salariées n'ont aucun droit au repos légal (sauf les agricultrices pour qui c'est aussi 16 semaines). Cette durée peut varier en fonction de 3 éléments : nombre préalable d'enfants à charge, grossesse multiple, état pathologique.
- **Belgique :** La durée légale du congé de maternité est de 15 semaines (au minimum 1 avant et 8 après l'accouchement). Les 6 autres semaines peuvent être prises avant ou après. La durée est prolongée de 2 semaines en cas de grossesse multiple.

complètement, au moment de la première respiration et afin qu'elles ne s'affaissent plus. Si cette substance vient à manquer, les poumons ne peuvent pas se remplir d'air et l'oxygène ne parvient pas dans le sang. Un accouchement prématuré s'annonce, la plupart du temps, par des contractions avant terme ou une rupture de la poche des eaux. Si des contractions surgissent avant terme, les médecins prescrivent le repos absolu au lit, ou à l'hôpital en cas d'urgence. Dès que de vraies contractions ouvrent progressivement le col de l'utérus, la prise de médicaments adaptés, sous forme d'infusions ou de cachets, peut les retenir. S'il y a menace d'un accouchement prématuré pour cause de col de l'utérus faible ou déjà ouvert, il peut être « fermé » artificiellement.

Quand il est impossible de retenir le bébé

Lorsque l'accouchement avant terme est inévitable, l'enfant doit être mis au monde avec infiniment de précaution. Le crâne, encore très mou et sensible, ne peut pas être comprimé. En cas d'accouchement prématuré spontané, les assistants préfèrent effectuer une épisiotomie, pour le bien de l'enfant. La césarienne est assurément la variante la plus douce, si le bébé est très petit ou s'il se présente par le siège. Elle se fait, non pas sous anesthésie générale, mais si possible, sous anesthésie locale. L'avantage est que la mère peut vivre

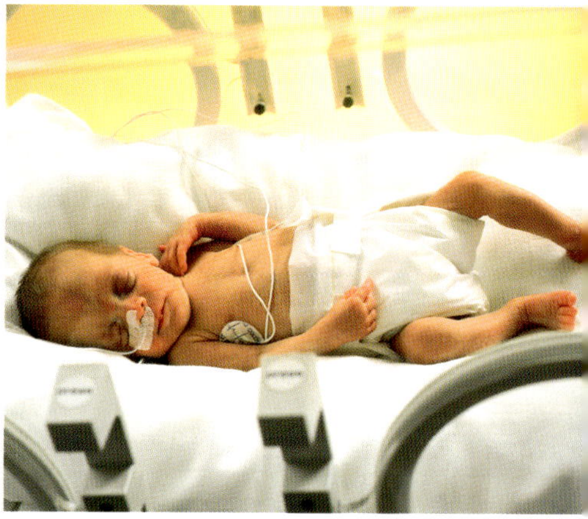

Les prématurés ont besoin d'une température constante à 37 °C, comme c'était le cas dans le ventre maternel.

l'accouchement au plus près, et prendre son bébé dans les bras dès qu'il sort de son ventre.

Le bébé peut être mis en couveuse : cela dépend de son poids et du nombre de semaines de grossesse. Les prématurés ne pesant que deux kilogrammes doivent rester, impérativement, à une température constante de 37°. L'assistance respiratoire est parfois nécessaire, selon la maturité des poumons du bébé : un fin tuyau est introduit, à l'intérieur de la trachée-artère.

Grossesse multiple

Attendez-vous plusieurs enfants ? Eh ! bien, toutes nos félicitations ! Votre entourage accueillera sans doute cette nouvelle avec une grande joie, les jumeaux étant toujours adorables. C'est le moment de briller d'intelligence et de profiter de cette double naissance pour organiser l'aide autour de vous. Après l'accouchement, vous serez prête à saisir la moindre main tendue vers vous.

Les grossesses multiples concernent 1 à 1,2 % des naissances. 30 % de tous les jumeaux sont univitellins. Cela signifie qu'un seul ovocyte a été fécondé par un seul spermatozoïde, puis, on ignore pourquoi, il se scinde en deux noyaux. Les deux embryons se partagent le même placenta, sont de même sexe, se ressemblent, ont le même groupe sanguin et les mêmes informations génétiques.

Les jumeaux univitellins sont déjà très unis dans le ventre de la mère : ils se partagent la poche amniotique et le placenta.

S'ils se ressemblent comme deux œufs, ils proviennent bien du même. Les deux tiers restant sont des faux jumeaux, issus de deux œufs. Ils proviennent de deux ovocytes différents, fécondés chacun par un spermatozoïde. En fait, ce sont pratiquement deux grossesses qui auront lieu en même temps. Si les bébés peuvent être du même sexe, ils forment un « couple », le plus souvent. Ils ne se ressemblent pas obligatoirement, ayant des informations génétiques complètement différentes. Ils se ressemblent, comme des frères et des sœurs dont l'anniversaire tombe le même jour.
La probabilité d'avoir des jumeaux bivitellins est plus grande après 35 ans, pour les familles de quatre enfants, les femmes d'origine africaine, les futurs parents eux-mêmes jumeaux bivitellins, les familles où il en existe, ou encore en

Légère rotation en position assise : durant la grossesse, le yoga détend le corps et l'âme. La légère rotation en position assise est une posture qui détend les muscles, les tendons dorsaux et le cou.

cas de traitement hormonal suivi pour infertilité.

De nos jours, un médecin peut aisément repérer à l'échographie, l'existence de un, deux ou plusieurs enfants. Il le sentira aussi au toucher, lorsque l'utérus est anormalement gros, compte tenu de la semaine de grossesse, ou si plusieurs grosseurs sont palpables (têtes et fessiers). Il est aussi possible d'entendre les battements de cœur à différents endroits. Le suivi médical est donc particulièrement important pour une grossesse de jumeaux.

Des jumeaux – faire doublement attention

Cette situation signifie pour le corps une double contrainte, et il faut le surveiller très soigneusement. La femme enceinte souffrira probablement plus intensément de nausées, d'hypertension ou de manque de fer. Au cours de la grossesse, la colonne vertébrale doit supporter un poids plus conséquent : le yoga et la gymnastique aident ainsi à lutter contre les maux de dos. Il est fondamental d'élever le plus souvent possible les jambes.
Quand on attend des jumeaux, il ne faut pas nécessairement manger pour trois : le poids supplémentaire vous limiterait encore davantage. Il faut alors absorber, chaque jour, une préparation à base de multivitamines et de minéraux.

Les jumeaux sont précoces

Les jumeaux viennent au monde, le plus souvent, quelques semaines avant la date prévue. Les bébés généralement très petits pèsent souvent moins de 2,5 kg, poids bien passable pour chacun. Cela dit, ils pèsent à eux deux environ 5 kg. Voilà un paquet de taille que la mère a « couvé ».

Une grossesse multiple ne signifie en rien que l'enfant doive impérativement naître par césarienne. En général, l'accouchement spontané est privilégié, lorsque le premier enfant est tête en bas dans le petit bassin. Le deuxième se positionnera ensuite naturellement : l'aîné ayant ouvert la voie, le deuxième emprunte le même chemin. Si le premier enfant se présente par le siège, il faut effectuer une césarienne.

Plus d'un gynécologue arbore un sourire radieux, lorsqu'une femme enceinte entre dans la salle d'accouchement et annonce une grossesse multiple. Ce double bonheur est toujours une expérience particulière. Et la plupart des médecins se réjouissent aussi de mettre au monde des jumeaux par la voie vaginale. Cette situation à suspens fait de la future mère l'attraction de la clinique…

Incompatibilité Rhésus

Le sang n'est pas le même pour tout le monde : il présente des caractéristiques très particulières. Il existe quatre groupes sanguins différents : A, AB, B et O. Les groupes A et O sont les plus courants. Puis intervient la caractéristique du rhésus : il s'agit d'une protéine se logeant à la surface des globules rouges. 85 % des individus ont un rhésus positif, les 15 % restant étant de rhésus négatif. Les femmes qui sont de rhésus négatif, et dont le premier enfant est de rhésus positif, peuvent connaître des complications, lors de la deuxième grossesse, si le deuxième enfant est lui aussi de rhésus positif. Heureusement, la médecine actuelle permet d'éviter les incompatibilités en la matière.

Attention, réaction immunitaire !

Si le père est de rhésus positif et la mère de rhésus négatif, l'enfant peut être l'un ou l'autre. Il y a problème quand une mère de rhésus négatif attend un enfant de rhésus positif. Il arrive alors que des facteurs de groupe sanguin (antigène) provenant de l'enfant circulent dans le sang maternel. Le système immunitaire de la mère ne les connaît pas : son corps risque alors de produire des anticorps. Un test est donc effectué. Si le résultat est négatif, (il n'y a pas d'anticorps), un autre est fait vers la 26e semaine. Si aucun n'est détecté, un vaccin anti-D est injecté à la mère, souvent dans les fesses, pour ainsi éviter la formation d'anticorps. Juste après l'accouchement, le groupe sanguin du bébé est déterminé en prélevant du sang dans le cordon ombilical. Rien ne sera entrepris si l'enfant est lui aussi de rhésus négatif. Cependant s'il est de rhésus positif, la mère reçoit un deuxième vaccin anti-D, en l'espace de 72 heures. Cette injection d'anticorps empêche le système immunitaire maternel de former des anticorps contre le rhésus positif.

Un conseil utile : il vaut mieux connaître aussi le groupe sanguin du père, afin que le médecin le fasse figurer dans le carnet de maternité.

Diabète : « Diabetes mellitus »

En cas de diabète, il faut en informer un spécialiste avant la grossesse. Le taux de sucre dans le sang doit en effet être constamment contrôlé. Si le diabète n'est pas surveillé, le risque de malformation chez l'enfant augmente.
Le diabète gestationnel est généralement découvert au cours du troisième mois de grossesse. Un régime hypocalorique est alors proposé à la mère.

Il arrive aussi que l'enfant soit très gros, vu qu'en cas de taux élevé de sucre dans le sang, une grande quantité va dans le

INFO | VACCIN ANTI-D

- **Si le groupe sanguin** est de rhésus négatif, c'est encore sans incidence sur un fœtus de rhésus positif, en début de grossesse. Des anticorps se forment, pouvant avoir des répercussions néfastes sur la grossesse suivante, si le prochain enfant est de rhésus positif. Pour éviter cela, un vaccin anti-D est injecté à titre préventif.

placenta et incite le pancréas du bébé à produire, à son tour, une quantité trop importante d'insuline. La conséquence est que les organes du bébé grandissent très vite : il est très grand et pèse souvent plus de 4,5 kg. Des complications peuvent surgir, lors de l'accouchement et sont susceptibles d'engendrer des problèmes d'adaptation de l'enfant.

Gros, mais pas achevé

Parfois, les médecins déclenchent prématurément l'accouchement, quand le bébé est trop gros. Malgré leur taille, certains peuvent présenter les symptômes des prématurés : ils ne sont pas achevés, sont faibles et ont des problèmes de respiration. Il faut surveiller le taux de sucre dans le sang du bébé, car le pancréas continue à produire trop d'insuline, quelques jours, voire quelques semaines après l'accouchement. Pendant leur grossesse, les femmes diabétiques risquent de souffrir d'infections des voies urinaires, de champignons et de toxémie gravidique. Le taux de sucre dans le sang doit être surveillé rigoureusement. Davantage d'examens prophylactiques doivent être effectués, à côté de ceux qui sont obligatoires, car plus le diabète sera contrôlé, moins les complications surviendront. Le bien-être de l'enfant n'est en effet pas menacé quand le taux de sucre est stable.

Il est fréquent que ce taux augmente, pendant la grossesse, chez une femme pour qui la maladie était déjà latente. C'est pourquoi il est indispensable de

Le raisin, très riche en glucose, est un parfait en-cas, en cas de besoin immédiat d'énergie corporelle ou mentale. Il ne convient pourtant pas aux diabétiques.

réaliser les examens de contrôle des urines effectués régulièrement lors des visites prénatales. Dès que du sucre est décelé, le médecin se met en état d'urgence. La raison la plus fréquente de la présence de sucre est que les femmes ont absorbé une sucrerie, juste avant de consulter le médecin. Du pain avec de la confiture, une glace, par exemple, suffisent. Si ce n'est pas le cas, un test sanguin du sucre est réalisé. Cet examen permet de détecter si la femme enceinte souffre de diabète.

Toxémie gravidique (prééclampsie)

La toxémie gravidique, maladie spécifique à la grossesse, peut être dangereuse pour la mère et pour l'enfant. Sans traitement, elle évolue vers l'éclampsie.

Les symptômes en sont les suivants : rétention d'eau et/ou hypertension artérielle (au-delà de 140/90 mm Hg) et/ou albumine dans les urines. Les causes exactes de cette maladie restent mystérieuses. Les problèmes de circulation qui l'accompagnent peuvent provoquer, avec le temps, une dégradation des tissus des organes. Les reins retiennent le sodium et l'eau favorisant l'œdème dans tout le corps. Dès que l'activité du foie est endommagée, des douleurs apparaissent, dans le bas ventre, suivies de nausées et de vomissements. Des malaises, des maux de tête, des troubles de la vue et de la nervosité peuvent survenir : cet état est qualifié de prééclampsie. Il se manifeste le plus souvent vers la vingtième semaine.

On parle d'éclampsie lorsque tout le corps se crampe : cela ressemble à une crise d'épilepsie. Ces crampes sont accompagnées de pertes de connaissance, qui sont dangereuses pour la mère comme pour l'enfant, car elles diminuent l'apport en oxygène.

Le syndrome HELLP

Ce syndrome est proche de la toxémie gravidique. Cette maladie se manifeste par des troubles de la circulation du sang, provoquant une destruction des globules rouges dans le sang (hémolyse). Parfois, cet état apparaît de façon fulgurante. Soyez prudente si vous pensez avoir une toxémie gravidique, et que soudain, des douleurs surgissent en haut du ventre, côté droit, avec des nausées, des vomissements ou des maux de tête.

Les causes de ces maladies liées à la grossesse restent inconnues, les symptômes ne pouvant donc être entièrement combattus. Il est souvent nécessaire de mettre prématurément un terme à la grossesse, afin de protéger l'enfant et la mère, soit en déclenchant un accouchement, soit par césarienne.

Toxoplasmose

Même si elle est souvent anodine chez un adulte en bonne santé, la toxoplasmose peut avoir de graves conséquences sur le foetus, si sa mère l'attrape alors qu'elle est enceinte. Les excréments de chats ou de hamsters infectés contiennent le parasite *Toxoplasma gondii.* Lorsqu'une femme enceinte est contaminée, cela peut provoquer chez l'enfant de graves perturbations mentales, la cécité ou la surdité. C'est évidemment très rare. Ce parasite se rencontre aussi dans de la viande crue ou mal cuite. Par conséquent, une femme enceinte doit renoncer aux carpaccios et aux viandes bleues (steak, roast-beef, tartare...).

Si l'immunité face à la toxoplasmose et

Témoignage

Nina (29 ans) kinésithérapeute, partenaire d'Andréas (30 ans). A ce moment, Nina est enceinte de 30 semaines.

Complications pendant la grossesse

Récemment, Andreas et moi sommes allés dîner dans un restaurant grec. Je me suis réveillée à trois heures du matin : je ne pouvais plus dormir, parce que je

n'étais pas bien. Je ne souffrais pas de diarrhée, mais de crampes d'estomac. J'ai ainsi passé la matinée au lit, avec de la tisane au fenouil et des biscottes et j'ai pensé que tout était redevenu normal. Lorsque je suis allée rechercher Jonas à l'école, j'ai ressenti, à nouveau, de fortes douleurs dans le ventre et dans le dos. Très vite, j'ai compris que loin d'être des crampes d'estomac, c'étaient des contractions. J'ai pris peur et j'ai craint que notre bébé naisse prématurément, n'étant que dans la 26e semaine. J'étais prise de panique et ne pouvais plus mettre un pied devant l'autre. J'étais paniquée : à chaque fois que je me levais, mon ventre durcissait.

J'ai immédiatement appelé Andreas, qui m'a conduite à la clinique. Nous voulions savoir ce qui arrivait, si le col de l'utérus avait bougé ou ce que les quelques fortes contractions avaient provoqué. Elles étaient aussi fortes que lors de l'accouchement de Jonas, avec de violents maux de dos. C'était la première fois que je ressentais des contractions aussi fortes, pendant cette nouvelle grossesse. A la clinique, les médecins m'ont fait un cardiotocographe : le résultat n'était, par chance, pas inquiétant. Le col de l'utérus n'avait pas bougé.

Une gastroentérite, à l'origine des contractions, avait eu des répercussions sur la musculature de l'utérus. Je n'avais pas dû tolérer le repas, au restaurant grec. J'ai été ensuite placée, pendant trois jours, sous surveillance dans la clinique et sous perfusion de magnésium, pour détendre les muscles. Tout alla bien ensuite. Quand j'étais enceinte de Jonas, j'avais aussi séjourné, pendant deux jours, en clinique, vers la 28e semaine, car je m'étais fait un tour de reins. Mon médecin m'avait donc prescrit un arrêt de travail complet jusqu'à l'accouchement.

à la rubéole n'a pas été testée auparavant, ce qui est vivement recommandé, il est nécessaire d'y remédier, en début de grossesse. Une femme enceinte doit faire poser un diagnostic sérologique en début de grossesse. Cela permet de voir si elle possède des anticorps. Si tel est le cas, cela veut dire qu'elle a elle-même déjà été infectée, ce qui diminue grandement le risque pour le bébé. Si la future maman ne possède pas d'anticorps, il faut qu'elle change quelques habitudes de vie, notamment vis-à-vis des chats.

Les caresses au chat qui ronronne sont autorisées, à condition de bien se laver ensuite les mains.

Précautions

Certains gynécologues indiqueraient systématiquement que le risque aigu de toxoplasmose existe, là où de nombreux employés de la sécurité sociale estiment que recommander l'examen suffit en soi. Les cabinets médicaux sont de plus en plus nombreux à proposer que le règlement de cet examen, en tant que « demande individuelle de soins », relève des patients. Il faut profiter de la proposition et insister pour effectuer le test d'immunité, prendre en charge le financement de l'examen de sang, si les réglementations légales du pays ne l'assument pas. Si la maladie a déjà été contractée une fois dans le passé, ce qui est le cas pour la moitié des femmes enceintes, cela les immunise pour cette grossesse et les suivantes.
En revanche, au cas échéant, les mesures de précautions préconisées ci-dessus doivent être respectées. Il est recommandé d'effectuer un à deux contrôles, au cours de la grossesse, afin de déterminer à temps s'il existe une infection aiguë qui menacerait l'enfant. Une première infection durant la grossesse ne devient dangereuse qu'en cas de non-détection. Les conséquences fâcheuses peuvent être évitées en suivant un traitement antibiotique.

Rubéole

Généralement, la rubéole est une maladie d'enfant plutôt inoffensive. La plupart des femmes sont déjà immunisées contre le virus : soit elles l'ont déjà eu, soit elles ont été vaccinées durant l'enfance. Si une femme enceinte contracte la rubéole pendant les quatorze premières semaines, le développement de l'enfant peut être menacé. Plus l'infection se déclare tôt, plus les risques de malformation sont importants.

Conséquences de l'infection

La situation est très critique lorsque la femme contracte le virus pendant la phase embryonnaire, lors des douze premières semaines. Ce virus peut provoquer des anomalies cardiaques, des troubles oculaires, une cécité, une perte auditive, des malformations des organes de digestion et des handicaps mentaux. Des études révèlent que la moitié des enfants, dont la mère a contracté ce virus durant les premiers mois de grossesse, naissent avec un handicap. C'est le cas pour 25 % pendant le deuxième mois, et environ 15 % durant le troisième. Une infection déclarée après la 17e semaine de grossesse n'aura vraisemblablement plus d'incidence. Une interruption de grossesse est souvent proposée aux femmes atteintes du virus au commencement, vu les conséquences qu'il entraîne.

La meilleure protection est celle d'une immunité remontant à la petite enfance ou provenant d'un vaccin. Toutes les filles entre onze et quinze ans devraient être vaccinées contre la rubéole, si elles n'ont pas déjà contracté la maladie auparavant. Cependant, contrairement à l'infection naturelle, les vaccins ne protègent pas à vie. Lors de la première prise de sang, le fait d'avoir eu cette maladie sera mentionné dans le carnet de maternité. Si le taux de protection se situe à 1 sur 32 et au-delà, la personne est suffisamment immunisée. S'il est plus bas, tout contact avec des personnes ayant la rubéole, dans les crèches et les écoles maternelles, devra être évité. En cas d'infection, des anticorps sont donnés en vue d'augmenter les défenses. Enfin, il est nécessaire de se faire vacciner après la naissance, afin d'être immunisée, en cas de grossesse à venir.

INFO | ROUGEOLE ET CIE

- **La rubéole** peut être dangereuse pour l'enfant, mais seulement s'il la contracte. Les contagions dans le placenta, heureusement très rares, peuvent être traitées dans des centres spécialisés. C'est à surveiller très sérieusement en cas de doute. Si la rougeole et les oreillons se manifestent très violemment chez les adultes, le bébé n'en subit aucune conséquence. La varicelle est très dangereuse si elle est contractée juste avant l'accouchement. La mère comme l'enfant doivent alors être traités par injection d'anticorps, l'immunoglobuline.

Les voyages avec le bébé dans le ventre

Dans l'attente d'un premier enfant, un couple souhaite souvent entreprendre nombre de choses, pour jouir encore de la douce intimité à deux. Etre enceinte ne signifie pas rester à la maison, sauf en cas de complication. Privilégiez les petites sorties en voiture, pour pouvoir rentrer rapidement si nécessaire. Les voyages en avion sont aussi possibles, en se ménageant un temps de repos avant et après le vol. Pensez à emporter le carnet de maternité.

Vacances pour le corps et l'esprit

La période située entre la vingtième et la trentième semaine de grossesse est la plus propice pour les voyages. En effet, les risques de fausse couche sont désormais exclus et les malaises, nausées, vomissements et fatigue, se sont estompés ; le ventre n'est pas encore encombrant. Pendant les derniers mois, il est préférable de ne pas s'éloigner trop du médecin ou de la clinique. La mobilité est en fait plus réduite et aucune femme ne souhaite provoquer un accouchement prématuré.

En général, les voyages sont loin d'être contre-indiqués. Changer d'air, cela fait aussi des vacances à votre moral. En avion, en voiture ou en train, la femme enceinte se sent très en forme. Passer des vacances reposantes, éviter les périples d'aventurière sac à dos : ce sont là des recommandations évidentes. Enfin, les chaleurs tropicales, d'extrêmes changements climatiques et la haute montagne ne conviennent pas à la période de fin de grossesse.

Faire des pauses

En cas de voyage prolongé, se ménager de longs moments de repos est indispensable, d'autant plus si la position assise, en voiture par exemple, risque de durer. De longues pauses, et pas seulement de petits arrêts, seront ménagées, afin de respirer l'air pur, et de s'étirer. Les jambes ont besoin de mouvement, du fait de rester longtemps repliées. Une courte promenade rafraîchira corps et esprit. Enfin, la ceinture de sécurité sera attachée : c'est obligatoire aussi pour les femmes enceintes !

Prendre l'avion, à condition d'organiser des temps de repos, est aussi possible. On s'assurera toutefois que la compagnie accepte d'emmener des femmes enceintes. Il faut privilégier des vols qui ne durent pas plus de quatre heures. Il faudra se renseigner sur les restrictions réglementées par la compagnie aérienne retenue, chacune ayant son propre fonctionnement.

Pas avec toutes les compagnies aériennes

Pour des raisons de sécurité, certaines compagnies aériennes refusent d'embarquer à bord des femmes enceintes, d'autres exigent un certificat médical, attestant que la grossesse n'est pas à risque. Cette mesure est prise pour votre sécurité, aucune femme ne désirant déclencher des contractions prématurées au-dessus des nuages. Il faut aussi garder à l'esprit que la grossesse a progressé de quelques semaines, le temps d'un séjour, et que la période au retour n'est peut-être plus propice pour prendre l'avion. Les gynécologues n'aiment pas être appelés en urgence à l'aéroport pour délivrer une « autorisation spéciale de vol ». D'ailleurs, aucun n'accepterait de le faire : s'il arrivait quoi que ce soit, le médecin en porterait la

Les îles Canaries sont très prisées par les femmes enceintes : d'accès rapide, elles offrent des paysages de rêve et le climat y est doux toute l'année.

responsabilité et serait passible d'une peine.
Les voyages dans de lointains pays tropicaux sont vraiment à éviter. Le climat, la nourriture différente et les risques plus élevés de gastroentérite sont autant de facteurs inhabituels constituant un risque. L'importante perte liquide qui l'accompagne peut être dangereuse pour la mère et le bébé. De plus, le suivi médical dans nombre de pays diffère du nôtre. A cela vient s'ajouter le problème des vaccins. Les statistiques relatives à ceux-là, pendant la grossesse et concernant leurs conséquences pour le bébé, sont peu nombreuses. Il est préférable de prendre conseil auprès d'un médecin, d'une clinique, auprès des Instituts médicaux spécialisés en matière de climats tropicaux à l'université, si ce type de destination est retenu.

Radiations

Les femmes enceintes se sentent peu rassurées à l'idée de prendre l'avion durant la période de grossesse. Elles craignent ainsi les radiations cosmiques venant de l'espace et leurs répercussions sur les tissus embryonnaires fragiles. Alors que les effets de cette radiation sur la terre ne représentent qu'environ 0,55 millisievert (mSv) par personne et par an, il en va autrement dans le ciel : plus on vole haut, plus la radiation est intense, notamment pour des vols à longue distance, à une altitude de 10 à 18 kilomètres : la radiation est énorme, sur des couloirs proches des pôles, étant deux fois plus élevée que pour les vols à proximité de l'équateur. Une société de recherches en matière de radiation a découvert que le personnel de vol était exposé cinq à six fois plus qu'une personne ne prenant pas l'avion. Les femmes qui ne prennent l'avion qu'occasionnellement n'en sont pourtant pas dissuadées par les experts. La dose de radiation est trop faible pour que les effets puissent en être mesurés.

Les avis sont partagés, vis-à-vis des conséquences possibles sur le développement de l'enfant, notamment lors de la phase embryonnaire, là où la division cellulaire est la plus forte. Il est difficile d'imaginer à combien d'influences extérieures, et dans quelle proportion, nous sommes exposés tout au long de notre vie. Il est certain que plus un être est jeune, plus il est fragile et sensible aux radiations.

Pas d'exception : les femmes enceintes doivent aussi mettre leur ceinture de sécurité qui doit passer sous le ventre et non au-dessus. En cas de choc, vous serez bien protégée.

Désir et amour pendant la grossesse

L'envie et l'amour pendant la grossesse sont, au début, des sujets très délicats pour les femmes. « Mon partenaire me trouvera-t-il toujours attirante, malgré mon gros ventre ? » Il faut se rassurer ; le conjoint est sûrement très fier de ces rondeurs.

En fait, la grossesse rapproche toujours les partenaires : chaque regard porté sur votre ventre relie physiquement, mais aussi mentalement. Les femmes enceintes sont extrêmement rayonnantes durant leur grossesse. Il faut profiter de ce moment unique.

Orgasmes et grossesse

La sexualité est-elle compatible avec la grossesse ? La réponse est oui. L'époque où les rapports sexuels étaient déconseillés aux femmes enceintes pour éviter une fausse couche est heureusement révolue. Nombreuses sont les femmes qui vivent, à ce moment-là, un véritable point culminant dans leur vie sexuelle.

Les hormones du plaisir

Ces hormones résultent des changements physiques : le clitoris est ainsi plus irrigué par le sang ; il grossit, devenant plus sensible aux caresses, et le vagin s'humidifie plus vite qu'à l'accoutumée, tandis que les seins plus ronds réagissent de façon plus vive à l'excitation.

Par ailleurs, de nombreuses femmes enceintes se sentent pour la première fois libérées : enfin, elles n'ont plus besoin de se protéger d'une grossesse. Quant à leurs rondeurs, elles sont légitimes : le ventre et les jolis seins sont volontiers exhibés.

La maternité embellit les femmes

Une femme qui vit bien sa grossesse se repère aisément : le regard étincelle, le sourire monte presque toujours aux lèvres, tout l'être respire le bonheur. Elle porte fièrement son bébé et se sent si désirable qu'elle s'abandonne volontiers à son partenaire dont les perceptions sont modifiées. Certains hommes avouent soudain qu'ils ne comprenaient pas l'éternel désir féminin à vouloir être mince, et qu'ils apprécient les formes plus rondes et plus féminines. Voilà d'excellentes conditions propices à l'amour et la sexualité.
« Big is beautiful », du moins durant ces mois. Bon nombre de futurs papas forcissent d'ailleurs pour peu de temps, par pure solidarité.

Est permis tout ce qui procure du plaisir

Les hommes peuvent se rassurer, même s'ils ont l'impression de ne pas « être seuls », au moment de la relation sexuelle : si l'enfant enregistre tout, ce que personne ne sait réellement, il le vit bien, au chaud dans le liquide amniotique, flottant dans l'enveloppe rembourrée de l'utérus. Les secousses ne peuvent donc pas l'atteindre, tant que le col de l'utérus est encore bien fermé. Toutes les fantaisies sont alors permises, tant qu'elles procurent du plaisir et ne font pas souffrir. La grossesse impose des limites, celles des dernières semaines, durant lesquelles la position du missionnaire n'est plus envisageable, le ventre étant trop proéminent.

Quand le doute s'installe

Ces moments d'épanouissement sexuel ne sont pas partagés par toutes les femmes. Fréquemment, certaines considèrent que la grossesse leur a ravi leur féminité, à cause de l'embonpoint. Elles

sont donc persuadées d'être plutôt des mères corpulentes que d'irrésistibles amoureuses, ayant aussi l'impression de ne plus être désirables.
Ce sont souvent des appréhensions injustifiées, beaucoup d'hommes trouvant leur partenaire très séduisante avec son gros ventre. Ce sentiment de n'être pas attirante n'est souvent qu'une impression nourrie par un idéal de beauté féminine, auquel l'état de grossesse n'est pas associé.

Problèmes sexuels

Il arrive aussi que les hommes aient des problèmes sexuels durant la grossesse, non en relation avec les kilogrammes accumulés par leurs partenaires, mais parce qu'elles sont trop préoccupées par leur ventre et par le bébé, de façon exclusive. Dans certains cas, un sentiment de rivalité peut naître. Les hommes se sentent alors relégués au second plan et peuvent éprouver, à leur tour, le sentiment de ne plus attirer leur femme. Ils croient ainsi que, vu l'imminence de la naissance du bébé, ils ne comptent plus et passent au second plan. D'autres ont peur aussi de blesser le bébé durant l'acte sexuel et ne peuvent pas s'épanouir sexuellement.

Il faut en parler !

Peu importe la situation, parlez ouvertement et en toute honnêteté de vos craintes et de vos soucis avec votre partenaire. Dans une relation où l'on peut parler de tout, les problèmes s'estompent en général rapidement ou sont relativisés.
Si vous ne vous sentez pas sûr de vous, adressez-vous au médecin ou au gynécologue qui suit votre grossesse.

INFO | ABSTINENCE

Mieux vaut éviter les rapports sexuels

Des raisons médicales préconisent l'abstinence, durant un certain temps ou jusqu'à la fin de la grossesse. C'est le cas pour des saignements, en cas de fausse couche lors d'une grossesse antérieure et d'une nouvelle menace, lors des trois premiers mois d'une grossesse multiple, si le placenta est devant le col de l'utérus, en cas de tendance aux contractions précoces, d'ouverture prématurée du col, enfin si la poche amniotique s'est fissurée.

Témoignage

Sibylle (33 ans), diplômée en gestion d'entreprise, élève seule son fils Carlos (2 ans). A ce moment, elle est enceinte de 32 semaines.

Deux grossesses vécues différemment

Je suis dans la 32e semaine et mon ventre est aussi gros qu'au moment d'accoucher lors de ma première grossesse. Il est aussi différent : il est – à ce qu'on dit – celui d'une femme qui attend un garçon : en pointe vers l'avant. Lorsque j'étais enceinte de Carlos, j'étais ronde de partout : cela laissait présager, en fait, une fille… La première grossesse m'avait paru moins pénible. Je pouvais prendre davantage soin de moi, faire des pauses quand c'était nécessaire. J'ai maintenant un enfant qui a besoin de moi.

En fait, je me sens plus enceinte cette fois-ci que la précédente. Tout devient vite encombrant. Durant la première grossesse, je pouvais davantage me reposer. Maintenant, Carlos me fait trotter : je dois le porter, le distraire, et cela m'épuise. Je ne suis plus en aussi bonne forme que la première fois.

Je vis aussi la grossesse de façon complètement différente. D'abord, j'ai moins le temps de m'occuper de mon ventre. Au premier enfant, tout est nouveau : on dévore chaque livre, on guette chaque semaine le ventre qui grossit. Cette fois, je me surprends parfois à me demander à quelle semaine j'en suis. Cela passe si vite. Parfois, j'ai l'impression que la grossesse passe à côté de moi. J'ai soudain mauvaise conscience et je pense : « Tu ne t'occupes même pas de l'enfant que tu portes… Tout tourne autour de ton fils déjà né ». La raison en est que je sais ce qui m'attend, du moins à peu près… Je pense aussi que le bébé attire l'attention sur lui : il donne, par exemple, davantage

de coups de pied que Carlos. C'est une façon de me signaler sa présence : coucou ! Je suis là moi aussi, dans ton ventre !

Questions, préoccupations

♂ *« Est-il vrai que le risque d'avoir un enfant atteint de trisomie 21 est plus élevé lorsque les parents totalisent à eux deux plus de 70 ans ? »*

Cette idée n'est pas recevable : cette croyance est en effet dépassée. Seul l'âge de la mère est déterminant pour ce qui concerne les anomalies chromosomiques.

♀ *« Quand le médecin réalise-t-il la biopsie du trophobalste par le vagin ? »*

Cela ne se fait plus. A l'origine, on adoptait la méthode transcervicale, en passant par le col de l'utérus. Elle est cependant dépassée depuis longtemps, le taux de fausses couches étant plus élevé que lorsqu'une biopsie transabdominale est effectuée, en traversant le haut du ventre.

♀ *« L'idée que mon ventre soit perforé avec une aiguille m'effraie. Est-il possible qu'il soit endormi avant ? »*

Une piqûre est une piqûre, cela ne dépend pas de la longueur de l'aiguille, mais de son épaisseur. Les aiguilles de ponction ont un diamètre extérieur de 0,7 à 0,8 millimètre. Seule la touffe recouvrant l'utérus est responsable de ce sentiment désagréable. Or cette partie-là ne peut être endormie. Le but est de minimiser au maximum cette intervention et de ne pas devoir piquer deux fois dans le ventre, une fois avec une seringue pour anesthésier et la deuxième pour piquer avec l'aiguille de ponction. On renonce à l'anesthésie, vu qu'elle ne présente aucun avantage.

♀ *« La ponction est-elle douloureuse ? Quelles douleurs ressent-on à ce moment-là ? »*

Les femmes subissant une biopsie du trophoblaste ou un prélèvement du liquide amniotique ont bien sûr des vécus très différents. Certaines parlent d'une piqûre inoffensive, durant un peu plus longtemps que pour un prélèvement sanguin. D'autres éprouvent une douleur intense, comparable à celle ressentie lors d'un percement d'oreille. D'autres encore disent que c'était plus que désagréable...

♀ *« J'attends des jumeaux et aimerais effectuer une amniocentèse. Le diagnosticien prénatal passera-t-il par deux piqûres ? »*

Si c'est possible, non : le but est d'intervenir le moins possible dans la zone du ventre. Normalement, le médecin ne pique qu'une seule fois dans celui-ci, puis à l'intérieur de la deuxième poche amniotique. Quoi qu'il en soit, du liquide amniotique doit être prélevé dans les deux poches. En tout cas, les méthodes d'examens invasifs ne changent pas et il n'existe aucun risque de complication supplémentaire.

♂ *« Quand peut-on quitter l'hôpital avec un enfant qui est né prématuré ? »*

La tendance sur ce point est à la flexibilité. Pédiatres et infirmières observent l'évolution du bébé. Boit-il bien ? Ses fonctions vitales sont-elles stables (systèmes cardiovasculaire, respiratoire, métabolisme) ? Il est aussi important d'observer comment les parents s'en sortent avec le bébé. Les enfants prématurés peuvent rarement quitter l'hôpital avant la fin de la 36e semaine de grossesse, quand le poids n'est plus aussi déterminant. De nos jours, ce n'est plus seulement le poids qui sera décisif : les bébés pesant moins de 2 500 grammes peuvent ainsi rentrer à la maison, s'ils sont en bonne santé, et si les parents se sentent sûrs d'eux.

♀ *« Comment dois-je me comporter avec un cerclage ? Puis-je avoir des rapports sexuels ? »*

Normalement, le reste de la grossesse devrait se dérouler sans incident. Il faut cependant se ménager et s'accorder davantage de repos : éviter de rester trop longtemps debout, ne pas se surmener, ne pas soulever de poids trop lourd et renoncer au sport. Dans de nombreux cas, il est recommandé d'éviter tout rapport sexuel.

♂ *« Comment le médecin peut-il savoir si les poumons sont terminés, en cas d'accouchement prématuré ? »*

Il ne peut pas le savoir. En général, les poumons ne sont pas autonomes avant la 34e semaine. S'il y a risque d'accouchement prématuré avant cette période, il faudra tenter de repousser les contractions de 24 à 36 heures et une injection de cortisone sera effectuée, par intraveineuse ou dans les fesses. En effet, la cortisone accélère le processus de maturité des poumons et atténue les problèmes de respiration après la naissance.

♀ *« A ma première grossesse, j'ai eu une toxémie gravidique. Le risque est-il le même, pour la deuxième ? »*

Le risque est plus élevé. Si vous avez déjà eu une toxémie gravidique, il est recommandé de vous ménager pendant la grossesse qui suit. Durant ces mois, tout stress devra être évité. Faites-vous prendre en charge le plus possible en associant votre partenaire. Recourir à une aide ménagère serait opportun. Enfin, veillez, dès le début, à adopter une alimentation saine.

♀ *« Je souffre d'œdème dans les jambes. Que puis-je boire ? »*

Les tisanes de millepertuis, d'ortie blanche, d'alchémille, de feuilles de framboisier, de mélisse, d'achillée et de prêle des champs ont fait leurs preuves. Essayez de boire deux à trois tasses de tisane par jour, dès le début de la grossesse.

♂ *« Quand un vaccin anti-D a-t-il encore du sens ? »*

Voici les raisons pour lesquelles est fait un vaccin anti-D (voir page 112) :

➤ saignements après une fausse couche ou une ponction (amniocentèse par exemple)

➤ contractions persistantes et fortes avant terme

➤ violent coup sur le ventre lors d'un accident, par exemple.

Dans tous ces cas, l'immunoglobuline est injectée dans les 72 heures.

Belle et en bonne santé

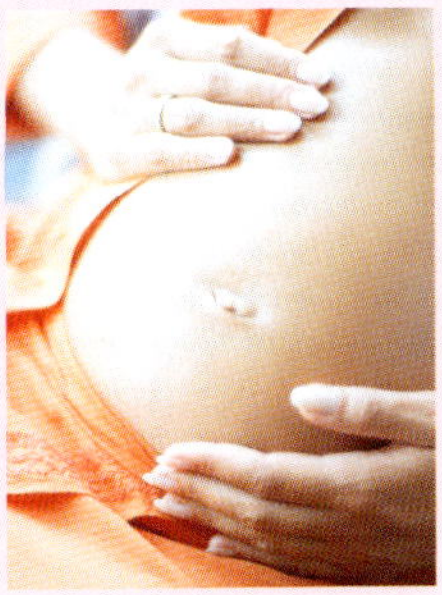

Belle et en bonne santé : ces impératifs devraient être inscrits en lettres capitales pendant toute la grossesse. Le corps en effet très sollicité à ce moment-là a besoin de soins particuliers, à l'intérieur comme à l'extérieur : en adoptant une alimentation saine, et en se massant les seins, le ventre et les jambes avec des crèmes adaptées.

L'alimentation qui convient à la mère et à l'enfant

De nombreuses femmes enceintes s'accordent sur un point : grossir est une réelle délectation s'accomplissant sans scrupule. Adieu la cure de concombres : « être au régime », rentrer le ventre, faire attention à sa ligne : cela n'est plus d'actualité. En revanche, ouvrir une ceinture de pantalon devient un geste qui ne dérange plus. Cela dit, bien se nourrir, pendant cette période, est fondamental.

Autorisé : grossir, sans scrupules

Pendant la grossesse, le bébé puise dans le système sanguin maternel tout ce dont il a besoin. Il pompe donc dans ses réserves d'énergie et de substances nutritives.
En fait, une femme enceinte devrait manger pour deux, mais pas le double de la quantité. Si le besoin en énergie, durant les premiers mois, n'augmente quasiment pas, il est un peu plus élevé à partir du quatrième mois, de 200 à 300 kilocalories. Cela correspond à un demi verre de lait, un petit pain beurré ou à deux barres de chocolat. En revanche, le besoin en vitamines, minéraux et oligoéléments augmente énormément : ils sont vitaux. D'après les recommandations officielles de la société chargée d'études sur la nutrition, une femme enceinte nécessite environ 2 200 kilocalories par jour.

L'idéal de beauté face au ventre

Depuis des décennies, le modèle de beauté moderne voulait que seules les femmes minces, à la taille fine, soient attirantes. N'attire-t-on donc pas en cas d'embonpoint ? Il a déjà été dit que certaines femmes n'acceptent pas les rondeurs, même en étant enceintes. Nombreuses sont celles considérant la phase intermédiaire comme désagréable, quand le fait d'être enceinte n'est pas encore visible, même si le pantalon ne se ferme plus. Malheureusement, sages-femmes et gynécologues voient fréquemment des femmes enceintes venir les consulter, prises de panique à l'idée d'avoir grossi, comparativement à leur stade de grossesse. Partout, elles entendent et lisent qu'il est « normal » de prendre entre dix et quinze kg pendant la grossesse ; en conséquence, tout écart paraît « hors norme » et est donc inquiétant.

De combien de kilogrammes dois-je grossir ?

C'est peut-être la question que vous vous posez… Cela dépend de plusieurs facteurs : corpulence (êtes-vous de nature très élancée ou plutôt rondelette, de forte carrure ou plutôt chétive ?), taille et masse graisseuse. Une femme plutôt mince avant la grossesse peut s'étoffer de 18 à 20 kg, alors qu'une personne corpulente ne prendra parfois que 7 kg et mettra au monde un beau bébé de 4 kg.

Il est plus important d'observer l'évolution de la prise de poids que les kilogrammes en eux-mêmes. Les écarts infimes sont en fait acceptables. Si vous observez une augmentation massive, en l'espace de quelques jours, cela peut être le signe d'une maladie liée à la grossesse (toxémie gravidique). C'est pourquoi le médecin traitant impose la pesée lors de chaque visite.
Celui qui précédait la grossesse doit avoir été noté. Il est possible de savoir, approximativement si ce poids est « normal », au-dessus ou en dessous de la norme, en consultant un tableau de l'indice de masse corporelle (IMC).

Il se calcule comme suit :

$$IMC = \frac{\text{poids du corps (kg)}}{\text{hauteur du corps (m)}^2}$$

Si la valeur est inférieure à 19 :
le poids est insuffisant.
Si la valeur se situe entre 19 et 24 :
le poids est normal.
Si la valeur se situe entre 25 et 30 :
vous êtes en surpoids.
Si la valeur dépasse 30 :
vous pesez beaucoup trop.

A chaque fois que vous montez sur la balance, le suspense monte : quel est le nouveau poids ? Ne devenez pas esclave de la balance.

Important : Il faut noter que ces chiffres ne concernent que le poids durant la grossesse.

Des raisons médicales expliquent que l'indication et le contrôle du poids sont si importants, durant la grossesse. Le risque d'accouchement prématuré est plus élevé, en cas de poids et de prise de poids insuffisants. Par conséquent, le bébé peut venir au monde en pesant trop peu, avec un mauvais capital de départ. En revanche, l'excès de poids peut facilement s'accompagner d'hypertension ou d'un taux de glycémie trop élevé. Il peut aussi entraîner des complications.

Les femmes ayant trop grossi ne doivent surtout pas commencer un régime amaigrissant durant leur grossesse. La grossesse n'est pas propice pour se débarrasser de l'excédent de graisses : manger peu, c'est aussi absorber moins de matières nutritives. En revanche, il faut veiller, dès le début, à avoir une alimentation saine.

Ce qui importe, est la qualité de la nourriture, et non pas la quantité. A chaque kilogramme de graisse éliminé, le corps libère des substances toxiques et des résidus qui sont nuisibles au bébé. Consulter un livre traitant de l'alimentation ou un nutritionniste sera précieux, pour qui ignore comment se nourrir durant les mois à venir. La sage-femme ou le gynécologue sauront donner des adresses utiles ou prescrire un rendez-vous.

La bonne alimentation pour la mère et l'enfant

En fait, cela vaut pour tout le monde, et plus particulièrement pendant la grossesse : c'est la qualité, comme nous l'avons dit, qui prime sur la quantité. Le mot magique est : une montagne de substances nutritives. Cela signifie que dans le programme nutritionnel quotidien, devront être intégrés des aliments riches en matières nutritives, mais ne livrant que très peu d'énergie (calories).

Il est donc nécessaire de surveiller le contenu de l'alimentation. Plus les aliments contiennent des substances nutritives, plus ils sont sains. « Il ne faut pas manger plus, mais mieux » : c'est là une règle de base. Les fruits et les légumes, par exemple, sont riches de ces

CONSEIL | MATIERES NUTRITIVES

- **Calories et Joule** permettent de mesurer l'énergie. Si officiellement, l'unité de mesure se nomme joule, au quotidien, l'appellation « calorie » prévaut. La notion de kilocalorie doit être prise au sérieux (kcal). La quantité de chaleur nécessaire au corps pour brûler les substances nutritives, hydrates de carbone, graisses et protéines, se nomme énergie.
- **Important :** Il ne faut pas confondre calories et matières nutritives.

Boire abondamment, deux à trois litres par jour, est important. Le corps a besoin de liquide, notamment pour augmenter le volume de sang et pour renouveler le liquide amniotique.

substances. Il existe deux catégories de substances nutritives : les macro et les microsubstances.

Les macrosubstances

On relève, parmi elles, les glucides (ou hydrates de carbone), les protéines et la graisse, existant en grande quantité dans notre alimentation. Une nourriture équilibrée en garantit une quantité suffisante, également durant toute la grossesse.

Les glucides

Ils sont la source d'énergie principale et livrent le combustible nécessaire à tout le travail des muscles et du cerveau. 1 gramme de glucides livre environ 4 kcal. D'un point de vue chimique, les glucides sont une liaison de carbone, d'eau et d'oxygène ; ils sont formés dans les plantes. Le sucre est par exemple un glucide. En effet, même le simple sucre cristallisé tombe dans cette catégorie, tout comme le sucre de canne, le fructose et le glucose. Leur avantage : comme ils ne doivent plus être dissociés, ils sont directement disponibles comme énergie pour l'organisme. Leur désavantage : ils ne rassasient pas et font grimper très rapidement le taux de sucre dans le sang. Dès que le sucre n'est plus assimilé dans le sang, le taux de sucre chute de façon toute aussi rapide, déclenchant une nouvelle envie de sucreries.

Par ailleurs, il y a des glucides de haute qualité : la fécule (pommes de terre, fruits et pain) et le cellulose (fibres) par exemple en font partie. Ces glucides de haute qualité se composent de diverses molécules de sucre que le corps doit décomposer lentement avant de pouvoir les utiliser. Pour cela, il a besoin de temps. Un repas de glucides de haute valeur rassasie donc plus longtemps. Les produits alimentaires aux glucides complexes ont la plus haute densité en nutriments, car ils livrent en même temps d'autres substances vitales, comme les vitamines et les minéraux.

Comme un bébé prend beaucoup d'énergie, les femmes enceintes ont un besoin plus grand en glucides de haute qualité. Essayez de limiter votre consommation de sucres simples, et couvrez vos besoins en céréales, pommes de terre, fruits et légumes.

INFO | GLUCIDES

- **Aliments renfermant des glucides de haute qualité :** la farine de blé complet, le pain complet, les biscottes, les flocons d'avoine, les pommes de terre (pelées), le riz, les pâtes complètes, les légumes, les fruits et les légumes secs.

- **Aliments renfermant des glucides de faible qualité :** le sucre, la limonade, le coca, le chocolat, la confiture, les produits à base de farine blanche, la glace.

L'Homme, cet être merveilleux ! Une grossesse fait vivre d'envoûtants moments ; chaque instant est unique et irréversible…

Les fibres – réellement indispensables !

Les fibres appartiennent à la catégorie des glucides (ou hydrates de carbone). Sans elles, la vie ne serait pas facile à digérer. Les fibres sont toutes les composantes de plantes ne pouvant être éliminées par les enzymes. Ainsi, elles ne sont pas triées, mais rejetées par le corps. L'avantage est que ces matières végétales s'épanouissent dans les organes de digestion et remplissent l'estomac, permettant une plus longue satiété. Important : il faut savoir que les viandes, le poisson ou les produits laitiers ne renferment pas de fibres. Elles sont en revanche présentes en quantité dans les aliments complets, les légumes secs, les pommes de terre, les fruits et légumes, et les noix.

Protéines

Les protéines, essentielles dans le processus de fabrication des cellules, favorisent la construction du matériel cellulaire et sont responsables de toute la croissance de l'organisme. De la même façon que les glucides, 1 gramme de protéines fournit 4 kilocalories. Celles de notre alimentation se composent d'énormes molécules devant être diffusées dans tout le corps, sous la forme de plus petites appelées les acides aminés. De cette façon, l'organisme peut recycler les protéines et ainsi fabriquer ses propres protides. Le corps peut fabriquer lui-même de nombreux acides aminés, sauf huit (dix chez les enfants). Ils sont essentiels, totalement vitaux et doivent obligatoirement être apportés par la nourriture.

« Rien que du bon dans les intestins » ; ils ont besoin d'une alimentation riche en fibres, en fruits et légumes et en céréales. C'est elle qui leur donne du tonus.

Sans protéines, pas de cellules. Elles sont la pierre d'édifice de la construction cellulaire, portant la responsabilité de la croissance de tout être.

Voici les protéines essentielles : isoleucine, leucine, lysine, méthionine, phénylalanine, thréonine, tryptophane, valine, arginine et histidine. Il faut savoir que les enfants ne peuvent pas fabriquer eux-mêmes les deux dernières.

Des protéines se rencontrent dans les productions animales comme le fromage blanc, le lait, la viande et le poisson, et aussi dans l'alimentation végétale, par exemple, dans les légumes secs (le soja), les pommes de terre et les céréales. Les protéines animales correspondent davantage à celles de notre corps et peuvent être mieux recyclées par l'organisme. Le rapport 1 sur 2 (animal/végétal) est le meilleur. Grâce à cette association, le taux de protides est ainsi décuplé. A partir du quatrième mois, 10 grammes de plus qu'avant la grossesse sont nécessaires, c'est-à-dire 60 grammes par jour. En général, cet apport est moins problématique, comme nous absorbons plus de protéines que nécessaire. Il est toutefois fondamental, lors de la grossesse, de veiller au bon rapport entre les protéines animales et végétales. En programmant le repas, il faut combiner les deux sources, pour soi et pour le bébé.

CONSEIL | BIEN ASSOCIER

Il est recommandé d'associer les protéines suivantes, qui possèdent une haute teneur biologique présente, par exemple, dans :

- **Les pommes de terre et les œufs :** pommes de terre (pelées) accompagnées d'œufs sur le plat
- **Les pommes de terre et les produits laitiers :** pommes de terre (pelées) accompagnées de fromage blanc aux herbes
- **Les céréales et le lait :** le muesli ou le riz au lait
- **Les céréales et les produits laitiers :** le pain complet accompagné de fromage ou de fromage blanc
- **Les fruits secs et les céréales :** de la soupe aux lentilles avec du pain, ou du riz avec du tofu.

Les lipides (ou graisses)

Les lipides se composent de glycérine et d'acides gras, et sont classés dans différentes catégories, en fonction de leurs propriétés chimiques. Les critères sont la longueur de leur chaîne (courte, moyenne, ou longue), et le nombre de leurs combinaisons (saturées, simples ou « polyinsaturées »). Les lipides ont d'importantes répercussions sur l'organisme, car ils aident à la construction des parois cellulaires, maintiennent l'élasticité des organes, isolent le corps du froid et le protègent des fortes chaleurs.

Les lipides sont importants, car ils livrent les vitamines liposolubles A, D, E et K et favorisent leur exploitation. Ils procurent aussi de l'énergie : 1 gramme fournit 9 kilocalories, c'est-à-dire plus de deux fois plus qu'un gramme de glucides ou de protéines. Cependant, toutes les graisses ne sont pas bonnes pour la santé.

En général, la qualité des lipides est fondamentale pendant la grossesse. Les acides gras sont vitaux pour le bon développement du cerveau du bébé, pour ses facultés visuelles et son système nerveux. Notre organisme ne peut toutefois pas produire seul ces acides gras qu'il faut aller puiser dans l'alimentation. Ils existent en abondance dans les huiles végétales de première pression et dans les margarines végétales riches, mais aussi dans les poissons de mer tels que le hareng, le maquereau ou le saumon. Les céréales, les graines, les noix et les amandes contiennent aussi des acides gras favorables pour la santé. En revanche, les graisses animales comme le saindoux, le beurre et le lardon sont constituées, pour l'essentiel, d'acides gras saturés très pauvres pour la santé.

Ces calories, pour 30 %, devraient être issues des graisses : cela correspond à environ 65 grammes par jour. A partir du quatrième mois de grossesse, le besoin augmente et passe à 80 grammes. Cette quantité est très vite atteinte. La consommation de graisses doit donc être rigoureusement surveillée et les graisses végétales seront privilégiées. Inutile de renoncer au beurre sur le petit pain, car consommé modérément, il contient quelques éléments importants provenant du lait. Le gras est, par ailleurs, naturel et s'il est utilisé raisonnablement, c'est un rehausseur de goût.

CONSEIL | QUALITE DES GRAISSES

- **Graisses recommandées :** les huiles végétales telles que l'huile de tournesol, de chardon, de soja et de maïs, les margarines végétales, le poisson de mer, en particulier le saumon.
- **Les graisses suivantes sont moins conseillées :** saucisses (saucisson, boudin, pâté), fromages très gras (à fort pourcentage en matières grasses), biscuits, chocolat et aliments frits (frites, chips, calamars).

Témoignage

Nadine (28 ans), nutritionniste, partenaire de Thomas (31 ans). A ce moment, Nadine est enceinte de 38 semaines.

Au début, j'avais une faim de loup

Certaines femmes éprouvent des nausées au début de la grossesse, moi j'avais une faim de loup. Et comment ! Cela a commencé deux à trois semaines après la fécondation. Quand j'allais faire des courses, par exemple, j'achetais toujours trop, à tel point que je ne pouvais plus ranger mes achats dans mes sacs, et que j'étais obligée de prendre un chariot. Il était si plein que je devais le pousser jusque chez moi. Je choisissais toujours ce qui me plaisait le plus : oignons grelot, cornichons aux herbes et poisson. J'adorais le poisson. Ce que j'aimais par-dessus tout, c'était le maquereau entier fumé sous vide. Mon envie était toujours insatiable. Cela dit, je n'en avais jamais mangé auparavant. Un jour que j'étais sur le chemin du retour, je n'ai pu retenir mon envie de maquereau : à cent mètres de la porte de la maison, j'ai déchiré l'emballage plastifié avec les dents. Je ne me suis pas reconnue. J'ai suivi des cours d'enseignement ménager et diététique, l'intitulé du sujet de mémoire de maîtrise étant : « le comportement des femmes enceintes face à l'alimentation, vu par des gynécologues. »

Je conseille des femmes depuis des années. Et que m'arrive-t-il ? Me voilà enceinte, et je ne contrôle presque plus rien. Un autre exemple concerne les œufs. En temps normal, je ne les aime pas particulièrement. Or au début, je pouvais ingurgiter six œufs brouillés aux lardons au petit déjeuner ! J'en ai mangé, pendant ces semaines-là, autant qu'en 25 ans.
Il en va de même pour la viande, ou plus précisément, le gras de viande. A chaque fois que des grillades de porc étaient proposées au restaurant, presque tous les jours, je me régalais à déchiqueter le gras entre la croûte et la viande et à le manger. Rien d'étonnant si j'ai pris 12 kg durant les quatre premiers mois de grossesse. Pourtant, je ne me suis jamais fait de souci pour mon comportement alimentaire. Mon corps me signalait probablement un besoin urgent, en matières nutritives. Aujourd'hui, je ris de mes envies de maquereau, d'œufs et de gras.

Les matières nutritives micro-alimentaires

Appartiennent à ce groupe les vitamines, les minéraux et les matières végétales secondaires, ne brûlant pas d'énergie et ne livrant donc aucune calorie.

Les vitamines

Pas de vie, donc, sans vitamines ! Leur nom à lui seul l'indique : dans « vitamine », il y a *vita*, qui vient du latin et signifie la vie ; quant à *amin*, c'est l'expression d'une connexion chimique. Elles ne peuvent que très partiellement être produites par l'organisme et se divisent en deux groupes.

Les vitamines solubles dans l'eau

Comme l'organisme évacue l'excédent de ces vitamines dans les urines, le corps ne peut être en surdosage. L'organisme ne pouvant les stocker, il faut lui en procurer constamment. Il s'agit du complexe de vitamine B (B1, B2, B3, B5, B6, B12 et l'acide folique), de la biotine et de la vitamine C.

Les vitamines liposolubles

Si elles ne sont vraiment efficaces que combinées à des graisses, elles peuvent, à elles seules, déclencher des fonctions. Contrairement aux vitamines solubles dans l'eau, l'organisme peut les stocker.

Les minéraux

Les minéraux sont des sels qui se logent dans chaque cellule du corps. Ils participent à la construction des os et des dents, renforcent les tissus conjonctifs, les muscles et assurent la robustesse des cellules sanguines et nerveuses. Ils se composent aussi de deux groupes.

Les éléments

Votre besoin journalier se compte en gramme. Se rencontrent, dans cette catégorie, le calcium, le phosphore, le potassium, le sodium, le magnésium, le chlore et le soufre.

Les oligoéléments

Ils ne font que laisser une trace dans le corps ; le besoin journalier se compte en milligramme. Il s'agit du fer, du zinc, du cuivre, du sélénium, du manganèse, de l'iode, du chrome, du cobalt, du fluor et du molybdène.

Les matières végétales secondaires

Comme leur nom l'indique, ces matières, issues exclusivement des plantes, agissent, par exemple, comme matières colorantes ou substances amères et participent à de nombreux processus du métabolisme. Elles permettent de mettre en attente et de nettoyer, de réparer des substances héréditaires endommagées et mettent les substances cancérigènes en échec. A ce groupe appartiennent la carotène (matière souvent orangée, jaunâtre présente dans les carottes, le poivron ou les abricots), la phytostérine (ennemi végétal du cholestérol), la saponine (substance végétale amère), les polyphénoles (matière végétale colorante) et les phyto-oestrogènes (hormones végétales).

Les légumes sont des aliments idéaux, pauvres en calories, riches en fibres et en couleurs. Plus leur couleur est prononcée, meilleurs ils sont pour la santé.

Carence en matières nutritives

En général, les femmes enceintes ont un besoin plus élevé en vitamines et en minéraux. S'ils viennent à manquer, le risque de complications chez la mère et l'enfant existe. Rien à craindre, si est adoptée une alimentation équilibrée et saine, comportant suffisamment de matières nutritives. Le besoin de certaines, issues de la micro-alimentation est parfois loin d'être atteint.

L'acide folique

Une femme enceinte a besoin de cette vitamine en double quantité. L'acide folique appartient à la catégorie des vitamines B. Il participe à la division cellulaire de même qu'à la constitution du sang et il favorise le développement du cerveau. Si une femme enceinte en manque, elle est exténuée, voire abattue. Si la carence ne fait qu'augmenter, dans des cas extrêmes, une malformation du bébé peut en être la conséquence : il naîtra avec un *spina bifida*, le tube neuronal n'étant pas fermé. Ainsi faut-il apporter au corps suffisamment d'acide folique, notamment durant la période embryonnaire. Pour optimiser, certaines femmes surveillent déjà leur apport avant la grossesse. De nombreux médecins prescrivent d'ailleurs à leurs patientes enceintes des préparations qui en sont riches. Les aliments suivants le sont : légumes verts, levure de bière, germes de blé, pommes de terre, œufs, produits complets et viande.

INFO | BON A SAVOIR

- **Le besoin en acide folique** pendant la grossesse est de 600 µg par jour. Cette quantité s'obtient en consommant, par exemple, un œuf et 200 g d'épinards.
- **La chaleur** détruit les vitamines : les aliments peu cuits les préserveront.
- **L'apport en acide folique** est rapidement brûlé par l'organisme, notamment chez les jeunes femmes après la puberté, ou en cas de grossesses se succédant, de grossesse multiple, ou pour des femmes ayant des difficultés à s'alimenter.

INFO | BON A SAVOIR

- **Le besoin en vitamines D** pendant la grossesse est de 10 µg par jour. Cette quantité correspond, par exemple, à 40 g de hareng, 2 jaunes d'œufs ou 100 g de saumon.
- **S'aérer au moins** une demi-heure par jour est nécessaire, afin que le soleil caresse le visage et les mains : le corps produit alors la vitamine D.
- **On pourrait s'attendre** à ce que les individus manquent de vitamines D, puisque dans nos latitudes, le soleil brille peu. Les rayons directs du soleil ne sont pas une nécessité ; la lumière indirecte par un ciel couvert suffit pour provoquer la production de vitamine D. Sortir un peu plus longtemps pendant l'hiver est nécessaire.
- **Après une prise prolongée de contraceptif oral,** de nombreuses femmes ont une carence en vitamines D.
- **Le poisson grillé ou cuit à la poêle** perdant 95 % des vitamines, le faire cuire dans son propre jus est préférable.

La vitamine D (calciférol)

Cette « vitamine du soleil » est fabriquée sous la peau, grâce aux effets des rayons ultraviolets. La vitamine D est importante pour la construction des os, des dents et des cellules nerveuses, chez la mère aussi bien que chez l'enfant. Seul un « préstade » de la vitamine peut être produit par l'alimentation (provitamine). Associée à la lumière du soleil, elle se transforme en vitamine D.

Les aliments suivants contiennent quantité de « provitamine » D :
C'est le cas des poissons gras (maquereau, hareng, saumon, anguille, etc.), du foie, du jaune d'œuf, de la viande de porc, du lait de vache, du beurre, et de l'huile végétale.

La vitamine B6 (pyridoxine)

Elle permet l'absorption des protéines et participe à la fabrication du sang. C'est un facteur important, car le volume sanguin augmente d'au moins un litre, durant la grossesse. Une carence en vitamine B6 peut entraîner des nausées et de la rétention d'eau. Dans des cas extrêmes, le bébé peut souffrir de troubles du développement de la peau, des nerfs et des yeux.
Le besoin en vitamine B6 d'une femme enceinte est de 3 mg par jour. Cette quantité correspond par exemple à 130 g de saumon, 60 g de riz nature ou 80 g de haricots. Les experts l'appellent la star de l'alimentation crue : elle est soluble dans l'eau, et est sensible aux UV. Une bonne moitié de cette vitamine est perdue par la cuisson à l'eau ou à la poêle.

La vitamine B6 est abondante dans :
Le poisson, la viande, la levure et les

produits complets, les légumes verts, les haricots, les bananes, les noix et le soja.

Le fer

Deux tiers de cette substance minérale transportent sans relâche l'oxygène des poumons vers le sang et vers tous les organes, et en particulier le cerveau. Une carence en fer coupe ainsi le souffle à toutes les cellules, notamment celles du cerveau, ce qui peut porter préjudice à l'enfant. Les futures mamans souffrent de fatigue, de maux de tête, de troubles du sommeil, d'ongles cassants et, dans des cas extrêmes, d'anémie.

Le taux de fer figure dans le carnet de maternité. S'y repère le taux de l'hémoglobine, colorant sanguin, le fer en constituant un élément essentiel. L'approvisionnement en fer est parfait quand il se situe au-dessus de 12 %. L'apport doit être augmenté si le taux est inférieur à 11 %, car le bébé vit sur ces réserves en fer, durant les quatre premiers mois de grossesse. Si ce fer est présent aussi bien dans les viandes que dans les plantes, l'organisme absorbe mieux celui de la viande. A noter que les femmes végétariennes sont plus vite sujettes au manque de fer, cet oligoélément étant contenu essentiellement dans les produits animaux.

Le fer est abondant dans :

Le boudin, la viande, les œufs, les coquillages, le blé complet, les légumes secs, la levure de bière, les abricots, les graines de lin, le pavot.

INFO | BON A SAVOIR

- **Le besoin en fer** pendant la grossesse est de 30 mg par jour. En cas de difficulté à en trouver assez dans la nourriture, d'excellents compléments sont disponibles en pharmacie ou dans des magasins diététiques : jus extraits de plantes aromatiques.
- **Important :** Les acides lactiques et ceux contenus dans les fruits, ainsi que la vitamine C, aident le corps à assimiler le fer. Quelques gouttes de citron seront versées sur la viande ou dans l'assaisonnement des salades et des fruits seront mêlés au muesli. Les légumes aiment aussi les agrumes.
- **De nombreux médecins** prescrivent des préparations à base de fer, en oubliant qu'elles constipent. Il est préférable d'aller le chercher dans l'alimentation.
- **Tanin :** le thé noir, le café et le vin rouge sont riches en tanin qui freinent l'assimilation du fer. Ajouter du jus de citron, par exemple, pour compenser.
- **Les alginates** entrent dans la constitution des sauces (liants), des puddings en sachets, des glaces et des produits instantanés. Ils freinent l'assimilation du fer, comme le fait l'acide oxalique dans la rhubarbe ou les épinards.

La légende des épinards

Les épinards ne procurent pas tant de fer que ce qu'en pense Popeye. Naguère, ce légume à feuille verte figurait en tête de liste des aliments riches en fer. On sait depuis longtemps qu'une erreur de virgule avait échappé aux spécialistes.

L'iode

Un manque d'iode est problématique en temps normal, mais cela l'est davantage pour une femme enceinte. Une carence de cet oligoélément peut ainsi nuire gravement au développement corporel et intellectuel du bébé. Pourquoi ? Les hormones de la glande thyroïde régulent en effet l'énergie du corps et aident le métabolisme des lipides et des protéines. Par ailleurs, elles sont responsables de la croissance, et ont besoin d'iode pour se transporter. En cas de carence en iode, la glande thyroïde réagit en grossissant, un goitre thyroïdien se formant. En cas d'extrême carence, le bébé peut même naître avec celui-là.

De nombreux médecins prescrivent donc, à titre préventif, une préparation à base d'iode.

L'iode est abondant dans :

Tout ce qui vient de la mer (poissons, fruits de mer, crustacés, coquillages, algues), les produits laitiers, et ceux enrichis en iode : le sel, le pain, le fromage.

INFO | BON A SAVOIR

- **Le besoin en iode** de la femme enceinte est de 230 µg par jour. Cette quantité est contenue dans 150 g de harengs séchés.
- **Choisissez** des produits iodés. Demandez, par exemple, au boulanger ou au boucher s'ils utilisent du sel marin.
- **Avoir un excédent d'iode** est sans gravité, car le corps l'éliminera de lui-même.

Les bébés font bonne chair du poisson : il est facile à digérer, fournit une haute teneur en protéines et, selon les espèces, contient une grande quantité d'acides gras favorisant l'intelligence.

Le magnésium

Le magnésium est un minéral important, participant à chaque fonction de l'organisme. Il régule plus de 300 enzymes et donc les battements de cœur, la formation osseuse et même la glycémie.

Associé au calcium, à la vitamine D et au phosphore, ce minéral est la pierre d'édifice de la formation osseuse et dentaire. Il est vital, car il fournit des impulsions nerveuses et favorise aussi la détente des muscles.

Une carence en magnésium est très remarquable, se manifestant par de nombreuses crampes aux mollets pendant la nuit, pouvant être extrêmement douloureuses. Cela résulte des troubles de circulation sanguine dans chacune des fibres musculaires et d'un changement du métabolisme dans les cellules musculaires. Les fourmillements dans les pieds et les mains peuvent être un signe de carence.

Un manque extrême de magnésium peut entraîner nervosité, troubles de la mémoire, hypersensibilité aux bruits et vertiges. Un tel manque peut aussi provoquer des contractions prématurées chez la femme enceinte, souvent aux alentours de la trentième semaine de grossesse : toute la musculature de l'utérus se crampe. Dans ce cas, il est recommandé de consommer immédiatement des aliments riches en magnésium. Si cela ne s'apaise pas deux jours plus tard, il faut consulter le médecin qui prescrira une préparation à base de magnésium.

Le magnésium est abondant dans :
Les aliments complets, la levure de bière, les germes de blé, les noix et les amandes, les châtaignes, les légumes secs, les produits laitiers, les algues, les fruits secs, les bananes et les légumes verts. Il est aussi présent en grande quantité dans le cacao, le maïs, les flocons de son, les figues et les poires, le poisson et les coquillages.

INFO | BON A SAVOIR

- **Le besoin en magnésium** pendant la grossesse est de 300 mg par jour. Cette quantité est présente dans 2 bananes, 100 g de petits pois ou 50 g de haricots, 110 g de noix de cajou ou 180 g d'amandes.
- **Aux premiers signes de** crampes dans les mollets, il faut croquer quelques amandes ou manger une banane, le soir avant d'aller au lit. Elles sont, l'une comme l'autre, naturellement riches en magnésium.
- **Certaines eaux minérales** sont elles aussi très riches en magnésium. Choisissez plutôt des eaux hyposodées (moins de 20 mg par litre).
- **Ce qui fait baisser** le taux de magnésium sont l'alcool, freinant son assimilation, les laxatifs, l'effort physique, la sueur.

Le calcium

Il est présent à 99 % dans les os et les dents, ce qui est déjà significatif. Une femme enceinte doit donc surveiller son apport en calcium afin de consolider les os et les dents du bébé, et pour que ce dernier n'épuise pas toutes ses réserves en calcium. Une forte carence en calcium peut entraîner des crispations et une ossification insuffisante du squelette.

Le calcium est abondant dans :
Le lait et les produits laitiers, le brocoli, le chou vert, les épinards, le poireau et le fenouil, les coquillages, les sardines, le jaune d'œuf, les noix, les graines de tournesol, le sésame et les légumes secs (légumineuses).

INFO | BON A SAVOIR

- **Le besoin en calcium** pendant la grossesse est de 1,2 g par jour. Cette quantité est présente dans 150 g de lait, une tranche de fromage ou dans un yaourt et demi par exemple.
- **Le corps** peine à assimiler le calcium quand le repas contient de l'acide d'oxalate présent dans la rhubarbe, les épinards, le cacao.
- **Si vous n'aimez pas** ou supportez mal les produits laitiers, ils peuvent être compensés en buvant de l'eau minérale ou en mangeant des aliments riches en calcium, des jus de fruits, par exemple.

Hydratation

L'être humain devrait boire, quotidiennement, deux à trois litres par jour, indépendamment de la grossesse. Cette quantité optimale est très rarement atteinte. Une femme enceinte devrait absorber au minimum deux litres de liquide par jour, le reste étant couvert par l'alimentation. Cette quantité est très importante pour que la circulation sanguine, les reins et la vessie fonctionnent à 100 %. Elle stimule aussi l'ensemble du métabolisme et facilite la digestion, qui durant ces mois, est assez problématique. Une bonne hydratation est enfin indispensable pour ravitailler le liquide amniotique et fournir ainsi un apport suffisant au bébé.

Voici les boissons recommandées : l'eau minérale, les jus de fruits à l'eau gazeuse, les tisanes et les thés aux fruits sans sucre. L'eau du robinet issue de tuyauteries sans plomb, le lait, le babeurre, les milk-shakes faits à la maison et les jus de légumes.

Ne sont pas recommandés, en revanche, les jus et les nectars de fruits, la limonade et le coca qui contiennent beaucoup de sucre, la bière, le vin ou le champagne contenant de l'alcool.
Vu que les grains de café renferment 1,5 % de caféine, il vaut mieux privilégier le décaféiné, avec moins de 1 % de caféine. En consommer deux à trois tasses par jour ne présentera aucun risque. Enfin, le thé vert offre une excellente alternative au café ou au thé noir.

L'eau minérale, de préférence plate, étanche la soif et comble le besoin en liquidité. Elle a double avantage : elle évacue les toxines et les déchets et flatte la beauté.

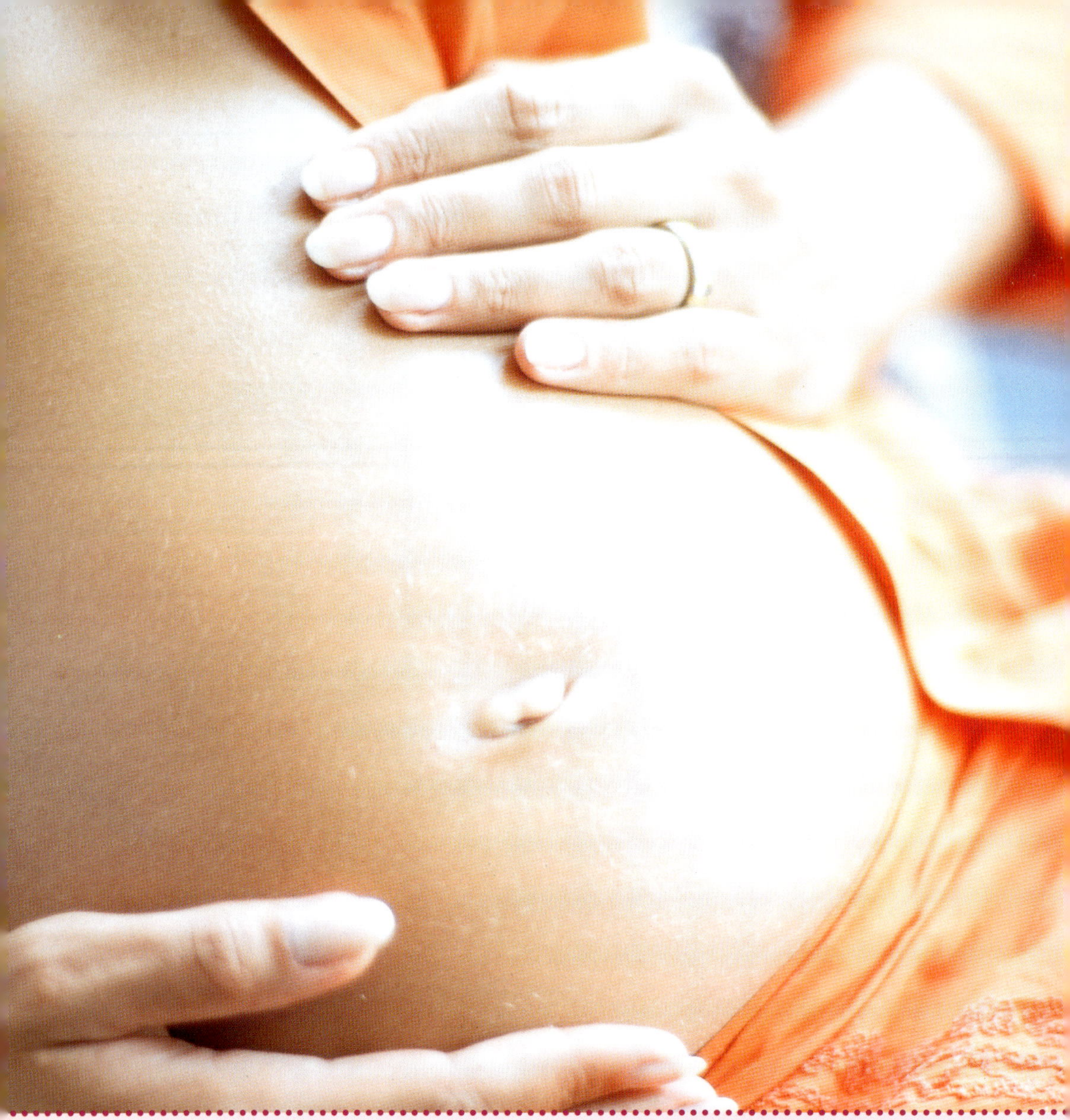

Belle, encore et toujours belle !

Ce n'est pas un hasard si les cadeaux des parfumeries sont décorés de jolis rubans et empaquetés avec amour. Ils contiennent souvent un produit précieux : une crème de soin du visage, un joli rouge à lèvres ou le parfum préféré. Quelle femme n'aime pas les produits de beauté ? Se faire du bien, c'est appliquer régulièrement des masques sur le visage, se prélasser dans un bain parfumé, et offrir aux cheveux des soins particuliers…

D'autres facteurs influencent la beauté : en premier lieu, la plénitude intérieure.

Naturellement belle

Le fait d'être enceinte ne doit pas entraîner à négliger son corps, bien au contraire. La femme qui prend le temps de se soigner gâte aussi son esprit. Et cela se voit, quand une femme se sent bien…

Les cheveux

De nombreuses femmes enceintes éprouvent un plaisir intense à s'occuper de leur tête : leur chevelure est plus dense et plus épaisse et a un aspect soyeux. En fait, les hormones de grossesse ralentissent la pousse ainsi que la chute. Les cheveux gras le seraient moins, les hormones ralentissant la production de sébum. Il en va, hélas, de même pour les cheveux secs, auxquels un soin tout particulier doit être accordé. Cela vaut aussi pour les cheveux abîmés, car les hormones ne font pas de miracle. N'hésitez pas à couper de quelques millimètres, toutes les quatre semaines, les cheveux dont les pointes sont abîmées, formant des fourches.

« Les petits ruisseaux font les grandes rivières » : ce vieil adage se prête bien à la situation : si les cheveux sont lavés avec une main pleine de shampooing, le cuir chevelu absorbe une quantité trop importante d'agents nettoyants actifs rendant le cheveu mou et lourd. Il faut ensuite bien rincer, deux minutes au minimum. Remplir une bouteille vide d'un tiers de shampooing doux et de deux tiers d'eau est une solution pour ne pas alourdir le cheveu. Pour une crème de rinçage, deux gouttes de la taille d'un petit pois suffisent. Une cure intensive sera faite toutes les deux semaines.

Comme tout va changer radicalement, du fait d'être enceinte, pourquoi ne pas changer non plus de coiffure ? Il faudra néanmoins se méfier des colorations et des permanentes, les effets étant parfois différents de ceux auxquels on est habitué. Choisir des pigments végétaux permet de ne pas prendre de risque. Il faut profiter de la belle chevelure très dense, car cela ne durera pas. Après la naissance, les cheveux tombent abondamment, le corps s'autorisant une petite période de repos. Cela rentre dans l'ordre par la suite.

Les cheveux de la future mère nécessitent des soins supplémentaires, les hormones les rendant encore plus secs.

C'est à ce moment que le teint de la femme enceinte paraît le plus transparent, les traits étant plus fins que jamais. La peau est cependant devenue plus sèche. Pour redonner une fraîcheur éclatante à la beauté, faire un peeling pour le visage et hydrater plus souvent la peau.

Le visage

Nombreux sont les futurs pères qui constatent que, pendant la grossesse, leur femme est magnifiquement belle. Peut-être la joie d'avoir un enfant laisse-t-elle transparaître sur leur visage une paix intérieure et leur donne-t-elle un teint rosé…

Les hormones en sont aussi responsables : les œstrogènes élargissent les vaisseaux sanguins, si bien que le sang circule plus facilement. Certaines petites rides viennent à disparaître vu que de l'eau est stockée dans les tissus et qu'elle rehausse les lignes de l'intérieur. Le résultat est édifiant : la peau est bien hydratée et ferme, le teint est rosé. Une chose est néanmoins frappante : les femmes qui combattent boutons et points noirs ont soudain une peau parfaite, et certaines qui, habituellement, ont la peau lisse, ont subitement des boutons. Les œstrogènes en sont responsables : d'un côté, ils incitent la séborrhée à produire des boutons et de l'autre, ils suppriment les impuretés. Voici « l'abc » pour garder une peau éclatante : nettoyez-la matin et soir en utilisant une mousse nettoyante spécialement adaptée pour le visage. Puis passez une lotion sur tout le visage et, pour terminer, appliquez votre crème habituelle de soin du visage.
Surveillez toujours la peau : si elle devient plus sèche ou qu'elle se tend, elle est certainement insuffisamment hydratée. Adopter des produits de soin plus riches est préférable. Durant les jours de fortes chaleurs, utiliser souvent un brumisateur d'eau thermale pour rafraîchir la peau est opportun : une seule pression suffit pour l'asperger de petites gouttelettes, et c'est pratique au bureau. Enfin, boire quotidiennement deux à trois litres d'eau minérale ou de thé non sucré.

Soins complémentaires

Votre peau sera reconnaissante si elle bénéficie d'un soin de massage complémentaire, sous la forme d'un peeling de beauté, par exemple, de préférence le soir, après nettoyage. Le peeling se fera sur le visage, le cou et le décolleté, et agira environ dix à quinze minutes. Il suffira d'ôter le masque à l'aide d'un tissu humide et de le nettoyer avec un gant mouillé. Après le peeling, il est précieux d'appliquer un masque régénérant à l'aloé vera ou à l'huile d'amande douce, par exemple.

CONSEIL | L'EAU EMBELLIT

- **L'eau** embellit, véritable fontaine de jouvence pour le visage. Faites régulièrement des compresses d'eau, ayant l'avantage d'avoir une double action. Froides, elles rafraîchissent et activent la circulation. Chaudes, elles sont apaisantes et assouplissent la peau. Il suffit d'un peu d'eau, d'une serviette éponge et de cinq minutes de son temps, pour en apprécier les effets revitalisants ou apaisants.

Les exercices de musculation de la poitrine, des épaules et du dos renforcent la fermeté des seins (se référer au conseil ci-contre).

La poitrine

Les seins, constitués de glandes logées dans les tissus adipeux, n'ont pas de muscles. Leur forme et leur galbe dépendent de l'élasticité de la peau entre le dessous de la poitrine et le menton, et aussi de la structure de la musculature entourant les seins. Ils doivent faire l'objet d'un soin particulier, comme le décolleté, et être fréquemment douchés, pour activer la circulation sanguine. Cette zone sera de temps en temps rafraîchie, en plongeant un gant dans l'eau froide à laquelle sera ajoutée un soupçon de vinaigre de cidre. Le gant sera légèrement essoré et appliqué sur la poitrine. Un peeling corporel sera fait chaque semaine. Une crème sera appliquée par de légers massages circulaires, en partant du dessous des seins pour remonter jusqu'au cou. Ces massages enlèvent les peaux mortes, raffermissent la peau, activent la circulation sanguine et stimulent les cellules. Il suffit ensuite de passer une lotion corporelle, pour nourrir, assouplir et raffermir les tissus. Il faut éviter d'appliquer de la crème sur les tétons, qui ne doivent ni se ramollir, ni s'assouplir (voir le conseil page 154).

CONSEIL | MUSCLER LES SEINS

- Mettre les coudes sur le côté, à hauteur des épaules, joindre les mains en prière et les appuyer, l'une contre l'autre. Maintenir la pression environ trente secondes et relâcher. Répéter l'exercice dix fois par jour.
- Etirer les bras au-dessus de la tête, les faire redescendre lentement sur les côtés, à hauteur de poitrine, en exerçant une forte résistance. A répéter dix fois par jour.
- Etendre les bras sur les côtés, au niveau de la poitrine. Effectuer des petits cercles, la paume des mains tournée vers le haut. Effectuer cinq tours vers l'avant et cinq autres vers l'arrière.

Témoignage

Thomas (31 ans) restaurateur, partenaire de Nadine (28 ans). A ce moment, Nadine est enceinte de 38 semaines.

C'est Thomas qui va bercer bébé…

C'est certain : quand ma femme voudra faire une nuit complète, je pourrai m'occuper aussi du bébé la nuit. Je pourrai, par exemple, lui donner le biberon, le changer, ou le porter, quand il a des flatulences. Pas régulièrement, mais de temps en temps, environ deux à trois fois par semaine. Cela par solidarité envers la mère, pour créer un certain équilibre. Nadine s'occupe en permanence du bébé toute la journée, et je crois que c'est la moindre des choses que d'apporter mon aide la nuit.

Avoir à changer les couches ne me dérange pas. Nous avions un chien âgé de vingt ans, qui, dans ses derniers jours, devait faire ses besoins toutes les trente minutes, et la nuit aussi. Je me suis occupé de lui sans rechigner, et cela s'est bien passé. L'idée de devoir me lever la nuit pour m'occuper du bébé ne me dérange pas.

Honnêtement, je le fais certes pour faire plaisir à la maman et au bébé, du moins j'espère, mais aussi pour moi. Il y a là une pointe d'égoïsme : si je vois que le bébé est satisfait et heureux, je le suis aussi. Cela a un effet boomerang : quand tout se combine à merveille, tout se passe de façon plus harmonieuse. C'est ainsi que je me représente la vie familiale.

Quand je m'éclipse et m'enferme dans mon travail, cela finit par coincer quelque part. Et si Nadine devait être la seule à s'occuper du bébé, cela coincerait aussi.

CONSEIL | A EVITER

- Se tamponner les mamelons avec de la teinture de sauge, de la calendula, du jus de citron ou de la lavande
- Les frotter avec une brosse à dents ou un gant de crin
- Les masser et les presser longtemps, pour extraire le lait
- Utiliser des glaçons

Préparation des seins à l'allaitement

L'allaitement d'un enfant met les seins à rude épreuve. Les glandes mammaires travaillent à plein régime pour produire le lait et pour en assurer le flux. Les mamelons sont aussi particulièrement malmenés, lorsque le bébé tète ou qu'il suçote.

Le discours dominant est que les femmes enceintes devraient endurcir leurs mamelons, en suivant quelques consignes spécifiques. Celles-ci doivent être suivies avec modération. La technique de durcissement, consistant, par exemple, à brosser les mamelons avec une brosse à dents, peut entraîner la formation de crevasses dans lesquelles se logent les bactéries. Cela déclenche de douloureuses inflammations des seins. Les techniques préconisant l'utilisation de teinture à base de sauge ou de jus de citron pour raffermir le mamelon risquent aussi de détruire le film acide de protection de l'épiderme si sensible.

Rendre service à la peau et la préparer en douceur aux tâches futures, revient à la laisser prendre l'air et le soleil. Ces deux éléments raffermissent les mamelons en douceur. Il est aussi bon, après la douche ou le bain, de les frotter à sec avec une serviette éponge et de mettre, de temps en temps, des compresses d'allaitement en laine dans le soutien-gorge.

Un allaitement efficace dépend de la force de succion du bébé, d'une bonne technique de mise au sein, du temps et de la tranquillité que la femme s'accorde. Mettre tous les atouts de son côté pour que l'allaitement se passe bien consiste à savourer, avec amour, cet instant privilégié de contact charnel unique avec le bébé.

INFO | BON A SAVOIR

- **Mamelons plats ou ombiliqués**
  On peut acheter chez le pharmacien des appareils qui font ressortir les mamelons plats ou ombiliqués. Ces coupelles de silicone d'environ 3 centimètres de diamètre exercent une pression légère sur le mamelon qui le fait, à la longue, ressortir. Si vos seins sont ombiliqués, commencez la préparation dans les trois derniers mois de la grossesse. L'idéal est de le faire 8 heures par jour. Mais soyez sans crainte, sous les vêtements, les coupelles sont invisibles.

Plus la grossesse est avancée, plus les seins sont sensibles. Accordez-leur un soin tout particulier avec des exercices de gymnastique, des douches en alternance chaudes et froides, des massages délicats, car ils seront bientôt très sollicités.

Les vergetures

En grandissant, le bébé transforme le ventre de la mère en grosse boule et met sa peau à rude épreuve. Lorsque la peau du ventre doit se détendre rapidement et beaucoup, elle peut se déchirer sous la première couche de l'épiderme. Des vergetures apparaissent, reconnaissables à leur couleur : ce sont de petits traits d'un rose bleuté, devenant ensuite légèrement brunâtres, et qui se localisent sur le ventre, les seins ou les hanches. Malheureusement, lorsque les vergetures sont là, la meilleure des crèmes ne pourra les faire disparaître. La prévention reste la seule stratégie.

Des massages quotidiens

Lorsque les endroits menacés sont massés quotidiennement à l'aide d'un gant de massage ou d'une éponge, la circulation du sang et l'élasticité des tissus conjonctifs sont favorisées. L'idéal est encore de masser délicatement le ventre avec une crème de gommage. Le peeling purifie, élimine les peaux mortes, favorise l'activité des cellules et prépare la peau à recevoir les huiles de soin ou les lotions régénérantes. Après un bain douchant, il faut simplement balayer l'eau du corps avec la main, mettre de l'huile de soin dans le creux de la paume et la répartir en mouvements circulaires sur la peau humide.

Le massage par pincements de la peau a fait ses preuves, en matière de prévention contre les vergetures. Il détend la peau, sans déchirer les tissus conjonctifs situés dessous. Il faut répartir l'huile ou la crème de massage sur les parties du corps concernées, en commençant par le bas du ventre : soulevez délicatement une petite partie de peau, entre le pouce et l'index, maintenez la position quelques instants, puis relâchez. Travaillez ainsi la peau progressivement jusqu'aux côtes. Enfin, massez, chaque jour, le ventre pendant dix à quinze minutes.
Plus le ventre grossit, plus cette technique de pincement est délicate à réaliser. Massez ensuite le ventre par de légers mouvements circulaires avec l'extrémité des doigts. N'appuyez cependant pas trop en massant, afin de ne pas irriter l'utérus : cela pourrait provoquer des contractions.

INFO | DEMANGEAISONS

- **Deux phénomènes** provoquant des démangeaisons sont les changements hormonaux et l'étirement de la peau. La peau peut aussi démanger énormément, sans raison connue. Il faut absolument éviter de la gratter. Appliquez plutôt des crèmes ou des huiles pour le corps, qui assouplissent la peau et diminuent les démangeaisons, lesquelles disparaissent après la naissance. Par ailleurs, si la peau rougit, cela sera un signe d'allergie à la crème utilisée. Dans ce cas, se laver uniquement à l'eau jusqu'à ce que le symptôme disparaisse.

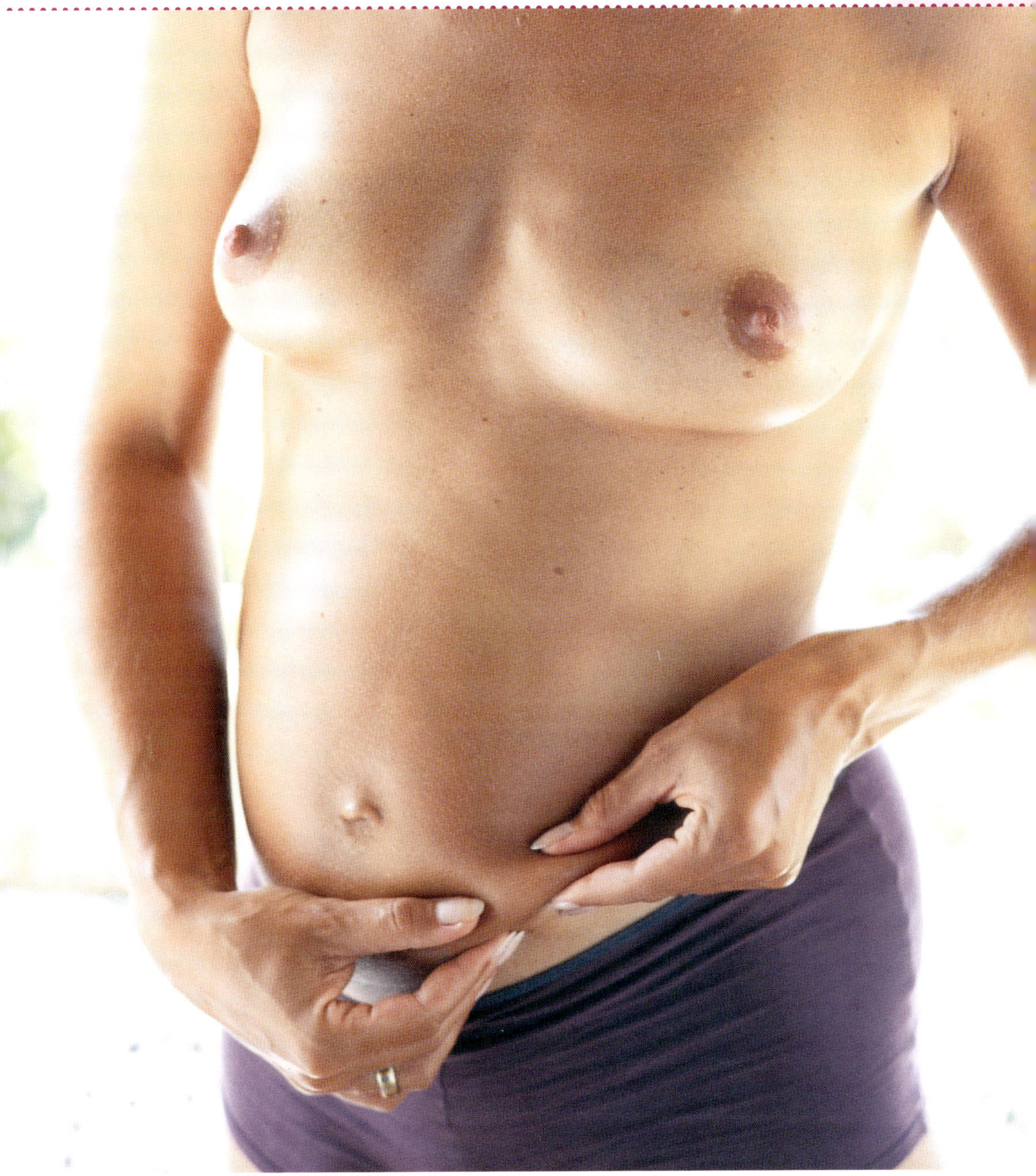

Cette technique a fait ses preuves pour lutter contre les vergetures (voir page de gauche). Grâce au pincement, les tissus peuvent être préparés à la forte tension qu'ils vont subir.

Une bonne action pour les jambes lourdes et fatiguées : le gel rafraîchissant peut être appliqué aussi au-dessus des collants. C'est pratique au bureau.

Les jambes

Ce sont les veines qui effectuent le travail le plus pénible : elles doivent faire remonter le sang des pieds vers le cœur et lutter aussi contre la gravitation. Pendant la grossesse, d'autres obstacles surgissent : le volume de sang a augmenté d'au moins un litre et le ventre, en grossissant, peut comprimer les vaisseaux et freiner la circulation du sang des jambes vers le cœur. La progestérone est une hormone qui assouplit les parois des veines afin qu'elles se détendent. Par conséquent, le sang circulant plus lentement, les jambes et les chevilles enflent et deviennent lourdes. Si la veine se détend trop du fait de cette surcharge, elle forme des méandres et laisse apparaître de petites varices bleutées. Une femme enceinte sur trois est touchée par ce phénomène, au premier enfant. Il faut être réceptive aux signaux qu'envoie le corps. Il convient d'orienter les jambes vers le haut dès qu'une lourdeur pointe. Les bandes fraîches pour les mollets ou les gels ou crèmes spécialement rafraîchissants pour les jambes sont très apaisants, ceux-là pouvant même être appliqués sur des bas très fins. Le fait de mettre régulièrement les jambes sous la douche en alternant l'eau chaude et l'eau froide, entraîne les vaisseaux à se contracter et à s'étirer. Il faut toujours terminer par une douche froide.

Les varices sont, avant tout, des tendances héréditaires. Il est possible de soulager les veines en portant des bas de contention chaque jour : cela ne se remarquera pas. Il en existe dans des tons très chatoyants et leurs mailles sont si fines qu'ils pourraient être pris pour des collant normaux. Faites-vous prescrire une à deux paires de bas par votre médecin et faites-vous conseiller par votre pharmacien.

Sauna, oui ou non ?

En règle générale, la grossesse n'empêche pas d'aller au sauna, à condition que le corps y soit habitué. Si certaines sont des professionnelles de la transpiration, il faudra préférer les bancs du bas quand le ventre commence à grossir, et ne pas rester trop longtemps dans la cabine. Le sauna est absolument contre-indiqué, en cas de problèmes de veines ou de varices. Il en va de même pour les bains de vapeur.

Les dents

« Chaque enfant coûte une dent ». Heureusement, ce dicton n'est plus vrai ! Le bébé ne doit plus vider les réserves de la mère en calcium, car les femmes enceintes savent qu'elles ont besoin de davantage de minéraux. L'alimentation quotidienne doit ainsi couvrir un apport d'environ 1 200 mg (voir le chapitre alimentation).

Pendant la grossesse, les gencives auront peut-être tendance à saigner plus facilement lors du brossage des dents. En effet, elles sont plus souples et la circulation sanguine y est plus intense. Il faut donc choisir une brosse à dents très souple et rincer la bouche avec une infusion de camomille ou de sauge.

La grossesse est aussi un moment où les dents sont particulièrement sujettes aux caries : du fait des changements hormonaux, la salive contient davantage d'acide et s'attaque à l'émail dentaire. Il est indispensable d'avoir une excellente hygiène dentaire : se brosser les dents au minimum deux fois par jour pendant trois minutes, ou encore mieux, après chaque repas. Si elles sont brossées avant le premier baiser du matin, elles doivent l'être à nouveau après le petit déjeuner. Le fil de soie sera régulièrement utilisé.

Pendant la grossesse, aller au moins deux fois chez le dentiste, plutôt avant la fin du sixième mois est recommandé : à ce stade encore, rester longtemps assise dans le fauteuil est supportable. Quelques semaines plus tard, le ventre sera si gros que cela incommodera et rendra la position inconfortable.

CONSEIL | LES DENTS

Caries et saignements de la gencive

Ils peuvent être prévenus jusqu'à un certain point :

- massez la gencive tous les jours avec une brosse à dent souple
- surveillez l'apport quotidien en calcium dans la nourriture, dans le lait ou les yaourts par exemple
- consommez les aliments riches en sucre (barres de chocolat) le moins possible
- en cas de saignement des gencives, faire des bains de bouche avec des infusions de camomille ou de sauge
- enfin, faire effectuer un détartrage chez le dentiste, afin d'éliminer tous les dépôts

Questions, préoccupations

« Quels aliments les femmes enceintes doivent-elles éviter ? »

Le foie, les œufs, le lait et le fromage crus, le hachis de porc, la viande à moitié cuite comme le steak et le carpaccio, la saucisse de porc, le salami et le poisson cru. Non qu'ils soient nocifs pour la santé, mais par précaution. Le foie de tous les animaux est riche en vitamines A. Un excédent, notamment en début de grossesse, peut engendrer des malformations chez l'enfant. De plus, le foie joue le rôle de filtre dans l'organisme et est aussi un concentré de substances toxiques et nuisibles. Il vaut mieux renoncer complètement à ces aliments et consommer avec grande modération le pâté de foie tartiné sur du pain. Les œufs crus (crème bavaroise, tiramisu) peuvent contenir de la salmonelle, et dans le lait cru et les produits dont il est la base, peuvent se dissimuler de la listéria ou d'autres agents pathogènes. Comme la chaleur tue les germes, il faudra préférer le lait pasteurisé et ses dérivés. Les saucissons crus et la viande peu cuite sont susceptibles de renfermer les parasites de la toxoplasmose (voir page 116), et le poisson cru (sushi ou carpaccio de saumon) peut être porteur de maladies infectieuses.

Est-il vrai que les oméga-3 sont des acides gras qui favorisent l'intelligence du bébé ? »

C'est vrai. Les nutritionnistes recommandent aux femmes enceintes de prendre 300 à 400 mg d'oméga-3 par semaine. Il s'agit d'acides gras à longue chaîne, polyinsaturés, contenus dans le plancton marin. Les poissons gras des mers froides comme le hareng, le maquereau, le thon et le saumon sauvage s'alimentent de plancton, profitant ainsi de l'oméga-3. Une dose de 0,5 % d'oméga-3 dans la nourriture de la mère suffit pour garantir le développement optimal des cellules nerveuses et de celles du cerveau ainsi que de la vue du bébé grandissant. Les femmes enceintes et celles qui allaitent devraient manger au moins deux fois pas semaine du poisson gras ou des capsules d'huile de poisson, au goût neutre, vendues en pharmacie. C'est bénéfique pour la santé. Des produits alimentaires en sont enrichis : pains et petits pains, margarine, pâtes, œufs et jus de fruits.

« J'ai tendance à faire de l'œdème. Dois-je renoncer au sel et faire un régime à base de riz ? »

Surtout pas. Le sel, en petite quantité, est indispensable, afin que l'organisme puisse maintenir son équilibre en liquide. L'alimentation pauvre en sel diminue le volume de sang et peut aggraver la situation. Un conseil : la diète de riz pour drainer l'organisme est une technique largement dépassée, car elle risque davantage de nuire que de profiter, durant la grossesse. Le riz cuit sans sel ne fournit pas suffisamment d'énergie et manque des substances nutritives essentielles, protéines, vitamines et minéraux. En fait, un semblant de résultat pointe, car les mains et les pieds désenflent. L'effet est cependant de courte durée, les conséquences pouvant être même dangereuses. Un manque de matières nutritives provoque de l'œdème et souvent de

l'hypertension. La circulation est mise encore à plus grande contribution pour pomper le sang qui stagne à travers le corps.
Il est nécessaire de continuer à saler les plats avec modération, même en cas d'œdème. Prenez garde aux produits riches en protéines (produits laitiers, légumes secs, viande et poisson), favorisant la rétention d'eau : ils retiennent en effet l'eau des tissus dans le sang et s'y associent.

♀ *« Depuis quelques jours, des taches brunes apparaissent sur mon visage. D'où viennent-elles ? »*

Trois quarts des femmes enceintes présentent des parties du visage qui se colorent, le plus souvent sur le front, la lèvre supérieure et les joues.
Un excès de l'hormone stimulant les mélanocytes en est la cause (MSH). Elle est libérée par la glande pinéale du cerveau, qui agit sur les cellules de la peau (mélanocytes), et forme ces colorations brunâtres (pigmentation de la peau). L'altération de la pigmentation est très visible au niveau des mamelons. Les grains de beauté et les taches de rousseur peuvent aussi foncer momentanément. Un des effets typiques de l'hormone MSH est la coloration brunâtre du pourtour de la bouche, notamment après un bain de soleil. Ce phénomène s'appelle « chloasma » ou « masque de grossesse ». Il faut éviter le soleil trop ardent, appliquer souvent des crèmes solaires à haute protection (à partir de 20), particulièrement pour le visage. Veillez à ce que ces produits filtrent la totalité des UV A et B, car certaines UV A favorisent les taches de pigmentation.

♀ *« Puis-je aller au solarium durant ma grossesse ? »*

Il vaut mieux s'en passer, pour deux raisons au moins. Les bancs solaires peuvent favoriser la formation de taches et donner un aspect piteux à votre peau. D'autre part, l'organisme est déjà bouleversé par l'accélération de la production hormonale : inutile donc de lui ajouter d'autres charges. Méfiez-vous aussi des produits autobronzants, brunissant davantage les taches pigmentaires.

♀ *« Dois-je devenir moi-même nutritionniste ou existe-t-il une pilule miracle à absorber chaque jour et contenant tout ce dont l'enfant et la mère ont besoin sur le moment ? »*

Il faut éviter de se laisser décourager par les chiffres et les faits rapportés par les nutritionnistes : en fait, il suffit d'apporter tout ce dont le corps et celui du bébé ont besoin, en observant une alimentation équilibrée. Si les préparations multivitaminées et autres compléments alimentaires peuvent théoriquement tout remplacer, l'apport biologique des aliments naturels est toujours plus élevé que celui des produits fabriqués de façon synthétique.
L'organisme puise toujours, en premier lieu, dans l'alimentation ce dont il a besoin. Pourtant, nos produits alimentaires ne peuvent de nos jours renfermer qu'une partie de leurs vertus nutritionnelles, vu que les sols sont appauvris. Ainsi les carences sont-elles possibles, malgré un équilibre alimentaire. Des compléments pourront donc combler ce manque de façon certaine.

Bébé sera bientôt là

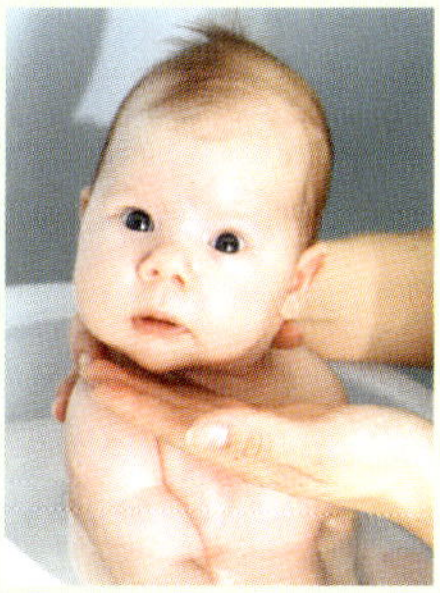

Le grand jour approche. La date d'accouchement est chaque jour plus proche et vous allez bientôt être maman. Avant le jour J, certaines choses restent à régler : prévoir l'équipement de bébé, un landau et préparer la valise pour la clinique. Tout doit être prêt pour le grand départ vers la nouvelle vie de famille…

La première garde-robe

Elle a l'air minuscule. « Mon bébé va-t-il tenir là dedans ? », « si petit ? ». Vous allez, sans aucun doute, mettre au monde un être parfaitement fini et entier.
Enfin dans vos bras, il vous semblera grand, en moyenne 52 centimètres. Trois à quatre semaines plus tard, il faudra acheter des vêtements d'une taille au-dessus. Et ainsi de suite …
A la fin de la première année, l'enfant aura grandi d'environ 35 à 40 %.

L'équipement pour bébé

Certaines femmes impatientes dévalisent déjà les boutiques de vêtements pour bébé, dès la douzième semaine de grossesse, tandis que d'autres résistent à la tentation, le plus longtemps possible. Peu importe, mais il faut toutefois prévoir un certain nombre de choses bien avant l'accouchement, au cas où le bébé naîtrait avant terme...

➤ Table à langer : si le bébé peut certes être changé sur la table de la cuisine, sur le lit ou par terre, une table à langer est cependant plus pratique pour avoir les mains plus libres. Elle sera à la bonne hauteur par rapport à la taille, et disposera d'un compartiment sous la table où les vêtements pourront être déposés. L'endroit idéal est évidemment la salle de bains, l'eau courante étant à proximité.
➤ Concernant la poubelle à couches avec couvercle, une petite, plus maniable sera retenue : cela évitera les odeurs trop fortes.
➤ Quelques petits mouchoirs, des gants ou des lingettes humides seront nécessaires, pour le nettoyage.
➤ Eventuellement, une baignoire, une cuvette seront utiles pour le nourrisson. Il devra s'y sentir à l'aise, cet espace étroit rempli d'eau chaude devant lui rappeler les jours passés dans le ventre de la mère. Nombre de femmes baignent leur enfant, tout simplement, dans le lavabo et plus tard dans la baignoire avec douchette.
➤ Thermomètre de bain, brosse et nécessaire pour couper les ongles du bébé, bouillotte : ils font partie de l'équipement de base, mais peuvent aussi être offerts.
➤ Un radiateur électrique sera nécessaire, si le nourrisson naît pendant la période froide. Il faut prévoir un modèle faisant partie intégrante de la table à langer, car les résistances sont particulièrement bien sécurisées : si l'une vient à éclater, le bébé ne risque pas de recevoir d'éclat.
➤ Un berceau ou un petit lit. Le dernier a l'avantage que vous en aurez plus d'usage plus longtemps.
➤ Vis-à-vis de la boîte à musique, les avis sont partagés : les uns disent que la mélodie calme le bébé, tandis que d'autres engagent à investir l'argent autrement, dans un couffin, par exemple.
➤ Eventuellement, des coussins d'allaitement et des balles en mousse seront utiles.

CONSEIL | LA TABLE A LANGER

➤ **Prévoir** une petite installation pour soi et le bébé à agencer avec amour et goût, car ce sera un lieu très fréquenté ! Un petit mobile très coloré suspendu au-dessus de la table, et voilà que le bébé sera comme hypnotisé. Sur le côté et au niveau de la tête, deux petits miroirs seront placés, afin que le bébé s'y regarde.

Le petit lit

Un nouveau-né ne nécessite pas beaucoup de place : là où il se sent le mieux, c'est près de sa mère, dans un berceau, à côté du lit. Pendant la grossesse, le corps du bébé était en permanence « lové » dans l'utérus, et lors des premières semaines après la naissance, il a besoin aussi de rencontrer des limites. Trop de place lui fait peur. Faites-lui un petit nid et mettez une serviette à la tête du lit ou sur les côtés.
Vers le sixième mois, l'enfant aura besoin de plus de place pour se mouvoir, et il sera temps de l'installer dans son petit lit à barreaux. Acheter un lit à hauteur réglable et un matelas en latex est nécessaire. Les barreaux ne doivent pas être espacés de plus de sept centimètres, afin de protéger la petite tête du bébé. Deux barreaux doivent être amovibles, afin que l'enfant puisse sortir seul du lit, quand il sera plus grand.
La première année, il n'aura pas besoin d'oreiller. Pour le couvrir, prévoir une couverture en laine ou un édredon léger et très aéré. Nombre de pédiatres conseillent des couvertures synthétiques pour les enfants potentiellement allergiques.

La première voiture

Pour le bébé, nous ne pouvons choisir que le meilleur : ainsi pensent de nombreux futurs parents. Il en va de même pour le landau. Les représentations des parents sont souvent très concrètes : le véhicule doit être très maniable, garantir une sécurité optimale à l'enfant, être facilement rétractable et suffisamment petit pour passer dans un coffre de voiture, dans le métro ou le RER. Il doit aussi être à la mode et d'un prix bon marché.
Le fait d'aller une première fois dans un magasin spécialisé, fait en général déchanter : les voitures d'enfants se ressemblent apparemment toutes, offrant vraisemblablement toutes le même confort et les mêmes fonctions. Les vendeurs affirment aussi qu'elles se valent quant à leur qualité. L'association qui teste les produits offre peu de possibilités pour les différencier.

Quelles sont les priorités lors de l'achat d'une voiture d'enfant ?
Elles sont multiples. La vigilance concernera les points suivants :

La manette de frein
Facile d'accès, elle doit être testée avant l'achat. Mettre le frein et pousser la voiture d'avant en arrière : si les roues tournent, c'est que les freins sont insuffisants. Choisir plutôt une voiture munie de quatre freins (un à chaque roue) : si le landau dispose d'un bras pouvant être basculé de l'autre côté, des freins fonctionneront aussi à l'arrière, qui était l'avant dans la position initiale.

La suspension
Plus la suspension est de bonne qualité, plus le sommeil de l'enfant sera paisible. Les modèles dont l'armature est reliée par des attaches en cuir assurent une meilleure suspension que ceux

dont les armatures sont soudées solidement. C'est la faiblesse de nombreux modèles de voitures d'enfants, car elles finissent par se casser.

Les roues

Plus les roues sont petites, moins le landau est maniable sur un terrain accidenté. Les roues ne posant pas problème sont celles qui sont interchangeables. Si vous êtes amenés à emprunter souvent des chemins caillouteux en forêt ou en plaine, les pneumatiques seront très performants : ils s'adaptent à la surface du terrain et sont presque insonores. A propos d'air : quand ils sont dégonflés, ils peuvent être facilement regonflés, à l'aide d'une pompe à vélo. Certaines voitures d'enfant sont munies de valves de voiture. Il faut acheter un adaptateur ou se rendre à la pompe à essence.

De qualité et bon marché ! De nombreux critères de sélection existent pour le choix de telle ou telle voiture d'enfant. N'hésitez pas à comparer !

La hauteur des roues

Veillez à ce que les pieds ne heurtent pas les barres métalliques des deux roues avant pendant la marche. Il faut aussi faire essayer la voiture au partenaire : les hommes ayant en général de plus grands pieds font de plus grandes enjambées et heurtent souvent le panier en bas du landau.

Le bras

Le bras de la voiture doit arriver à hauteur du nombril pour garantir un confort maximum. Si les parents n'ont pas du tout la même taille, il faut choisir une voiture avec bras à hauteur réglable, ce ne sera pas du luxe.

La profondeur d'assise

Testez la profondeur d'assise du bébé, quand il saura s'asseoir. Certains modèles ont des parois très basses et l'enfant peut facilement tomber, quand il est assis.

La ceinture

Les enfants qui peuvent s'asseoir doivent obligatoirement porter une ceinture. Au cas échéant, il faut absolument en équiper votre voiture, car plus le bébé grandit, plus ses mouvements s'amplifient. Les plus petits aiment aussi essayer la position assise au cours du trajet.

Le panier

Si le panier à commissions est commode pour les ustensiles légers, des choses lourdes n'y seront pas déposées, car elles peuvent faire basculer la voiture. Il existe malheureusement encore des modèles ne disposant pas de panier au niveau des roues. C'est souvent le seul endroit où l'équipement à langer et le sac de commissions peuvent être entreposés. En tout cas, plus la voiture est profonde, plus l'espace entre le fond du lit et les roues est étroit.

La capote

Il est utile que la capote soit équipée d'une petite fenêtre, afin de repérer rapidement comment se porte le bébé, à l'intérieur. Il faut assister à une démonstration de l'ouverture et de la fermeture silencieuse de la capote. Si elle craque et claque bruyamment, le bébé sera réveillé très facilement. Rabattez le premier arceau vers le bas, avant de ramener l'ensemble vers l'arrière.

Accessoires

Il faut penser que la voiture du bébé devra être poussée sous la pluie. Toute voiture standard devrait être équipée contre celle-là et devrait avoir une poche cousue dans laquelle la feuille de plastique peut être facilement rangée. Rien n'est plus désagréable qu'une cape antipluie battant au vent dans le panier, parce qu'elle ne peut être mise nulle part ailleurs.

Il est judicieux d'étaler la cape de pluie, quelques jours avant utilisation sur le balcon ou à la fenêtre pour l'aérer, de façon à ce que le bébé ne respire pas un air qui sente le plastique.

Comment choisir une voiture d'enfant bien adaptée ?

Le critère esthétique n'est pas toujours le plus important. Tout dépend de votre situation : Où habitez-vous ? Au rez-de-chaussée ou au dernier étage ? Où « parquez »-vous la voiture quand vous

INFO | LA QUALITE

Une garantie de qualité et de sécurité

Les fabricants, conscients de leurs responsabilités, font tester régulièrement leurs produits par des instituts. Voici quelques aides à la décision :

- Les fabricants garantissent que tous leurs matériaux sont peu polluants. Lorsque le produit ne l'est pas, il porte toujours un numéro de test, garantissant ses qualités.
- Une parfaite sécurité mécanique.
- Protection contre les UV : UPF signifie **U**ltraviolet **P**rotection **F**actor. Il est comparable aux protections contre la lumière ou aux crèmes solaires. La protection est efficace à partir d'un UPF 30, une bonne capote devant posséder au minimum ce degré de protection.

Témoignage

Julia (31 ans) et Robert, (28 ans) tous deux diplômés en gestion d'entreprise. A ce moment, Julia est enceinte de 37 semaines.

Fille ou garçon ?

Robert : *En fait, nous voulions connaître le sexe du bébé dès le début, mais nous n'avons pas pu le savoir, le spécialiste n'ayant rien vu de précis sur l'écran à l'échographie.*

Julia : *Parvenue à la vingtième semaine, j'ai fait une grande échographie et nous avons demandé au médecin quand nous pourrions connaître le sexe du bébé. Sa réponse fut : « Vous devez patienter encore un peu ». A l'échographie suivante, nous tenions absolument à le savoir. Voici la réponse : « Vous voulez le savoir*

avec exactitude. J'aimerais bien ne vous donner qu'une réponse, si j'en étais certaine. Pour l'instant, je ne peux qu'émettre des suppositions ».

Robert : *J'ai déclaré alors : « Faites-nous part de vos suppositions. » Réponse : « Oui ! Eh ! bien, je dirais plutôt que c'est une fille ».*

Julia : *Nous avons ensuite pensé : « C'est juste une supposition ! Cette réponse ne nous a pas aidés du tout ».*

Robert : *Puis nous avons eu le sentiment que cela ne devait pas être facile.*

Julia : *Nous avons enfin fini par penser : « Au point où nous en sommes, nous avons déjà patienté bien longtemps, autant se réserver la surprise au moment de l'accouchement ».*

Pensez-vous que c'est une fille ?

Robert : *Oui, quelque part je le pense.*

Julia : *Non pour moi, c'est 50, 50.*

Robert : *J'ai souvent entendu dire que les médecins se trompaient.*

Julia : *Justement ! A cela s'ajoutent les spéculations les plus variées, car chacun croit le repérer sur moi. J'ai gardé ma beauté, ou mon ventre s'élance en pointe vers l'avant… Garçon ou fille, ça m'est égal : l'un comme l'autre me comblera de joie.*

Robert : *Nous aurons de nombreux enfants. Parmi eux, il y aura au moins un garçon.*

ne vous en servez pas ? Sur la terrasse ou dans le couloir mitoyen ? Sur quels terrains allez-vous rouler ? Quelle est la taille de votre coffre ? En quelle saison le nourrisson naîtra-t-il ? Disposez-vous d'un espace suffisant, dans votre habitation, pour stocker des accessoires supplémentaires ou faut-il choisir un modèle qui combine les positions assise et couchée ? Autant de questions qui engagent à aller prendre conseil dans un magasin spécialisé. Le vendeur établira un parallèle entre vos exigences et les modèles proposés par les fabricants et vous proposera celui qui y répond le plus.

La première garde-robe

Si la femme enceinte, poussée par une irrésistible envie, achète des vêtements pour le bébé, elle devrait toutefois écouter les conseils d'une mère et du cercle de famille et d'amis engageant à ne pas trop acheter. Avant même qu'il ne les use, le « petit » aura déjà grandi. Il faut savoir que les vêtements de seconde main pour enfant sont souvent très intéressants, même si, au départ, la perspective n'enchante guère.

Les habits déjà lavés plusieurs fois seront moins nocifs que ceux achetés neufs. Le lavage fréquent diminue en effet la teneur en pesticides et en produits chimiques.
Il faut être attentif au label de fabrication. D'autre part, on aura toujours ceci à portée de main :

➤ Trois à quatre bodys, de taille 56 à 62. Ceux qui se ferment sur le côté du corps sont, de loin, plus pratiques que ceux qui se passent par la tête, ou des maillots.
➤ Un à deux petits pantalons épais en laine d'agneau (indépendamment de la saison)
➤ Quatre à cinq grenouillères (taille 56 à 62).
➤ Cinq à six pulls légers/tee-shirts (selon la saison) pour mettre sous la grenouillère
➤ Un à deux bonnets, qui couvrent bien les oreilles (taille 34 et moins)
➤ Un à deux pyjamas (taille 56 à 62).
➤ Une paire de chaussons en laine, une à deux paires de socquettes épaisses
➤ Une veste pour sortir (taille 56 à 62) selon la saison
➤ Trois à quatre bavoirs ou bavettes

CONSEIL | BODYS

➤ **Au moment de l'achat** des bodys, vérifiez que l'espacement entre les boutons du bas n'excède pas 4 cm. Plus les boutons sont espacés, plus l'enjambée est ample et plus les hanches du bébé sont serrées.

➤ **Très pratiques :** Les pulls et les maillots qui se boutonnent sur le côté du col, évitant de toujours placer le bébé sur le dos pour boutonner son vêtement. Les boutons à pressions sont vraiment très commodes.

Première prise de contact : « Big brother is watching you ». Nombre d'aînés se réjouissent avec leurs parents d'avoir un frère ou une sœur, à condition qu'ils puissent prendre part à la grossesse.

La valise pour la maternité

Quel que soit l'endroit prévu pour l'accouchement, vous devrez faire une valise avec ce que vous devrez apporter pour le bébé et pour vous.

Pour l'accouchement :

➤ Une chemise de nuit pratique ou un tee-shirt, l'idéal étant une longue chemise ou un long chemisier, à ouvrir entièrement sur le devant. Dès que l'enfant sera là, il pourra être directement placé sur la poitrine nue afin qu'il sente la chaleur. Notez que, selon la structure hospitalière, vous serez obligée de garder la blouse d'hôpital pour accoucher.
➤ Une paire de chaussettes épaisses
➤ Des chaussons
➤ Un bandeau pour le front
➤ Un stick protecteur pour les lèvres
➤ Un brumisateur ou un spray d'eau thermale pour rafraîchir le visage, disponible en pharmacie
➤ Une robe de chambre ou un peignoir de bain
➤ De l'huile de massage ou du lait corporel (au cas où votre partenaire vous masserait)
➤ Un appareil photo ou une caméra vidéo

Pour le séjour à la maternité :

➤ Pour chaque jour, il faudra au moins une nouvelle chemise de nuit ou un tee-shirt.
➤ Des pantoufles
➤ Deux soutiens-gorge d'allaitement, des coquilles d'allaitement
➤ Des slips larges et confortables
➤ Une couverture pour le bébé, pour le protéger du froid pendant l'allaitement
➤ La boîte à musique du bébé
➤ Deux petits mouchoirs
➤ Des savons, bain douche, cosmétiques habituels
➤ Livres (celui-ci par exemple) et des magazines
➤ Un bloc-note et le nécessaire pour écrire
➤ De l'argent (environ 15 euros)
➤ Des vêtements confortables

Pour le bébé :

Certaines cliniques mettent à disposition des vêtements pour le bébé, durant tout le séjour. Vous ne devez dès lors prévoir des vêtements que pour le retour à la maison.
➤ *Body* ou maillots et culottes
➤ Grenouillères
➤ Veste ou turbulette
➤ Bonnet
➤ Selon la saison, des chaussons et des gants
➤ Une couverture, un couffin ou un siège pour l'automobile

CONSEIL | NE PAS OUBLIER

- une pièce d'identité ou votre carte de séjour
- votre livret de famille
- votre carte de sécurité sociale ou carte SIS (Belgique)
- votre guide de surveillance médicale
- vos feuillets d'étiquettes de la caisse d'allocations familiales

Je fais ma valise… et j'espère qu'il est temps ! Je ne dois pas oublier mon carnet de maternité et ma carte de sécurité sociale ; je les place d'ailleurs immédiatement dans la valise pour la maternité.

Une grossesse suivie

Une sage-femme ou un médecin (gynécologue obstétricien) vous accompagne pendant votre grossesse. Un stéthoscope permet d'écouter les battements du cœur du bébé. On peut bien les entendre lorsqu'il a le dos tourné vers le ventre de la mère. Certaines sages-femmes font partager aux futurs pères le bruissement de la « mélodie de la vie » durant les séances de préparation à l'accouchement, et elles leur font écouter le bébé au stéthoscope. Seule, la mère ne peut pas profiter de ce moment merveilleux.

La grossesse : un événement qui se partage

La grossesse est un merveilleux événement, que partage volontiers tout l'entourage. Pour vous accompagner tout au long de ces neuf mois d'attente, vous avez le choix entre une sage-femme, un gynécologue médical ou un gynécologue-obstétricien. Ces trois spécialistes procèdent aux examens indispensables tout le long de votre grossesse.
Si ces spécialistes vous soutiennent non seulement pendant l'accouchement, ils sont aussi en mesure de « lever » nombre d'interrogations et de vous soutenir moralement, pendant les moments de doute. N'hésitez donc jamais à leur poser toutes les questions qui vous viennent à l'esprit. Un conseil : avant chaque visite prénatale, faites une liste des choses à demander.

Le suivi de votre grossesse

Vous n'avez pas toujours le choix de la personne qui va suivre votre grossesse. Cela dépend de la structure hospitalière dans laquelle vous allez accoucher et de votre état de santé.
Dans le secteur public, une sage-femme assure le suivi médical de la grossesse dite sans risque particulier (examen clinique, échographie, surveillance du fœtus, dépistage des facteurs de risque ou des pathologies). Elle accompagne aussi psychologiquement la future mère et les séances de préparation à l'accouchement.
La sage-femme est une bonne conseillère, en matière d'alimentation, de mode de vie, de couple, de sexualité et de préparation à l'arrivée du bébé, enfin en cas de soucis liés à la grossesse (nausées, varices, etc.), auxquels ne pense pas forcément le médecin, plus axé sur le côté pathologique. Au moindre risque ou problème, c'est un médecin qui la remplace et intervient.
Dans le secteur privé, votre seul interlocuteur est votre gynécologue-obstétricien. C'est lui que vous verrez tout au long des neufs mois.
Si vous avez la possibilité de choisir, c'est à vous de décider ce qui vous convient le mieux. Un conseil : quelle que soit la personne qui vous accompagnera, il faut que vous vous sentiez parfaitement à l'aise avec elle. Vous devez vous sentir libre de pouvoir poser toutes vos questions. La confiance et le bon contact sont primordiaux.

Préparation à l'accouchement

Afin d'aider les femmes enceintes à réaliser comment se déroule un accouche-

INFO | CONFIANCE

- **Le médecin** en blouse blanche est souvent considéré comme une personne digne de respect, la sage-femme étant davantage une confidente, voire même une amie : son travail reposant sur la confiance, elle privilégie le rapport de femme à femme.

ment normal, les sages-femmes, ainsi que les kinésithérapeutes et certaines aides spécialisées à l'accouchement proposent des séances de préparation à l'accouchement.
Les femmes enceintes font l'apprentissage des exercices de respiration et de détente, parlent des positions propices à la naissance, du déroulement de celle-ci et discutent aussi de la semaine postnatale. Les propositions de séances sont variées : cela se déroule un week-end, avec ou sans le partenaire ou le soir. Les séances seront organisées entre la 36e et la 37e semaine de grossesse. Il est aussi possible de participer à d'autres cours : gymnastique et natation pour femmes enceintes, danse du ventre, yoga. Votre caisse d'assurance maladie vous indiquera à combien s'élève la prise en charge.

L'acuponcture dans l'aide à l'accouchement

Les aiguilles d'acuponcture peuvent être d'un grand soutien, lors de la préparation à l'accouchement. La stimulation de certains points à des endroits précis du corps (sur le côté du genou, au-dessus de la cheville et au petit orteil) est bénéfique à la préparation à la naissance. Cela détend, par exemple, le col de l'utérus, qui, durant l'accouchement, s'ouvre plus vite. Des études révèlent que les femmes qui, dès la 36e semaine, ont fait au moins trois séances d'acuponcture de 20 minutes chacune, gagnent environ 2 heures, lors de la phase d'ouverture du col de l'utérus. Les femmes qui ont eu des séances d'acuponcture ont moins besoin de recevoir un médicament renforçant l'activité utérine (ocytocine).

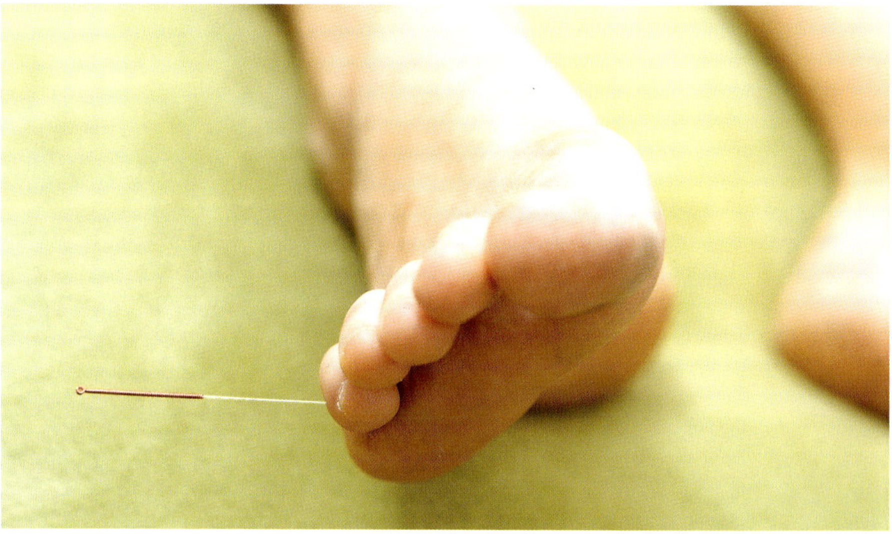

Les petites aiguilles ont un effet incontestable. Le fait de stimuler au moins trois fois certains points d'acuponcture accélère le déroulement de l'accouchement et atténue la douleur.

Le cours de préparation à l'accouchement est riche en informations et très agréable. Les sages-femmes et les futures mères parlent de leur grossesse et de l'accouchement et échangent des conseils.

Suivi de l'accouchement

En France, dans le secteur public, la sage-femme est la personne de référence la plus importante. Elle pratique les accouchements soit seule, soit en assistant le médecin. Elle a été formée pour procéder aux accouchements « normaux », qui ne présentent aucun problème. En revanche, au moindre risque, le gynécologue-obstétricien de l'hôpital intervient : il prend en charge les accouchements dits pathologiques. La sage-femme est responsable du déroulement de l'accouchement, pose le diagnostic de début du travail, dont elle suit l'évolution jusqu'à la délivrance. Elle observe, contrôle le déroulement, et s'assure que la mère et le bébé se portent bien. La relation de confiance est très forte, du fait de la connaissance mutuelle remontant à de nombreuses semaines. Dans les heures suivant la délivrance, la mère sera aussi sous la surveillance de la sage-femme, dans la salle d'accouchement. Celle-là observera la rétractation de l'utérus, contrôlera les saignements, s'occupera des premiers soins du nouveau-né et du bien-être de la nouvelle maman. Elle prodiguera également des conseils. Si vous accouchez dans une maternité privée, c'est le gynécologue-obstétricien qui vous a suivie durant toute votre grossesse qui va vous accoucher, même si votre grossesse ne présente aucun risque.
Aujourd'hui, en France, 60 % des accouchements sont effectués par des sages-femmes et 40 % par des gynécologues-obstétriciens. Dans le cas de grossesses à bas risque (mères entre 18 et 35 ans, sans aucun antécédent ni pathologie, bébé qui se présente bien), 70 % des accouchements sont pris en charge par des sages-femmes.
En Belgique, la majorité des femmes sont suivies par leur gynécologue et accouchent dans la maternité où celui-ci exerce. Tout au long de la phase de travail, c'est la sage-femme qui vous suit. Au moment de l'accouchement proprement dit, le médecin intervient.

Suivi médical pendant le retour de couches

La sage-femme sera aussi une interlocutrice privilégiée après la naissance : elle sera disponible pour donner des conseils et trouver des solutions. Ses soins quotidiens sont souvent pris en charge par la sécurité sociale.

Se faire accompagner du début à la fin de la grossesse par une sage-femme offre évidemment des conditions idéales. Pourtant, les professionnelles qui exercent en profession libérale, si elles accompagnent lors des séances de préparation, peuvent être absentes au moment de l'accouchement. Dans certaines cliniques, les sages-femmes qui assurent la préparation peuvent être là au jour J et la semaine suivante. Les renseignements seront pris à la clinique ou auprès de la sage-femme.
Il ne faut pas hésiter à appeler la sage-femme en cas d'inquiétude ou de difficultés à s'en sortir avec le bébé. Toutes les questions seront posées, sans restriction.

Témoignage

Jean-Pierre (35 ans), diplômé d'une école de commerce, partenaire d'Antonia (40 ans). A ce moment, Antonia est enceinte de 37 semaines.

Et après la naissance ?

Pour l'instant, je n'ai pas réfléchi à cela et n'ai nulle envie de le faire. Je préfère laisser venir les choses. Je ne peux dire à

quoi ressembleront les premières heures avec le bébé, au retour de la maternité. On verra. Nous essayons de tout mettre en œuvre pour préparer ce moment-là ; Antonia fait tout pour cela. Actuellement, je ne peux pas m'imaginer comment se déroulera notre vie de famille. J'en ai juste une idée très vague. Je suis certain d'une chose : j'aimerais profiter pleinement du moment où nous serons seulement trois. Je voudrais en apprendre le plus possible sur le bébé et essayer d'être souvent à la maison, au moins pendant les trois premières semaines après la naissance.

Nous avons pensé à embaucher une femme de ménage, qui pourrait nous soulager, dans un premier temps. Je m'y suis ensuite opposé, car je préférerais être seul avec les miens : même notre famille, nos mères nous sembleraient presque de trop, bien qu'elles puissent certainement nous aider énormément. Je pense ne pas avoir besoin de cela, les premières semaines. Je voudrais faire l'expérience de mon enfant à ma façon et le ménage attendra.

Evidemment, je vais changer le bébé ! Si je travaille le lendemain et qu'il ne fait que crier, cela sera difficile, car j'ai besoin de sommeil pour me régénérer. Sans doute devrons-nous déterminer qui, de nous deux, s'occupera du nourrisson et à quel moment.

Quand je reprendrai le travail, je préférerais que ce soit Antonia qui s'occupe du bébé quand il pleurera après 23 heures. Nous aviserons le moment venu, peut-être y parviendrai-je aussi, avec moins de sommeil…

Où l'enfant doit-il naître ?

C'est parfois la toute première question que va se poser une future maman après avoir appris qu'elle était enceinte. C'est à elle de décider, en temps et en heure, de l'endroit où elle souhaitera accoucher et avec quel intervenant. Certaines ventent les mérites de l'hôpital, d'autres ceux de la clinique. La préoccupation première est celle de la sécurité (la vôtre et celle de votre bébé). L'enfant peut naître dans différents endroits.

➤ La plupart naissent dans le service maternité de la clinique ou de l'hôpital. Il s'agit souvent d'un établissement public avec des médecins et des sages-femmes. Certains gynécologues proposent à leurs patientes enceintes de les accoucher dans leur clinique privée, et de les suivre durant la semaine postnatale. Le privé est presque toujours plus cher.

➤ Si vous habitez en province ou à la campagne, il se peut qu'il n'y ait qu'une seule maternité dans les environs : dans ce cas, la question du choix ne se pose plus. Un bon conseil : il vaut toujours mieux choisir une maternité proche de chez vous car il est important d'éviter les longs trajets lorsque les premiers signes de l'accouchement se présentent. Aucune femme n'a envie d'accoucher dans la voiture.

➤ Si vous souhaitez absolument accoucher dans une maternité précise (bonne réputation, votre gynécologue-obstétricien y exerce, une amie vous la recommande, etc.), il faut vous inscrire dans les plus brefs délais (dès que vous apprenez que vous êtes enceinte). Sachez cependant que tous les établissements sont tenus de vous accepter, inscription ou pas. Ils pourraient sinon être accusés de non-assistance à personne en danger ! Mais, vous l'aurez compris, accoucher dans un endroit où vous n'êtes pas attendue et connue risque d'être stressant...

➤ Enfin, il y a les maisons de naissance tenues par des sages-femmes. Elles sont encore peu nombreuses. Elles offrent une ambiance chaleureuse, un accueil pour les mamans et leur famille, pendant et après l'accouchement. Elles sont ouvertes à toutes les femmes enceintes

Voici, parmi les huiles essentielles, celles qui remportent le hit-parade : rose, jasmin, pamplemousse et lavande ont des vertus apaisantes.

dont la grossesse et l'accouchement restent dans le cadre de la physiologie, c'est-à-dire qu'ils ne présentent aucun risque ni complication.

➤ Depuis quelques années, une nouvelle tendance se profile à l'horizon. En France, elle ne concerne encore aujourd'hui qu'environ 1 % des naissances, mais ce nombre est estimé à la hausse pour l'avenir. Même si l'idée peut paraître archaïque et fait immédiatement penser à nos arrière-grand-mères, certaines femmes choisissent d'accoucher à domicile, prises en charge par des sages-femmes libérales. Elles ne veulent pas d'un accouchement trop médicalisé en hôpital (ou en clinique), préférant laisser faire la nature.

En clinique ou à l'hôpital

Récemment encore, la salle d'accouchement avait la réputation d'être un lieu peu chaleureux : c'était une pièce au plafond carrelé, aménagée d'étroits lits d'obstétrique, ressemblant à des fauteuils gynécologiques, avec des parois amovibles unicolores, en guise de cloison. Les femmes enceintes étaient des « patientes » qui étaient, presque exclusivement, accouchées dans la position allongée.

Cette atmosphère ne doit heureusement plus exister de nos jours. La femme enceinte a le choix de son lieu d'accouchement et la direction des cliniques en a conscience. La concurrence est grande et il faut donc que ce lieu perde son caractère austère et impersonnel pour devenir une chambre agréablement aménagée et attractive, où le bien-être est possible.

Les salles d'accouchement modernes sont ainsi agréables à l'œil : les murs sont colorés, les rideaux hauts en couleur, la lumière tamisée, les lampes parfumées, et la baignoire y est grande ; c'est désormais l'atmosphère standard. Dans certaines cliniques, des tapis reposent sur le sol, pour s'accroupir ou s'agenouiller. Parfois des cordes ou des draps sont suspendus au plafond : on peut s'y accrocher pour soulager le dos. Les murs à espalier offrent les mêmes possibilités et sont présents dans les services obstétriques.

CONSEIL | BIEN CHOISIR

Lors de votre choix, pensez à vérifier les points suivants :

- Pourrez-vous bénéficier d'une préparation à l'accouchement ?
- Pourrez-vous avoir, si vous le souhaitez, un accouchement sous péridurale ?
- Aurez-vous le choix d'une chambre individuelle ?
- Le père ou un proche pourront-ils assister à l'accouchement ?
- Combien de temps resterez-vous après l'accouchement (dans certains hôpitaux, on ne vous gardera que 2 jours) ?
- Quels sont les temps des visites ?
- Quels sont les tarifs, les honoraires des médecins, les frais d'hôtellerie et les divers suppléments ?

Outre l'aménagement, les progrès médicaux techniques ont aussi modifié considérablement l'aide à l'accouchement et le comportement par rapport à la mère et à l'enfant a énormément évolué. Comme les femmes mettent au monde moins d'enfants qu'autrefois, cet événement doit être un vécu unique.
Malgré les efforts fournis, les services obstétriques des cliniques continuent à faire régner une atmosphère d'hôpital qui ne doit pas intimider : certains accouchements présentent parfois des risques. L'hygiène y est donc prise très au sérieux, les plantes vertes et les tableaux étant, par exemple, d'indésirables nids à poussière.

Si la grossesse risque des complications, si un accouchement prématuré est craint, en cas de grossesse multiple ou de césarienne, la naissance en clinique ou en hôpital doit être une évidence. Cette structure offre une prise en charge optimale en ce qui concerne la sécurité médicale pour la maman et le bébé. Vous pouvez aussi accorder votre confiance à un gynécologue-obstétricien de clinique privée. Dans ce cas, assurez-vous qu'il sera présent au moment de la naissance.

Quand l'accouchement a eu lieu

Après l'accouchement, la mère devra rester environ quelques heures sous surveillance dans la salle de travail, avec le nourrisson et son partenaire. Pendant que la sage-femme termine son travail, c'est le moment de savourer la nouvelle situation et le bonheur familial, en toute quiétude. Puis il sera temps de regagner la chambre avec le bébé : de nombreuses cliniques le laissent à la mère, en permanence dans la chambre. Cela veut dire qu'il est là 24 heures sur 24, et qu'il est possible de s'en occuper, tout en demandant l'assistance du personnel spécialisé, sages-femmes ou infirmières en pédiatrie, en cas de questionnements ou de doutes.

Les maisons de naissance

Depuis les années 1960, la grande majorité des accouchements se déroulent en milieu hospitalier, les Pays-Bas constituant l'exception. La grossesse et l'accouchement y sont malheureusement très souvent surmédicalisés. Des femmes ont voulu réagir à cet état de fait, voulant reprendre le contrôle, sans pour autant désirer accoucher chez

INFO | COUP D'ŒIL

- **Presque** tous les hôpitaux organisent des séances d'information le soir. Les femmes peuvent demander comment se déroule un accouchement normal, quelles méthodes sont proposées, quels premiers soins médicaux sont donnés au bébé. Il est possible de visiter la salle d'accouchement. On n'hésitera pas à se renseigner auprès des amies, chaque clinique ayant sa propre réputation.

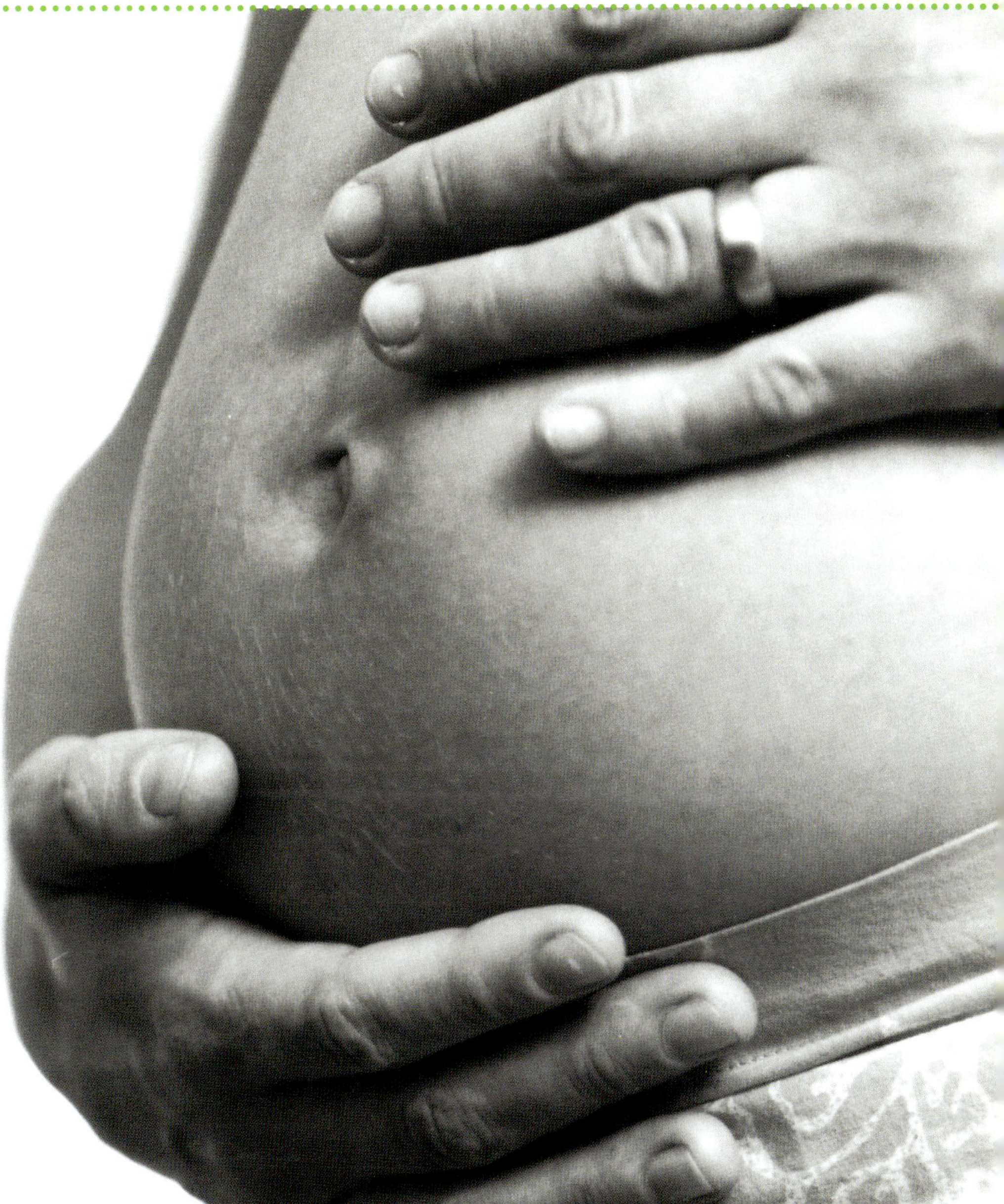

La main sur le cœur du bébé : n'est-ce pas un sentiment extraordinaire ? Voir grossir le ventre chaque jour davantage, et savoir que le bébé y grandit… les hommes ne pourront jamais partager cette sensation ; ils peuvent tout du moins y prendre part.

elles. La maison de naissance fut créée dans ce contexte. Elle apparut d'abord aux Etats-Unis, puis en Europe (d'abord en Allemagne, puis en Suisse, Autriche, Belgique, Grande-Bretagne...) En France, les maisons de naissance ne sont pas encore nombreuses. Jusqu'ici, elles attendaient le feu vert du gouvernement. C'est chose faite. La première maison de naissance vient de voir le jour au CHU de Strasbourg.
La maison de naissance est une clinique de naissance gérée par des sages-femmes. Elle offre un environnement humain et personnalisé. L'accouchement s'y déroule le plus naturellement possible, avec l'assistance des sages-femmes, et dans le respect des souhaits de la maman et de son partenaire. Les jours qui suivent l'accouchement, la maman séjournera dans la maison de naissance, où l'on s'occupera d'elle et de son bébé.

En cas de nécessité, les maisons de naissance ont un accès direct aux services obstétricaux, pédiatriques et néonatals d'un hôpital ou d'une clinique proche. Comme pour un accouchement à domicile, un suivi médical de la grossesse par les sages-femmes permet de garantir un accouchement dans les meilleures conditions de sécurité.

Si vous avez un de ces symptômes, il est déconseillé d'accoucher en maison de naissance :

- accouchement après une césarienne
- hypertension
- retard de croissance intra-utérin
- diabète de grossesse
- prééclampsie
- placenta *praevia*
- naissance de jumeaux ou d'un bébé se présentant par le siège

L'objectif étant, encore une fois, de ne pas limiter la merveilleuse expérience d'un accouchement à un événement médicalisé, et de laisser la place pour l'affectif, la famille, l'attachement. Bref, laisser faire la Nature.

INFO | COUTS

- **Combien coûte un accouchement ?**
Il est presque impossible de prévoir le coût exact d'un accouchement. Il dépend en effet de trop de facteurs : durée de l'hospitalisation, actes médicaux posés et techniques nécessaires, présence ou non d'un anesthésiste (pour la péridurale), soins postnataux pour la mère ou l'enfant, nécessité d'une césarienne...
Certains de vos choix influenceront cependant le montant de la facture : choix de la structure hospitalière, du type de chambre, du médecin, etc. Il est donc particulièrement recommandé de se renseigner, avant l'accouchement, sur les tarifs pratiqués par l'endroit où vous souhaitez accoucher mais aussi sur les conséquences financières des choix que vous poserez.

Témoignage

Sybille (33 ans), diplômée en gestion d'entreprise, élève seule son fils Carlos (2 ans). A ce moment, elle est enceinte de 34 semaines.

Réflexions sur l'accouchement

Pour ma première grossesse, j'avais déjà lu de nombreux guides pratiques et découvert des statistiques révélant que la

plupart des complications surviennent après la naissance en hôpital. Ces chiffres m'ont inquiétée et j'ai appris par hasard qu'il existait dans cette ville une maison de naissance. Je m'y suis rendue, et ai fait connaissance avec les sages-femmes. J'ai immédiatement compris que c'était là que je voulais accoucher.

Il fallait que l'atmosphère qui règne autour de l'accouchement me plaise. Je ne pouvais pas m'imaginer faire naître mon enfant dans une salle trop éclairée, dans la position couchée, dans un lieu où les obstétriciens et les sages-femmes défileraient en grand nombre, si les contractions tardaient.

J'ai vécu l'accouchement de Carlos dans ce centre comme le plus bel événement de ma vie. La pièce était très agréablement décorée et éclairée de bougies, avec en arrière-fond, une musique méditative… La sage-femme a été épatante. Au début, j'avais l'impression que personne n'était là, mais je savais que quelqu'un serait présent au moment où j'aurais besoin d'aide.

Il m'est évidemment arrivé de penser : « Que se passerait-il si un problème se présentait pour le bébé ? » Il me vient toujours des pensées négatives quand j'évoque l'hypothèse de l'hôpital. Ma nièce a un jour demandé à ma sœur : « Maman, pourquoi doit-on aller à l'hôpital quand on va avoir un enfant ? » Les gens ont évidemment besoin d'être rassurés. Pourtant, dans un hôpital, les risques d'infection existent, car c'est un lieu où les bactéries et les virus prolifèrent.

Je tiens beaucoup à accoucher dans une atmosphère harmonieuse pour mon bébé et pour moi-même.

A domicile

Pour certaines femmes, accoucher en dehors d'une structure hospitalière paraît aberrant, voire totalement irresponsable. Pour d'autres, au contraire, un accouchement ne peut pas trouver de meilleures circonstances que celles qu'offre l'intimité du domicile, en compagnie du partenaire aimé et de la sage-femme familière connaissant aussi bien les appréhensions que les souhaits. Accoucher à domicile présente l'avantage d'éviter le défilé des sages-femmes. Seront présentes seules les personnes et les choses primordiales. De plus, la future mère se sent chez elle : elle peut, par exemple, écouter sa musique préférée, utiliser ses toilettes et sa salle de bains, adopter la posture qui lui plaît et être dans son lit, dans ses draps. Elle peut ainsi se laisser aller à son instinct. Les femmes qui ont leur bébé à la maison, loin de se ressentir comme des patientes, considèrent la naissance sous l'angle d'un processus magnifique et naturel et aimeraient donc être pleinement actives pour participer aux décisions. La cellule familiale n'en est que plus renforcée. L'accouchement à domicile est également pour le partenaire une solution agréable : se sentant plus à l'aise chez lui que dans une clinique, il peut donc seconder activement la sage-femme et se consacrer entièrement à sa partenaire, dans une atmosphère chaleureuse. Quand le bébé sera dans les bras de la mère, l'entourage familier l'enveloppera d'attentions délicates, propices à l'allaitement.

L'accouchement à domicile ne convient cependant pas à toutes les femmes et aucune sage-femme n'acceptera de prendre en charge une mère dont le futur accouchement laisse présager des complications. Voici les contre-indications :

- grossesse multiple
- placenta *praevia*
- maladies suivantes : diabète, maladies cardiovasculaires ou rénales, épilepsie
- bassin mal formé
- grossesse précédente difficile (par exemple accouchement par forceps ou par ventouse obstétricale)
- menace d'accouchement prématuré vers la 37e semaine
- poids du bébé estimé à moins de 2,5 kg
- tête de l'enfant non engagée dans le petit bassin
- nourrisson se présentant par le siège
- maladies connues ou présumées de l'enfant, devant être soignées juste après la naissance ou nécessitant des examens approfondis
- dépassement de la date présumée (à partir de douze jours)
- enfin liquide amniotique vert.

Si une naissance à domicile est prévue, il faut prendre rapidement contact avec une sage-femme libérale. L'accouchement à domicile demande une grande confiance en soi, les femmes enceintes devant être convaincues de pouvoir mettre au monde leur bébé avec l'aide de la sage-femme uniquement, sans soutien médical.

Celles qui adoptent cette solution devront s'attendre aux réactions négatives de l'entourage qui tentera de les faire changer d'avis. La plupart des médecins préviennent les femmes enceintes et les déstabilisent volontiers en expliquant qu'une naissance, toujours imprévisible, a sa part de risque. Si cela est juste, cela vaut aussi pour la délivrance en clinique. Le risque zéro n'existe nulle part, ni à l'hôpital ni à la maison. Si les examens prénataux sont effectués régulièrement, si tous les risques sont exclus et si la grossesse peut se dérouler normalement, si la confiance en la sage-femme n'est pas altérée, enfin si l'accouchement commence sans complications, il est possible de maintenir cette décision.

Néanmoins, pour juger des risques propres à sa grossesse, il est impératif de prendre conseil auprès d'un médecin et d'une sage-femme très expérimentés en matière d'aide à l'accouchement. Sachez également que le domicile devra répondre aux critères nécessaires. Une sage-femme effectuera donc une visite préalable de la maison où se déroulera l'accouchement. La présence d'un hôpital à proximité est également obligatoire.

INFO | OU ACCOUCHER ?

- **Là où vous vous sentez bien...** L'accouchement se déroulera simplement et sans complications là où la femme enceinte se sentira le mieux. Si le caractère sécurisant de la clinique est primordial, c'est là qu'elle sera vraiment détendue. Choisir d'accoucher à la maison ou en maison de naissance répondra au désir d'échapper aux lieux très techniques et peu humains. Le choix du lieu est ainsi déterminant. En fait, tout obstétricien doit, au cours de sa carrière professionnelle, maîtriser des situations qui ne sont gérables qu'en clinique. Aucun médecin et aucune sage-femme consciencieux ne pourront affirmer à 100 % que rien n'a pu leur échapper lors des examens prophylactiques.

Questions, préoccupations

♀ *« Quelle taille faut-il choisir pour la garde-robe du premier âge ? »*

La question est pertinente, même si la réponse est difficile. Savez-vous quelle sera la taille du nourrisson quand il naîtra ? Non, bien évidemment. Les indications de taille de vêtements sont basées sur celle de l'enfant : la taille 56 correspond ainsi à un bébé qui mesure à peu près 56 cm. Les tailles changent en fait tous les quatre centimètres. Les plus petites vont en général de 44 à 48, les moyennes oscillant entre 52 et 56 et les grandes s'échelonnant entre 52 et 56. Vous devez prévoir au moins un assortiment taille 52 et un assortiment taille 56. Demandez au médecin ou à la sage-femme avant la naissance une évaluation de la taille du nourrisson. Cela vous permettra de savoir si vous ne faites pas d'erreur lors de vos achats.

♂ *« Quels sont les avantages et les inconvénients des langes en tissu ? »*

Les mères qui changent leur bébé avec des couches en tissu ont une philosophie qui leur est propre devant être prise au sérieux. Elles ont en tout cas la volonté de ne pas augmenter davantage la montagne de déchets. Elles font bien, sachant que, les premiers mois, un bébé nécessite environ dix couches par 24 heures. La poubelle est vite pleine quand la famille grandit. Cet argument donne ainsi bonne conscience aux femmes qui protègent l'environnement. Les partisans des langes avancent également que la peau du nourrisson supporte mieux ce matériau naturel et que l'aération se fait plus régulièrement. De plus, les couches en tissu offrent en général une plus large capacité à langer, bien profitable pour les petites fesses de l'enfant. L'inconvénient majeur est que les langes donnent plus de travail, toutes les parties devant être assemblées avant de changer. Certes, la quantité de déchets est ainsi réduite, mais l'eau et les produits à laver sont consommés en plus grande quantité, chaque partie devant être lavée après usage. Si l'achat des langes au départ est coûteux pour les parents, ils peuvent être, en partie, subventionnés par la région. Les coûts deviennent moins excessifs au bout d'un deuxième ou troisième enfant. Pour information, une couche jetable coûte en moyenne quinze centimes d'euro.

♀ *« J'aimerais accoucher à la maison. Que dois-je prévoir ? »*

Cela dépend de la sage-femme, chacune ayant sa méthode de travail. Demandez-lui ce dont elle a besoin. Habituellement, ce sont des éléments comme le téléphone, un chauffage efficace (la pièce doit être chauffée à 24°), des couvertures et des linges, une lampe avec un abat-jour que vous pourrez déplacer, afin que la sage-femme soit assez éclairée si la lampe plafonnière est tamisée. Elle exigera aussi un tabouret, de la musique, des bougies, un en-cas et des boissons, des serviettes de toilette propres, une bouillotte ou une couverture chauffante pour garder les vêtements du bébé au chaud, enfin du coton hydrophile et de l'huile d'amande douce pure. Elle vous demandera aussi une liste de n° de téléphone utiles.

& solutions

« Cela pose-t-il problème si, étant à la clinique, je dépose de temps en temps mon bébé dans le service des nouveau-nés ? »

Chassez loin de vous l'idée que vous puissiez être une mauvaise mère. Vous avez mis au monde une petite merveille et donné le jour à un être humain : cela vous a demandé énormément d'énergie et de force. Toutes les jeunes mamans ont ainsi besoin, à ce moment-là, d'un peu de repos et de sommeil. Le papa peut également vous relayer et s'occuper du bébé. Profitez du fait que tout est propre autour de vous, que la nourriture est préparée et que vous et votre bébé êtes au centre des préoccupations, enfin que vos proches viennent vous rendre visite. Ce n'est pas encore de votre devoir d'être toujours là pour l'enfant : aussi n'hésitez pas à le confier à l'infirmière en pédiatrie afin de vous reposer et de vous détendre. Insistez cependant pour qu'il vous soit amené pour l'allaiter, ou demandez à être prévenue de devoir venir le chercher. Ne croyez pas que le service des nouveau-nés soit un « parking ».

« On dit que, lorsque les contractions se produisent toutes les sept à dix minutes et durent trente à soixante secondes, les femmes qui accouchent pour la première fois doivent se rendre à la clinique. Qu'en est-il pour celles qui ont déjà accouché ? Quand devons-nous partir ? »

S'il ne s'agit pas d'un premier enfant, vous attendrez probablement moins longtemps. Une deuxième (ou troisième ou quatrième, etc.) grossesse est plus imprévisible et l'enfant vient souvent plus vite. C'est pourquoi les femmes qui ont déjà accouché devraient se rendre à la clinique quand les contractions sont espacées de dix à quinze minutes et durent trente à soixante secondes. Ces spéculations doivent évidemment être relativisées. Si la première grossesse a demandé de nombreuses heures, la deuxième risque de lui ressembler. En revanche, si le premier accouchement était plutôt rapide, ce sera vraisemblablement le cas du second. Tout dépend aussi de la proximité du lieu, de l'ouverture du col de l'utérus et de votre état général. Restez en contact avec la sage-femme ou le gynécologue et n'hésitez pas à appeler pour savoir si vous devez démarrer.

« J'ai du mal à supporter l'idée de crier dans la salle d'accouchement. Quels sont les moyens permettant de mieux travailler les contractions ? »

Une chose est certaine : la cavité de la bouche, celle du pharynx et du fond du bassin résultent, génétiquement, du même matériau cellulaire et présentent la même construction musculaire. Dès qu'une femme ouvre la glotte, le fond du bassin s'ouvre aussi. Un son fort, par exemple un gémissement, est le meilleur moyen d'ouvrir le bas du bassin. C'est une manière d'ouvrir la voie au bébé. Cela ne doit cependant pas être un hurlement. L'expiration peut aussi être contrôlée, sans émettre de son, ou en chantant. Demandez conseil à la sage-femme, afin de trouver, ensemble, la façon de travailler les contractions vous convenant le mieux.

L'accouchement

Selon Frédérick Leboyer, précurseur de l'accouchement en douceur, un bain chaud après la naissance permet au bébé de démarrer agréablement dans la vie. Le nouveau-né se détend et retrouve son élément familier, l'eau, qui lui rappelle le liquide amniotique qu'il vient de quitter. L'expérience révèle que les bébés se sentent le plus souvent très bien dans l'eau : ils y ont passé en effet tous les mois de la grossesse. Si pour nous, adultes, un bain est synonyme de détente, cela représente encore bien davantage pour un bébé : sécurité, confiance et amour, comme avant, dans le ventre de maman…

Les méthodes d'accouchement

Nos mères qui ont souvent rencontré la sage-femme, pour la première fois, dans la salle d'accouchement lui ont déclaré : « Je suis en train d'accoucher ». Tout ce qu'elles savaient dire à cette époque-là, c'était qu'elles attendaient un enfant. Elles ne demandaient pas ce qui allait arriver, maintenant, ni comment, ni ce qui se passerait après, avec le bébé. Elles allaient là, seules, avec leur âme de petite mère, et laissaient venir les choses. Les temps ont bien changé. Une femme enceinte décide, elle-même, où elle veut accoucher, qui l'assistera, quelle position elle préfère adopter, en un mot : elle peut exprimer ce qui lui convient ou lui déplaît. C'est grâce à l'ouverture d'esprit des sages-femmes que les futures mères ont, de nos jours, une si grande place et la liberté de choisir. L'assistante à l'accouchement tente de réduire ses interventions, afin qu'il se déroule le plus naturellement possible. La plupart des sages-femmes et des médecins offrent, patiemment, leur temps à la mère et à l'enfant, sachant avoir recours, à tout moment, aux supports médicaux techniques.

La méthode Leboyer

Il ne s'agit pas ici d'une méthode d'accouchement, mais d'une façon bienveillante d'accueillir le nouveau-né. Pendant la grossesse, le bébé est habitué à séjourner dans un environnement protégé, à moitié obscur, douillet et chaud, à 37°, loin des bruits et de l'agitation quotidienne. « Etre mis au monde » signifie en revanche qu'il doit abandonner un terrain familier pour être confronté, immédiatement, à un environnement nouveau : il fait soudain plus froid, plus clair, tout est plus sonore que d'habitude. Personne ne sait exactement comment un nouveau-né perçoit la naissance, mais il est prouvé scientifiquement que la mémoire de l'accouchement reste ancrée dans le subconscient de chacun. Les répercussions peuvent même provoquer des traumatismes.

Le père de la méthode douce

Frédérick Leboyer, gynécologue français, a développé, dans les années soixante-dix, une méthode permettant l'entrée de l'enfant dans le monde, d'une façon très douce. De longues années passées en Inde l'ont conforté dans l'idée que l'amour et la tendresse donnés dans les premières minutes peuvent marquer pour la vie. L'époque est révolue où, dès la naissance, les bébés étaient pendus tête en bas, avec une petite tape donnée sur le derrière. Les recherches ont révélé par la suite que les nourrissons mis au monde selon la méthode Leboyer pleuraient moins et étaient plus gais et moins anxieux devant l'inconnu. Aujourd'hui encore, on suppose qu'un déroulement paisible de l'accouchement et une entrée en douceur dans la vie ont des répercussions positives sur le développement de la personnalité.

Les critères d'un accouchement en douceur :

➤ L'atmosphère qui règne dans la salle est déterminante : la lumière tamisée remplace les éclairages agressifs, la température de la pièce est plus élevée.

➤ On sait que les voix fortes et les bruits effraient le bébé : il ne s'agit pas de murmurer, mais de parler à voix basse. Une musique douce peut être diffusée, en arrière-fond.

Frédérick Leboyer : « L'amour est aussi important que les vitamines ou les minéraux. Etre touché, massé et caressé, tout cela est de la nourriture pour le bébé. »

➤ Les sages-femmes prennent l'enfant délicatement, puis le mettent dans les bras de la mère. Mieux encore, celle-ci prend, la première, son bébé et le pose sur son ventre. C'est chaud et doux ; il sent les battements de cœur qui lui étaient si familiers, et reconnaît la voix maternelle. Il est ensuite recouvert de linges chauds, afin que le changement de température lui soit plus doux. Il peut désormais percevoir les caresses et la tendresse de ses parents. Les premiers examens ont ainsi lieu dans les bras de la mère, pour éviter de rompre le contact.

➤ Le cordon ombilical n'est coupé que lorsqu'il ne bat plus : le bébé a ainsi le temps de s'habituer à sa respiration par les poumons.

➤ Enfin, il est plongé dans un bain d'eau chaude lui rappelant le liquide amniotique et le maintenant au chaud. La mère le reprend ensuite, et essaie pour la première fois de le mettre au sein. Un enfant qui reçoit tant d'amour et de chaleur ne peut être qu'un enfant gai…

Comme toutes les cliniques n'adoptent pas cette méthode douce, il faut donc se renseigner à temps.

Déclencher l'accouchement

Tout au long de la grossesse, une même date est restée en tête : l'accouchement devait, selon les calculs, avoir lieu au jour J.

Si celui-là est dépassé, et que vous ne tenez toujours pas votre enfant dans vos bras…

Quand le délai est-il dépassé et que cela signifie-t-il ?

Il est pertinent de rappeler que seulement quatre enfants sur cent viennent au monde à la date prévue. Les femmes enceintes devraient savoir que la date figurant dans le carnet de maternité n'est que présumée.

80 % des naissances ont lieu deux semaines avant ou après cette date : cela veut dire que la moitié des enfants dépassent cette échéance (40 %). Ces chiffres devraient réconforter celles qui ont dépassé la date présumée, aucun signe ne laissant apparaître un début de « délivrance ».

Toutefois, des contrôles fréquents sont désormais nécessaires, tous les deux à trois jours. On vérifie si l'apport nutritionnel du nourrisson est suffisant et s'il se sent bien. Le moniteur fœtal comme les examens par échographie sont utilisés. Le gynécologue peut éventuellement contrôler, avec une lampe, la couleur du liquide amniotique, lorsque le col de l'utérus est déjà très ouvert (voir amnioscopie page 194).

Le col de l'utérus s'assouplit

Pour décrire la situation, les remarques et les sensations maternelles serviront aussi d'appui. L'examen prend en compte toutes les sources de renseignements susceptibles d'informer si « quelque chose arrive » : par exemple, si le col de l'utérus s'assouplit, il se rétracte et fait progresser la tête du nourrisson dans le bassin. Vous remarquerez que si vous avez perdu le bouchon muqueux qui, jusqu'à présent fermait hermétiquement l'utérus, le cœur de l'obstétricien palpitera alors de joie.

Il n'y en a plus pour très longtemps…

Et il n'y a aucune raison d'intervenir. Cependant, si les résultats indiquent une immaturité, il faudra y réfléchir et ne pas laisser passer les deux semaines de délai sans agir. La décision penchera plutôt en faveur du déclenchement de l'accouchement. Il faudra rechercher les causes de cet arrêt et discuter avec la sage-femme ou le médecin des méthodes alternatives de déclenchement. On s'assurera, par un examen de contrôle des urines, du poids et de la pression artérielle, qu'une toxémie gravidique ne se prépare pas.

En résumé, avançons qu'un déclenchement de l'accouchement ne relève pas d'une intervention inhabituelle. Dans les grandes cliniques, c'est un acte quotidien, pour ces petits « retardataires », réclamant une vigilance extrême de la part de l'obstétricien, mais aussi beaucoup de cœur pour pouvoir accompagner la naissance, durant cette période d'attente qui met les nerfs à fleur de peau.

Quelles peuvent être les raisons d'un retard ?

Il faut souvent chercher les causes dans la situation et le mode de vie actuels : le voyage d'affaire que le partenaire ne peut pas déplacer ou bien des maladies ou encore des événements imprévisibles, dans le cercle familial ou amical ; d'autre part, un emménagement dans une habitation plus grande non encore achevée, une table à langer non encore livrée ou un départ en vacances de l'obstétricien préféré peuvent en être responsables. Ici, le « psychologique » montre toute son importance.

Si le col de l'utérus est toujours fermé, après une semaine de retard et que l'enfant ne tente pas de déclencher des contractions chez la mère ou de pousser vers le bas, comme en cas de présentation par le siège, les raisons sont peut-être d'ordre psychique. La situation est plus facile à gérer lorsque l'obstétricien ou la sage-femme connaît bien la femme enceinte depuis le début et a pu établir une relation de confiance avec elle. Ils peuvent ensuite tenter d'identifier les causes, en approfondissant la discussion.

Tout va changer maintenant !

Certaines choses échappent parfois à la pensée rationnelle scientifique : on ignore pourquoi les salles d'accouchements regorgent de naissances, au moment de la pleine lune ou en cas de changement radical de temps, notamment en hiver à la première chute de neige. On ignore aussi pourquoi les femmes enceintes de 41 ou 42 semaines sont parfois si nombreuses devant le moniteur fœtal et bien d'autres choses encore. Peut-être les enfants veulent-ils signaler qu'à partir de maintenant, tout va changer…

INFO | L'AMNIOSCOPIE

Cet examen est réalisé en fin de grossesse, pour visualiser la couleur du liquide amniotique, dans le but de détecter l'émission de selles par le fœtus.

- **Certains médecins** contrôlent le liquide amniotique en pratiquant l'amnioscopie. Un tube métallique lumineux, en forme de cône de 20 cm de long environ est introduit dans le vagin et le col de l'utérus, juste devant la poche amniotique. La couleur du liquide renseigne sur l'état du bébé : s'il est clair, et transparent, celui-ci se porte bien. S'il est verdâtre, il faut déclencher l'accouchement.
- **Les détracteurs de cette méthode** avancent que l'examen ne peut être concluant, car il ne contrôle qu'une petite partie du liquide amniotique. En effet, si la tête du bébé est profondément ancrée dans le bassin, celui-là ne peut plus circuler librement. Si une amnioscopie est pratiquée dans ce cas, ne peut être contrôlé que le peu de liquide situé sous la tête. Cette partie du liquide peut être encore claire, le reste étant déjà plus trouble.
- **Autres inconvénients :** cet examen peut être effectué seulement lorsque le col de l'utérus est légèrement ouvert. D'autre part, les femmes enceintes affirment qu'il est très désagréable.

Témoignage

Nina (29 ans), kinésithérapeute et Andreas (30 ans), diplômé en gestion d'entreprise. A ce moment, Nina est enceinte de 30 semaines.

Jonas (4 ans) et la jalousie

Nina : *Nous lui avons annoncé relativement tôt l'arrivée d'un bébé. Il l'a immédiatement raconté à l'école : « Je vais avoir une sœur ! » Il voulait que ce soit une fille…*

Andreas : *En fait, nous étions tous convaincus que ce serait une petite sœur.*

Nina : *J'en étais certaine, moi aussi. Quand j'attendais Jonas, je savais que ce serait un garçon, et je ne me suis pas trompée.*

Andreas : *C'était notre souhait initial ; on a pensé qu'une fille, ce serait bien, qu'ainsi ils formeraient un petit couple. Cela nous a échappé devant Jonas, car nous en étions certains. Un jour, nous avons pensé qu'il ne fallait pas rester fixés sur cette idée…*

Nina : *… Nous avons alors demandé à Jonas s'il trouverait ennuyeux d'avoir un petit frère au lieu d'une petite sœur. Il a réfléchi et a dit : « Un frère ? D'accord, mais après je veux une petite sœur ! »*
Il a commencé à être jaloux à partir du quatrième, cinquième mois, quand mon ventre s'est arrondi. Il a remarqué que je lui prenais un peu de place. Je dois admettre que j'ai fait une erreur, à chaque fois je mettais le bébé au premier plan. Je disais souvent : « Attention, Jonas, l'enfant grandit », ou bien, « Je ne peux plus te porter, je dois porter le bébé » Un jour, cela l'a énervé et il a dit : « Le bébé, le bébé, tu parles toujours du bébé ! Il est nul ! Je veux retourner dans ton ventre, moi aussi j'étais dans ton ventre. Le bébé doit sortir et moi j'y rentrerai ! ».
Un jour où je lui ai interdit quelque chose, il a répondu avec arrogance : « Alors je vais taper dans ton ventre », ou « Je vais donner un coup de pied au bébé ». Je l'ai toujours grondé lorsqu'il répondait ainsi. Il avait vraiment prise sur moi. Depuis, je sais que sa jalousie découle du fait que j'ai pris un peu de distance vis-à-vis de lui. Maintenant, je ne dis plus : « Cela fait mal au bébé », mais « Cela me fait mal ».
Depuis, tout va bien. Il a posé déjà plusieurs fois son oreille contre mon ventre pour l'écouter, il le caresse et l'embrasse.

Méthodes pour déclencher l'accouchement médicalement

Des raisons sensées obligent un déclenchement médicalisé. Quand le placenta ne nourrit plus assez le bébé (en cas d'insuffisance placentaire) ou que les contractions n'en finissent plus et sont sans résultats, c'est nécessaire. Plusieurs possibilités s'offrent alors :

L'éclatement de la poche amniotique

Lorsque la poche amniotique est ouverte prématurément (la sage-femme la fait éclater d'un doigt), l'accouchement démarre quelques heures plus tard. C'est fondamental, car le processus de naissance doit se dérouler rapidement dès ce moment. Percer la poche amniotique est une méthode à laquelle il faut bien réfléchir et ce pour nombre de raisons : comme le nourrisson perd son enveloppe protectrice, les germes et les bactéries peuvent lui être facilement transmis par le col de l'utérus et provoquer une infection.
La deuxième raison est que l'enfant est désormais limité dans ses mouvements, la troisième étant que les contractions risquent de venir rapidement et d'être très douloureuses. Il suffit de penser que lors de chacune, la tête de l'enfant glisse sur la muqueuse de l'utérus. Lorsque la poche est fermée, c'est elle qui amortit le choc de la contraction, qui est fatalement plus supportable. En général, tout est fait pour que la poche ne soit pas percée. Ainsi a-t-on très peu souvent recours à cette méthode pour déclencher une naissance. D'une part, il n'est pas certain que le corps puisse déclencher des contractions, et d'autre part, après la percée de la poche amniotique, l'accouchement doit absolument poursuivre entièrement son déroulement.

Comprimé ou gel vaginal

Une dose de prostaglandine est introduite par le vagin devant le col de l'utérus, sous la forme de comprimé ou de gel. Ce médicament déclenche les contractions, assouplit le col quand il est fermé et le « prépare ». Le résultat ne tarde souvent pas. Il suffit de quelques heures pour que le col de l'utérus s'ouvre d'un centimètre, suivi d'intenses contractions. L'avantage de cette méthode est qu'elle déclenche irrémédiablement un accouchement. L'inconvénient est, qu'une fois ce médicament administré, son effet ne peut plus être corrigé ou atténué, durant les six prochaines heures, contrairement aux déclencheurs par perfusion.

Déclenchement par perfusion

On injecte de l'ocytocine par perfusion en intraveineuse, cette hormone stimu-

INFO | « UNIQUEMENT EN CLINIQUE »

- Les méthodes de déclenchement de l'accouchement décrites ci-dessus ne sont pratiquées qu'en structure hospitalière (mais non à domicile).

lant l'activité de l'utérus. Les accoucheurs déclenchent l'accouchement par perfusion, uniquement lorsque le col de l'utérus est prêt.

La dose est progressivement augmentée jusqu'à ce que les contractions soient suffisamment fortes. Comme l'effet de l'ocytocine est court, (tout au plus quelques minutes), la fréquence et l'intensité des contractions peuvent être aisément évaluées et maintenues à un niveau très supportable. Cette méthode par perfusion ne peut pourtant réussir qu'à condition que le col soit prêt pour l'accouchement, c'est-à-dire souple et légèrement ouvert ; si nécessaire, il sera traité avec la méthode décrite précédemment, par introduction de gel ou de comprimé vaginal (prostaglandine).

Une perfusion d'ocytocine est habituellement associée à une anesthésie péridurale, qui aide à supporter les contractions et facilite le travail.

Si le nourrisson se laisse désirer…

Plus la date d'accouchement approche, plus les professionnels sont appréhendés comme des alliés et questionnés en permanence concernant le retard : « Connaissez-vous un moyen qui pourrait inciter le bébé à naître enfin ? ».

Soyez certaine que chaque sage-femme a ses petites astuces qu'elle ne dévoilera que si le corps est vraiment prêt, c'est-à-dire si le col de l'utérus s'est déjà raccourci et s'il est légèrement ouvert. L'enfant doit se trouver dans la position attendue, tête dans le bassin.

Déclenchement à la suite d'un rapport sexuel

On parle ici d'un acte sexuel vécu juste avant la date présumée et qui peut ainsi provoquer l'accouchement. Voilà donc une délicieuse suggestion : d'une part, le sperme de l'homme contient une grande quantité de prostaglandine (c'est une substance semblable à une hormone qui peut déclencher des contractions), enfin, si la femme connaît un orgasme très intense, la musculature de l'utérus peut se contracter au point de générer ensuite des contractions régulières. Cela a souvent fonctionné ainsi. La femme secrète, elle aussi, de la prostaglandine, à l'occasion d'un rapport sexuel et en cas de grande excitation.

CONSEIL | TISANE

- **Elle favorise les contractions. Elle a très bon goût,** est vite prête et agit sur le muscle de l'utérus : mettez un bâton de cannelle, dix clous de girofle et un morceau de gingembre frais dans une théière. Versez par-dessus un litre d'eau bouillante. Ajoutez une cuillère à soupe de thé à la verveine, disponible en pharmacie, et laissez infuser quelques minutes. Conservez le thé dans une thermos et buvez-le plutôt tiède, par petites gorgées, toute la journée. L'effet n'est pas instantané, mais il ne se produit qu'après un ou deux jours.

Traitement homéopathique

Il existe quelques traitements homéopathiques très efficaces, favorisant le déclenchement spontané d'un accouchement. Le choix judicieux du médicament adapté est entre les mains de l'homéopathe, ou mieux, entre celles d'un accoucheur spécialisé en homéopathie. Il vaut mieux ne pas y recourir par soi-même. Se renseigner auprès du médecin traitant ou de la sage-femme est préférable.

Lavement

Chez de nombreuses femmes, le fait de vider complètement les intestins très rapidement provoque immédiatement le début des contractions. Un lavement à l'eau chaude stimule le mouvement de l'intestin, ce qui agit aussi sur la musculature de l'utérus. Il réagit en se contractant, les premières contractions apparaissant alors.

Cocktail efficace à base d'huile de ricin

Si rien n'agit, les sages-femmes possèdent encore un atout, celui d'un cocktail à base d'huile de ricin disponible en pharmacie. Il faut en mélanger deux cuillères à soupe avec une cuillère à café de sucre, dans un petit verre de bière, d'environ 150 ml. En cas de préférence pour les « boissons fortes » : mélangez deux cuillères à soupe d'huile de ricin et deux autres de cognac, dans 100 ml de jus de fruits. Qu'il s'agisse de bière ou de schnaps, le goût sera tout aussi horrible. Ce seront peut-être les pensées du bébé ainsi poussé à sortir de son antre. L'huile de ricin est en effet un redoutable laxatif, déclenchant chez la femme prête à accoucher de fortes contractions, en l'espace de quelques heures.

Pour des raisons médicales, cette méthode peut être néanmoins interdite, en cas de toxémie gravidique, par exemple, ou d'insuffisance placentaire. Elle peut être pénible aussi pour l'enfant. Aussi rien ne doit-il être entrepris, sans le conseil du gynécologue ou de la sage-femme.

Stimulation des mamelons

Les sages-femmes appellent cela le « test des tétons » : la femme enceinte, avec ou sans son partenaire, est invitée à stimuler les mamelons, en suivant les conseils spécifiques. Cette excitation fait que l'hypophyse libère de l'ocytocine, qui, à son tour, incite la musculation de l'utérus à se rétracter, cela déclenchant des contractions. Quand le corps est prêt, les contractions apparaissent effectivement dans l'heure ou les deux heures qui suivent. Il ne faut pas expérimenter cette méthode chez soi, sans surveillance ni contrôle par le moniteur fœtal. Si cela réussit, elle peut provoquer de fortes et longues contractions risquant de stresser le bébé. Tout attouchement des seins, au cours d'un tendre jeu amoureux, n'est cependant pas contre-indiqué. En revanche, une stimulation continue des mamelons doit être effectuée sous strict contrôle de l'obstétricien, une réaction trop forte pouvant être engendrée.

Regard vers l'avenir : que nous réserve le futur ? La mère est plongée dans ses pensées, tout près de son bébé…

C'est parti : les signes avant-coureurs

Le bouchon muqueux

Certaines femmes remarquent soudainement une grande quantité de muqueuse dans leur slip, d'autres s'en aperçoivent après un bain ou une douche, tandis qu'elles sèchent le bas de leur corps. Il s'agit du bouchon muqueux, qui fermait l'utérus de l'intérieur et le protégeait ainsi des bactéries et des germes. La muqueuse est collante, trouble et rêche et souvent mélangée à du sang. Avoir perdu le bouchon muqueux ne signifie pas qu'il faille se rendre à la clinique. En fait, l'accouchement a rarement lieu le même jour, et peut même se déclencher, deux ou trois jours après.

Les contractions

Si vous demandez à des mères à quoi ressemblent les contractions, vous ne recevrez que des réponses peu satisfaisantes. Le fait est qu'une contraction fonctionne selon le même principe, bien que chaque femme la perçoive différemment. Ce phénomène résulte de la rétractation de la musculature de l'utérus. La contraction est semblable à des vagues qui démarrent du haut du ventre pour progresser vers le bas. Les déclencheurs d'accouchement sont des hormones produites dans l'hypophyse. Les contractions d'entraînement ne sont pas douloureuses et ne font que durcir le ventre. Au début, l'utérus se rétracte par intermittence, puis les contractions sont de plus en plus régulières et évidentes. Au départ, ce n'est rien qu'un tiraillement dans le dos ou dans le bas-ventre, comparable aux règles ou à une pression inhabituelle dans le ventre. Cela s'apparente à des flatulences, mais sans « vents ». Puis cela équivaut à une crampe au niveau du sacrum, qui se propage sur tout le ventre et l'entoure, comme une ceinture étroitement serrée. Pour s'assurer qu'il s'agit de « vraies » contractions, il suffit de faire un test en prenant un bain chaud. Si ce sont des contractions d'entraînement, elles disparaîtront grâce au bain. En revanche, celles qui provoquent l'ouverture du col s'intensifient dans l'eau chaude. Il est temps de partir pour la clinique si, en l'espace d'une ou deux heures, les contractions deviennent régulières, intervenant toutes les dix minutes, et durant de trente à soixante secondes.

CONSEIL | NE PAS HESITER

- N'hésitez jamais à faire appel à la sage-femme ou au médecin en cas de malaise ou de doute.

Rupture de la poche des eaux

Une naissance sur dix commence par la perte des eaux. Le liquide amniotique s'échappe et il est impossible de le retenir, contrairement à l'urine. Il faut alors se rendre rapidement à la clinique ou en informer immédiatement la sage-femme, car la cavité n'est plus protégée des infections et l'accouchement est imminent.

La baignoire est un endroit adapté pour tester les contractions. Si c'était une fausse alarme, cela aura néanmoins permis de prendre un bon bain chaud et de se détendre.

Si le liquide amniotique a une couleur verdâtre, il est impératif d'aller à la clinique, même s'il était prévu d'accoucher à la maison.

Diarrhées/vomissements

La diarrhée est parfois le signe avant-coureur du début de l'accouchement. Le corps se débarrasse de tout ce qui pourrait gêner le processus de naissance, en l'occurrence ici, le contenu de l'intestin. Les organes de digestion remplis prennent trop de place et le bébé est inutilement à l'étroit. Un autre indice qui en indique l'imminence est le fait de s'activer au sein du nid. Des faits sans importance deviennent alors essentiels, aux yeux de la femme enceinte. Les partenaires seront vigilants et ne se formaliseront pas si leur partenaire agit étrangement, fait soudain une provision importante de nourriture, déplie et replie les vêtements du bébé, trie les soupes en paquet en fonction de leur couleur, ou les chaussettes en fonction de leur âge…

Les phases de l'accouchement

L'accouchement se déroule en plusieurs phases, celle de l'ouverture du col, celle du passage du bébé dans le col, la phase finale dite « d'expulsion », sans oublier celle qui suit la naissance. C'est une chance de pouvoir se documenter, en suivant des cours de préparation ou en lisant des livres. Il faut en profiter, car c'est une meilleure préparation à ce qui va se passer. Cela permet aussi aux partenaires d'être plus actifs, au moment de l'accouchement.

La phase d'ouverture

La première phase est la plus longue. Elle commence avec les premières contractions d'ouverture et s'achève quand le col de l'utérus est complètement ouvert, la tête de bébé se pressant contre le col de l'utérus qu'elle masse en l'obligeant ainsi à s'élargir. En même temps, ce col se retrousse grâce à sa musculature.

Ce moment peut durer longtemps, notamment chez les primipares (femmes accouchant pour la première fois). Il est impossible de donner des indications de temps exactes, chaque accouchement étant unique et dépendant de nombreux facteurs : force et fréquence des contractions, par exemple, facilité d'ouverture du col ou non, ou encore constitution physique et psychique de la femme. Si les précontractions n'ont pas cessé durant les derniers jours, le col de l'utérus risque d'être déjà ouvert de quelques centimètres. Si c'est le cas, c'est parfait : la naissance se déroulera d'autant plus vite et plus aisément.

Pendant la phase d'ouverture du col, la mère peut être encore vraiment active. Elle profitera de cette mobilité pour se déplacer, se promener, monter l'escalier, se balancer sur un ballon de gymnastique, ou encore faire travailler son bassin. Toutes ces activités sollicitent et stimulent automatiquement la musculature de l'utérus. Il est aussi important d'uriner fréquemment, car l'utérus et l'enfant sont reconnaissants du moindre espace gagné.

Il ne faudra pas se décourager si le col tarde à s'ouvrir. Le bébé viendra au monde, c'est certain. Les choses doivent être regardées positivement : lorsque les contractions commencent tout doucement, cela laisse le temps de mieux se préparer et de ne pas être « prise d'assaut ». C'est un peu de temps gagné, pour être en phase avec l'enfant et accueillir cet heureux événement.

INFO | MOTS HORS D'USAGE

Deux expressions le sont aujourd'hui pratiquement :

- **« La phase d'expulsion »** et **« presser ».**

Des expressions plus heureuses sont actuellement utilisées : aucune femme « n'expulse un bébé ». On ne peut pas « presser un bébé vers l'extérieur » au moment de la phase finale. C'est pourquoi nous ne parlons pas ici de douleurs d'expulsion.

Mouvements préparant à l'accouchement sur un ballon de gymnastique. Le but est d'élargir et d'étirer progressivement la musculature du périnée, afin de faciliter la rotation du bébé.

Lavement

Lorsqu'on interroge des femmes qui en sont à leur accouchement sur ce qui les effraie, elles répondent toutes, spontanément, que c'est le lavement. Il est pourtant inutile de se faire du souci à ce propos. C'est un épisode simple et rapide, ne durant qu'une ou deux minutes. Il suffit de faire confiance à la sage-femme qui n'en est pas à son premier. Elle ne l'effectue pas non plus par plaisir, mais pour soulager l'enfant et la mère, lors de l'accouchement.
Un lavement ne doit donc pas être refusé, car il déclenche souvent les contractions et fait de la place au bébé. Un intestin plein fait pression sur le canal utérin et le rétrécit. Pourquoi alourdir la charge de travail du bébé ? De plus, grâce au lavement, à l'instant de la poussée, l'intestin ne se videra pas.

CONSEIL | AU PARTENAIRE

➤ **Sa présence** à elle seule est déjà précieuse. La future mère ne sera pas laissée seule et elle obtiendra ce qu'elle demande : lui tenir la main, lui éponger le front, se promener avec elle, lui masser le dos, contrôler la respiration avec elle, lors des contractions, boire avec elle un verre d'eau ou de jus de fruit, et tout faire pour la motiver. Des phrases comme « tu t'y prends très bien ! « Tu y arrives super bien ! », « Tu es la meilleure ! » sont de véritables baumes pour le cœur. Lors de ces performances de haut niveau, la femme enceinte a besoin d'un fan qui la stimule. Et vous devez être le meilleur.

Détendez-vous !

Pendant la phase d'ouverture du col, il est encore temps de créer une atmosphère agréable, dans la salle d'accouchement : allumer des bougies, si cela plaît, écouter sa musique préférée, diffuser de l'huile parfumée apaisante, manger un en-cas énergétique et savourer les derniers instants en duo avec son partenaire.

Boire et manger pendant l'accouchement

C'est complètement interdit dans nombre de cliniques et à raison. Jusqu'à la dernière minute, une césarienne peut être envisagée, parce que l'enfant est dans une situation stressante et que l'accouchement doit être vite achevé. Si l'opération se fait sous anesthésie générale, et dans l'urgence, le contenu de l'estomac peut être aspiré, la vie étant alors en danger. Les aliments mélangés au suc gastrique vont du tube digestif dans les poumons en passant par les bronches.
C'est pourquoi il est demandé, à chaque fois, aux patientes d'être à jeun, avant une opération. En cas d'urgence, le risque doit être pris en considération. Généralement, l'anesthésie moderne parvient à éviter ce type de complication ou à gérer les cas les plus graves. Il est préférable cependant de ne pas trop jouer avec le feu.

Les femmes enceintes ne sont jamais complètement à jeun, le passage de la nourriture dans l'estomac durant plus longtemps qu'à l'accoutumée. Un petit reste demeure bien moins dangereux qu'un repas complet.
Il ne faut pas se méprendre sur le conseil donné plus haut concernant l'en-cas énergétique : il s'agit de biscuits, d'une barre de chocolat, d'un peu de glucose et d'une gorgée de votre jus de fruits préféré. Si cela ne modifie quasiment pas le contenu de l'estomac, il peut faire des miracles. A bout de force, la femme enceinte se fera faire une perfusion de glucose ne présentant pas le même goût, mais agissant instantanément, sans remplir l'estomac.

A la fin de cette phase d'ouverture, les contractions, nettement plus fortes qu'au début, surviennent toutes les trois minutes et durent presque une minute.

La position du bébé

A ce moment-là, il tente d'entrer dans le bassin maternel. Il doit se tourner au bon moment et à l'endroit adéquat, dans le canal utérin, la voie étant étroite et très sinueuse. L'entrée du bassin est ovale et transversale, ce qui signifie que l'enfant doit effectuer un quart de tour, avec la tête, pour combler de façon optimale la place dans le bassin. Arrivé au centre arrondi de ce dernier, il doit à nouveau tourner la tête, mettre le menton sur la poitrine et entamer un virage dans le canal utérin en S, pour glisser vers la sortie du bassin et du vagin.

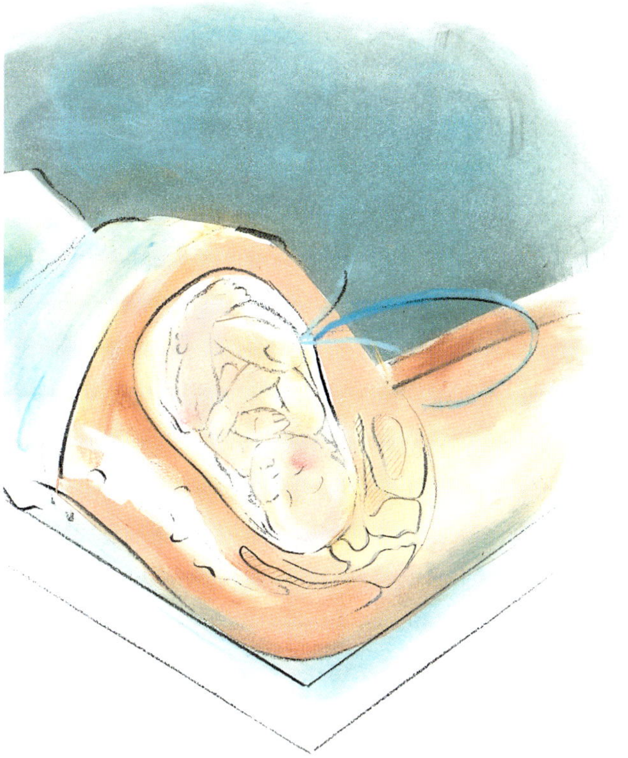

Phase d'ouverture du col : maintenant, le bébé doit encore effectuer une rotation à 90° et mettre le menton contre sa poitrine, afin que la tête puisse passer dans le très petit diamètre du canal utérin.

La phase de passage

C'est la phase où les contractions sont les plus intenses. Le col est ouvert, il reste encore deux ou trois derniers centimètres avant que la tête prenne la position adaptée pour venir au monde. De violentes contractions surgissent en l'espace d'une minute et peuvent durer 60 à 90 secondes.

Les sages-femmes reconnaissent cette phase au changement d'attitude de la mère, l'atmosphère se transformant subitement dans la salle où les émotions se libèrent. Pendant cette phase, les femmes verbalisent ce qu'elles ressentent. Elles ne sont plus aussi disciplinées et raisonnables qu'auparavant, elles se perdent soudain dans un torrent de confusion, et font des éclats. On entend alors des phrases telles que : « Arrêtez tout, je veux rentrer chez moi ! » ou encore, « Faites ce que vous voulez, mais prenez l'enfant ! ». Ces réactions sont parfaitement normales car, durant ces minutes, les contractions sont imprévisibles. Jusqu'à présent, elles ressemblaient à des vagues, alors qu'elles atteignent maintenant plusieurs points culminants ou bien gardent, constamment, la même intensité. De plus, les pauses de répit sont nettement plus courtes, parfois même si courtes, que certaines femmes croient qu'il s'agit d'une « contraction permanente ».

Durant la phase de passage, il faut se concentrer doublement sur la respiration, afin de pouvoir contrôler les contractions et ne pas bloquer. Il se peut qu'une forte pression soit ressentie vers le bas, associée à une irrésistible envie de pousser le bébé vers l'extérieur, de « l'expulser ». Si la tête est encore trop haute, la sage-femme déconseillera de le faire et incitera à gémir ou à respirer comme elle le fait, pour résister à cette volonté de pousser. Il faut lui faire confiance et suivre ses recommandations, elle seule sachant comment va l'enfant et pouvant estimer ce qui est encore supportable. Cette célèbre phase de passage, qui a si mauvaise réputation, ne dure en général que quelques minutes, avant qu'arrive la dernière ligne droite. Une fois le col de l'utérus complètement ouvert et lorsque la tête de l'enfant s'est tournée et se situe « devant la porte », cela peut commencer. La phase la plus pénible est maintenant derrière soi.

La position de l'enfant

Pendant cette phase, le bébé a déjà la tête profondément introduite dans le bassin. Avant d'amorcer le virage en S, sa tête fait pression sur le bout de l'intestin, et la mère ressent alors une très forte pression, comme si elle devait aller aux toilettes. De nombreuses

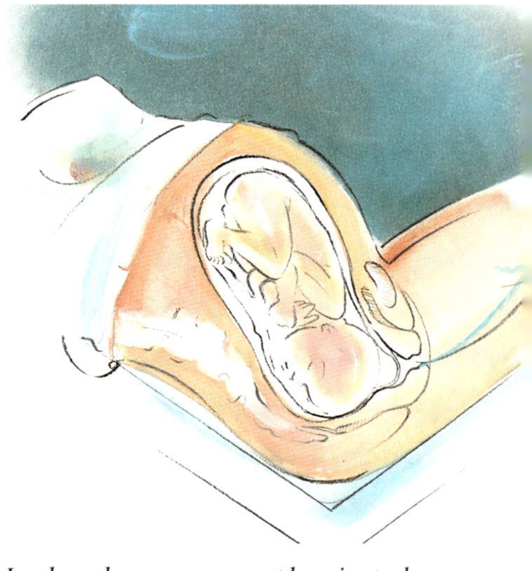

La phase de passage : ce sont les minutes les plus difficiles de l'accouchement. Le col est ouvert, mais la tête n'est pas encore dans la position adéquate.

femmes s'en irritent et aimeraient encore s'y rendre rapidement, ce qui, aux yeux de la sage-femme, indique que l'enfant est en bonne voie. C'est à ce moment précis qu'avoir fait un lavement sera apprécié. Au cas échéant, cela ne pose pas problème. Il ne faut pas retenir son envie d'aller à la selle, ce serait travailler à contresens des contractions. Dès que le bébé a pris le virage, la voie est libre pour qu'il vienne au monde. La phase terminale peut désormais commencer dans cette position.

L'enfant peut être aidé à s'engager dans « la bonne voie », en faisant bouger le bassin. Il est recommandé de ne pas rester passive, allongée sur le lit, et de changer de position, si la sage-femme l'autorise. La mère se placera sur le côté où se situe le dos du bébé ; elle adoptera la position de marche, ou debout, ou accroupie, en associant des mouvements spécifiques, afin de faciliter l'introduction du bébé dans le canal utérin. Elle effectuera aussi de légers mouvements « de danse du ventre » : ceux-là, rythmés et circulaires, à partir du bassin font que l'enfant profitera de cette gravitation pour descendre, les contractions progressant de même.

La phase terminale

Enfin, c'est presque fini… Il est pourtant fondamental de résister à l'envie d'expulser le bébé. Ce moment est une vraie délivrance pour nombre de femmes, étant enfin susceptibles de participer activement. Malgré les efforts déjà fournis, il reste encore assez

CONSEIL AU PARTENAIRE

- **Nombreux** sont les futurs pères assistant à l'accouchement qui découvrent chez leur partenaire des aspects de leur personnalité jusqu'ici ignorés. Il peut arriver que la femme enceinte le repousse. Le futur papa ne doit pas s'en formaliser. Les douleurs des contractions s'accompagnent parfois de rage et elle peut dire : « Pourquoi je me fais tout ça ? » ou « laisse-moi tranquille ». C'est le moment d'être courageux, car lors de situations difficiles, on cherche toujours un responsable, et il faut le savoir, à ce moment-là la future maman prend la personne qui lui tombe sous la main. Le partenaire ne se sentira donc ni persécuté, ni responsable des douleurs qui sont naturelles, lors de la naissance des enfants ; se montrer compréhensif et tenter de consoler la mère en devenir avec des mots d'amour, continuer à la motiver en lui disant, par exemple : « le col est presque entièrement ouvert », « maintenant, tu y es presque », « tu vas y arriver » : autant d'attitudes positives. Il est fondamental de poursuivre, avec la sage-femme, le même objectif. Sous peu, tout sera fini et les efforts auront porté leurs fruits.

Phase terminale : la tête est correctement positionnée et a glissé jusqu'au fond du bassin. Vous allez maintenant ressentir une irrésistible envie de pousser.

d'énergie pour aborder le sprint final. Il faut alors écouter la sage-femme, lui faire confiance et s'appuyer sur les contractions qui vont venir. Trois éléments rapprochent la mère de son bébé : de puissantes contractions, l'intervention contrôlée des abdominaux et la volonté de le pousser vers l'extérieur. Bientôt, le petit trésor sera là…

Il est utile de s'appuyer sur ce qui a été appris pendant les séances de préparation à l'accouchement ou durant les cours de yoga. Durant les minutes qui vont suivre, il est important d'ouvrir le fond du bassin et que tout soit détendu, en bas. Les contractions à venir ne doivent pas inquiéter, car elles rapprochent de l'enfant. Il faudra tenter, à chaque fois, de donner toujours un peu plus qu'à la précédente. Le bon déroulement de l'accouchement risque d'être ralenti en cas de tension du fond du bassin, de raidissement ou bien si la mère pousse trop avec la tête, au lieu de pousser vers le bas.

La position de l'enfant

L'enfant est dans la bonne position. Et maintenant, du large… Une fois la tête parvenue au fond du bassin, les cheveux sont déjà visibles. Il suffit d'agir en fonction de ce que dit la sage-femme, quand elle demande de toucher la tête dans le vagin : ce sera un sentiment inoubliable que d'effleurer cette petite tête molle. Quand on vous dira : « il arrive, il arrive » cela vous donnera aussi de nouvelles forces voire des ailes pour effectuer ces dernières performances de haut niveau. Quand bien même toutes les forces et la volonté devraient y être insufflées, la dernière poussée doit pourtant être modérée, afin que le périnée puisse se détendre progressivement et ne se déchire pas. C'est pourquoi il vous sera demandé de pousser moins fort, lorsque la tête sera déjà à moitié à l'extérieur. Une fois entièrement sortie, la sage-femme la prendra, délicatement, dans ses deux mains et, d'un geste expérimenté, la tournera légèrement sur le côté, afin de donner aux épaules la position optimale pour qu'elles puissent passer. La tête et les épaules dépassant, le torse et les jambes glisseront rapidement vers l'extérieur : le bébé est né.

CONSEIL | AU PARTENAIRE

➤ **C'est pour lui aussi** le sprint final : il prendra la future mère par la main, lui caressera tendrement la tête et si elle le demande, lui épongera le front. Nombre d'hommes sont plus à l'aise en se plaçant derrière leur femme tout près de son visage, plutôt que près de la sage-femme ou du médecin. Qu'ils soient en tout cas fiers de ses performances et qu'ils se réjouissent à l'idée d'être bientôt des pères et de pouvoir assister à ce merveilleux événement. Il sera inoubliable. S'il le désire, il pourra même peut-être couper le cordon ombilical.

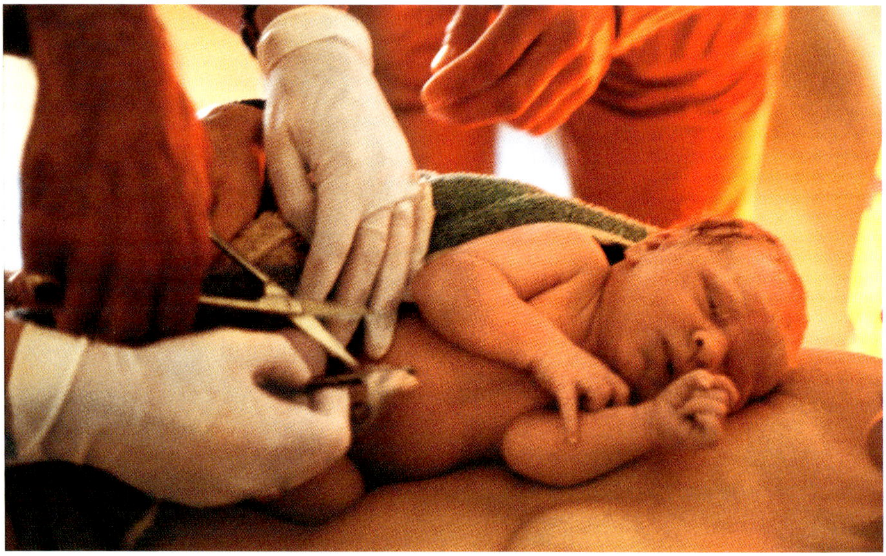

Couper le cordon ombilical : le bébé est né et repose sur le ventre de maman. Il est maintenant demandé au père de couper délicatement le cordon ombilical.

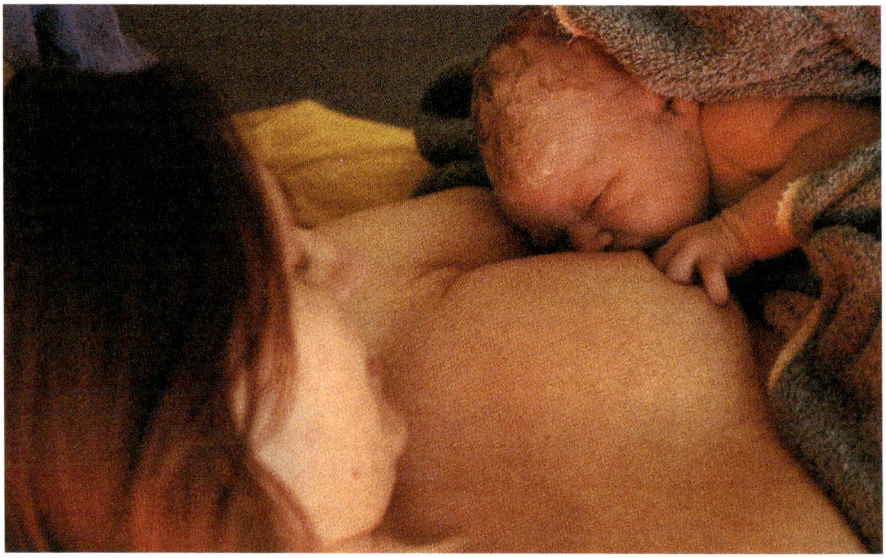

Trente minutes après l'accouchement, le réflexe de succion est déjà là : c'est le moment idéal pour mettre le bébé au sein.

Bébé est là !

Quel sentiment délicieux… Pendant quarante semaines, vous avez porté ce petit d'Homme ; vous avez senti ses hoquets, ses coups de poings et de pieds, et voilà qu'il est dans vos bras. De nombreuses mères sont indiciblement heureuses, quand d'autres sont simplement exténuées ; toutes sont soulagées d'avoir réussi l'accouchement. Laissez alors libre cours à vos sentiments. Se détendre est bien mérité, car la femme accouchée, son partenaire et le bébé ont beaucoup donné d'eux-mêmes. Ces premières minutes leur appartiennent.

La coupe du cordon ombilical

Idéalement, l'obstétricien attend, avant de couper le cordon ombilical, qu'il ne batte plus. L'organisme du bébé peut ainsi s'habituer progressivement à sa nouvelle autonomie et à la nouvelle fonction de ses poumons. Si le partenaire ou la mère souhaite couper le cordon ombilical, il suffit d'en faire part à la sage-femme. Le cordon est pincé à deux endroits et peut être coupé au milieu. C'est indolore, aussi bien pour l'enfant que pour la mère, car il n'a pas de nerf. Il sera immédiatement coupé pour les femmes qui ont un rhésus négatif, afin que le sang maternel et celui de l'enfant ne se mélangent pas, lorsque le placenta se détache.

Don du sang du cordon ombilical et greffe de cellules souches

Chaque année, de nombreuses personnes meurent du cancer du sang (leucémie), et parmi elles nombre d'enfants. La seule chance de guérison pour ces patients est la greffe de la moelle osseuse, à condition de trouver, dans le monde, un donneur compatible. 20 000 greffes sont faites, chaque année, dans le monde. Chez l'adulte, ces cellules souches sont présentes, en abondance, dans la moelle osseuse. Elles ont la capacité de se diviser en permanence. Les cellules sœurs ainsi formées se transforment en nouveaux globules rouges ayant pour fonction d'immuniser le corps.

Des cellules régénèrent donc notre sang et augmentent nos défenses immunitaires. C'est aussi le but d'une greffe : les cellules défectueuses ou vieilles doivent être remplacées, un corps affaibli obtenant une nouvelle source vitale.

INFO | UN DON PLEIN DE SENS

- **Rejets précieux**
  Il y a quelques années, des chercheurs ont découvert que la moelle osseuse d'un adulte, ainsi que le cordon ombilical, contiennent une quantité considérable de cellules souches pouvant être transplantées. Parvenues dans les os, elles peuvent s'y loger et régénérer la formation du sang. Prélever des cellules du cordon ombilical ne demande aucune anesthésie et c'est sans risque pour la mère et l'enfant.

Que fait-on avec le sang ?
Il est travaillé et gelé dans des éprouvettes, jusqu'à ce qu'un patient en ait un jour besoin. Les résultats des examens sont transmis anonymement à une centrale : tout centre de greffe du monde entier peut obtenir auprès d'elle une préparation compatible pour ses patients.
Une toute jeune maman peut ainsi aider à sauver la vie de personnes leucémiques en faisant don du sang du cordon ombilical.

Ce don n'est seulement possible que si le cordon ombilical a été pincé très tôt. Or, le nouveau-né a encore besoin de ce sang riche en oxygène pendant quelques minutes avant de pouvoir respirer seul et de mettre en route sa propre circulation. Lors d'une césarienne, le cordon ombilical est toujours pincé très tôt et un don peut donc se faire sans problème.

INFO | BANQUE DU SANG

- **Important :** Les médecins seront informés de la volonté de don du sang du cordon ombilical, bien avant l'accouchement. Dès que le bébé sera là, vous aurez en effet bien autre chose en tête. Pesez bien votre décision. Toutes les cliniques ne pratiquent pas la ponction de ce cordon, les obstétriciens devant pour cela recevoir une formation : c'est la loi qui l'exige.

Que représente le don pour vous ?
Voilà comment cela se passe : le cordon ombilical du bébé est coupé immédiatement après la naissance. Il est alors pincé rapidement. L'obstétricien en prélève environ 60 à 150 millilitres et le transmet à une banque de sang de cordons ombilicaux.
L'inconvénient est que cela va à l'encontre de la méthode Leboyer, préconisant que l'enfant doit entrer doucement dans le monde : on n'attend en effet plus que le cordon cesse de battre pour le couper. Il en va autrement pour les femmes de rhésus négatif, pour lesquelles celui-là doit être coupé, immédiatement, après la naissance, comme déjà dit.

La phase postnatale

La naissance est presque terminée : il manque encore le placenta. Dès que le cordon est coupé, l'utérus se rétracte encore une fois et expulse le placenta. Les saignements abondants qui l'accompagnent ne doivent cependant pas effrayer. La moitié d'un litre n'est pas une quantité si grande. En général, les saignements surgissent en l'espace d'une minute, et cela peut durer plus longtemps, parfois jusqu'à une heure. Dès que le placenta est sorti, on vérifie qu'il s'est bien détaché dans son intégralité. En effet, il arrive que de petits restes soient encore dans l'utérus.

Quand le placenta ne se détache pas de lui-même…
Lorsque le placenta ne vient pas de lui-même, la sage-femme agira comme

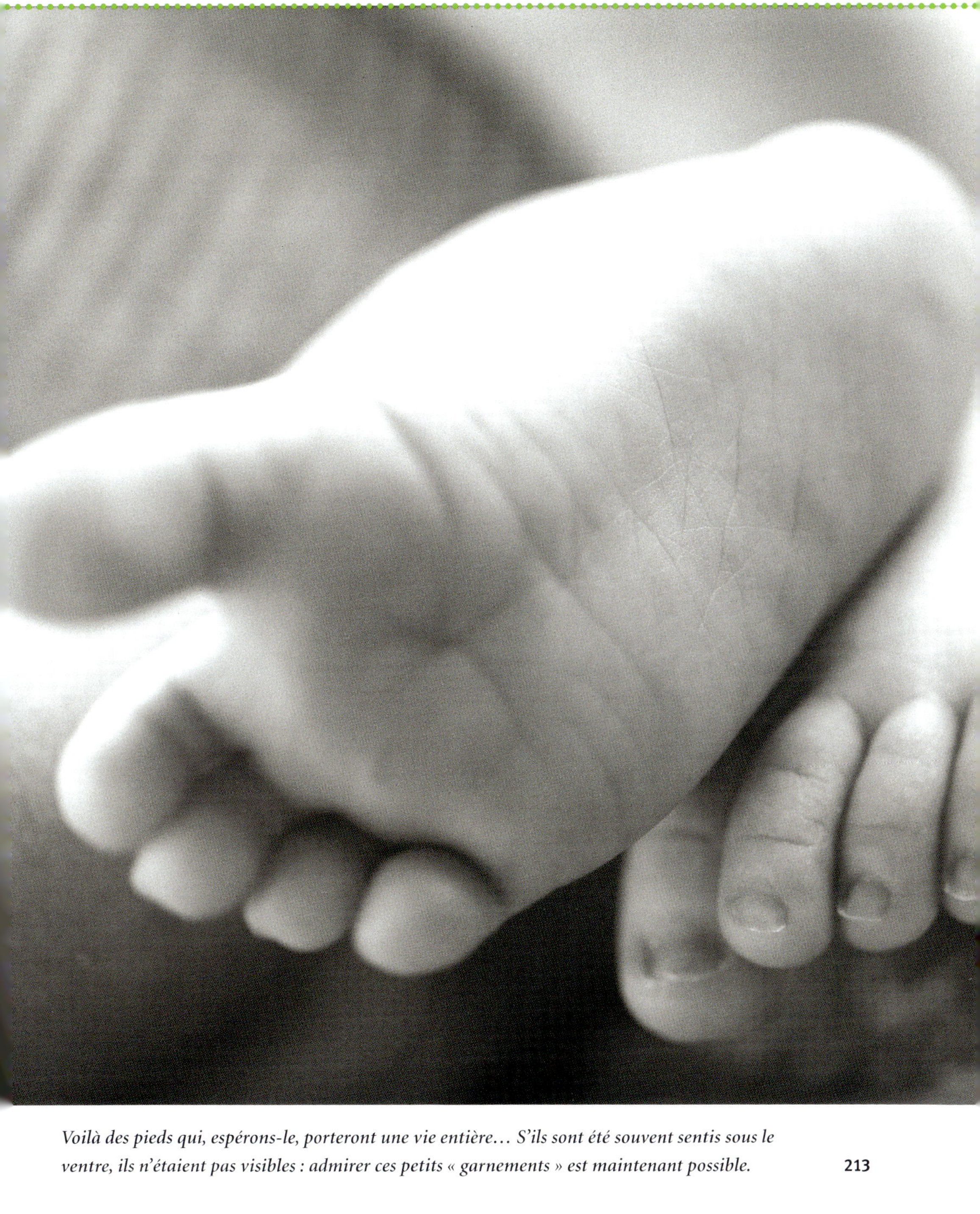

Voilà des pieds qui, espérons-le, porteront une vie entière… S'ils sont été souvent sentis sous le ventre, ils n'étaient pas visibles : admirer ces petits « garnements » est maintenant possible.

suit, très simplement ; elle donnera l'enfant à la mère, pour qu'il tète. Le corps libère alors des hormones qui provoquent une contraction de l'utérus.
Si le bébé ne veut pas coopérer, on peut encore tirer légèrement sur le cordon, masser l'utérus, faire une piqûre stimulant la contraction postnatale, stimuler manuellement les mamelons, ou bien donner des médicaments homéopathiques, pratiquer l'acuponcture ou masser les zones de réflexe des pieds.

Comment lutter contre la douleur

Le mot « douleur » a une importance extrême, aux yeux des femmes qui accouchent. Affirmons avec réalisme qu'un accouchement est douloureux. Personne ne peut prédire jusqu'à quel point les douleurs seront ressenties. Certaines femmes pensent avoir atteint leur stade ultime de tolérance uniquement quand le col de l'utérus est ouvert, tandis que d'autres peuvent supporter davantage et expliquent plus tard que leur accouchement s'est déroulé sans douleurs.

Toutes les femmes enceintes souhaitent souffrir le moins possible, pendant l'accouchement, et nombre parviennent à accoucher sans antalgiques. Il ne faut cependant pas hésiter à en absorber, pour apaiser les douleurs, si les contractions sont trop fortes et si vous êtes à bout de forces. Dans cette situation, il ne faut pas faire preuve de bravoure, la peur des contractions à venir provoquant une crispation et la production d'hormones de stress. Non seulement, cela retarderait l'accouchement, mais cela stresserait le bébé. Il est important d'exprimer ses sentiments et ses souhaits au partenaire et de discuter avec lui et l'équipe des obstétriciens de la suite des événements.

Calcium
Cette substance minérale fait se dilater les vaisseaux plus rapidement et favorise la circulation sanguine. Pendant l'injection, une agréable chaleur se ressent, qui va jusqu'aux orteils. La circulation du sang s'améliore et le bas du ventre se détend ainsi que le col de l'utérus. Cela atténue agréablement la douleur des contractions.

Médicaments qui dissipent les crampes
Certaines femmes prennent des médicaments pour atténuer la douleur des règles, et l'obstétricien peut évidemment y recourir. Ils ne nuisent ainsi pas au bébé et ont le pouvoir de soulager. Ils sont proposés sous la forme de suppositoire ou en injection.

La péridurale
Elle est faite en cas de césarienne prévue, ou en cas de risque imminent (une éclampsie par exemple), lorsque des complications surviennent, qui retardent le processus de naissance, ou bien lorsqu'une femme est à bout de forces. Après que l'anesthésiste a effectué une analyse de sang et observé la coagula-

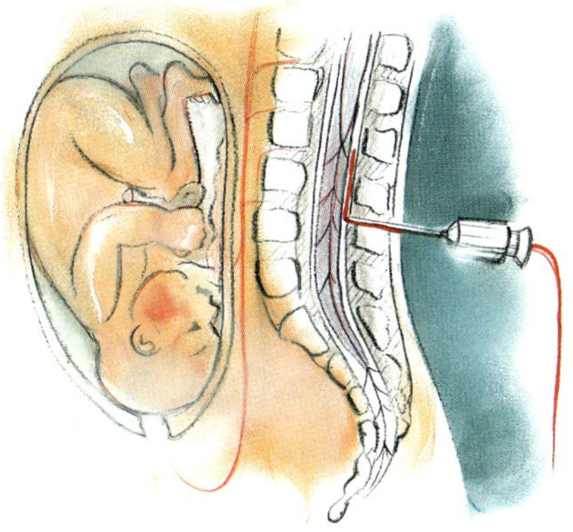

Mise en place de la péridurale : la piqûre se fait très progressivement dans une zone non risquée, bien en dessous de la moelle épinière, afin de ne pas la blesser.

tion sanguine, il anesthésie l'endroit de la péridurale, en bas des lombaires. Il injecte ensuite un anesthésiant, en piquant entre les parois protectrices de la moelle épinière (zone péridurale). Il s'agit là d'une anesthésie locale. Au besoin, de l'opiacée, qui est un antalgique, peut être ajouté. Les médicaments bloquent ainsi les fibres nerveuses qui transmettent la sensation de douleur hors de l'utérus. En quelques minutes, le bas du ventre est insensible à la douleur. Un cathéter est adapté à la seringue, afin que la dose exacte de produit anesthésiant soit diffusée. Un pansement maintient le cathéter en place.

Il est temps de reprendre des forces

L'avantage est que les contractions qui suivent ne sont plus douloureuses et que le ventre qui durcit est insensible. Il faut profiter du moment pour reprendre des forces. Les médicaments, agissant sur les fibres nerveuses et n'allant pas dans le sang, sont sans effet sur la conscience, et sur le bien-être du bébé. L'inconvénient est pourtant que la pression artérielle peut chuter, les vaisseaux sanguins du bas-ventre étant élargis. Cela peut aussi engendrer une mauvaise circulation sanguine dans le placenta et porter préjudice au métabolisme. Afin de s'assurer que cette circulation reste stable, une perfusion, qui limite dans les mouvements, est faite. La mobilité des jambes est aussi réduite, tant que dure la péridurale. Il faudra donc rester allongée, pendant cette période.

INFO | OUI OU NON A LA PERIDURALE ?

➤ **Dans certains cas,** l'accouchement est si imminent qu'il est trop tard pour une péridurale. Inutile, donc, de s'agacer si l'obstétricien refuse cette intervention pourtant demandée. Sa décision est parfaitement justifiée : cela n'a aucun sens quand le col de l'utérus est complètement ouvert et que le bébé est sur le point de naître. Il est maintenant possible de participer activement et de pousser l'enfant vers l'extérieur. Il convient de se réjouir, sans s'énerver. En effet, un « non » franc à une péridurale, signifie que le bébé sera bientôt là.

Blocage du nerf Pudendus

La trajectoire du nerf Pudendus sensibilise le vagin, les lèvres de la vulve et le périnée à la douleur. Pour le bloquer, le médecin injecte un anesthésiant : toute la zone entre le vagin et l'anus est ainsi insensibilisée. Cela ne nuit d'ailleurs pas au besoin de pousser. Cette méthode est parfois utilisée, à la fin, lorsqu'un accouchement se termine par les forceps ou la ventouse obstétricale, ou a posteriori, quand la plaie à recoudre est trop importante.

Endorphine

Chaque femme enceinte a la possibilité d'influer, de façon naturelle, sur l'intensité de la douleur. Notre corps est en fait capable de la gérer.
Dans le cerveau, une source libère des endorphines. Dès que ces substances semblables à la morphine parviennent dans le sang et se répandent dans le corps, elles atténuent les douleurs et favorisent en outre la détente. Le but est de diffuser ces antalgiques au moment propice, afin qu'ils procurent un maximum de détente.

Attitude positive

On n'oubliera jamais qu'il faut toujours penser de façon positive, même dans des moments aussi difficiles qu'un accouchement. Des phrases stimulantes comme « viens, mon petit bébé », « tu seras bientôt là » ou « je vais y arriver ! » sont, outre une attitude constructive, une condition sans prétention pour accoucher sans trop de douleur et laisser se répandre l'endorphine.

Respirez !

La respiration peut détourner la douleur de la contraction et la répartir. Les obstétriciens comparent ainsi ce mouvement à celui d'une surfeuse : embrassez du regard la vague de la contraction, là où elle est la plus haute – à savoir la plus intense – et surfez sur la lame, en contrôlant la respiration, sans plonger en dessous. Pendant l'accouchement, il faut toujours respirer très profondément, au début de chaque contraction, et expirer le plus longtemps possible, la bouche ouverte. Un son prolongé peut être émis lors de l'expiration, un long « aaaaaaaa » par exemple. Chaque son non retenu aide en fait à supporter la douleur. Se préparer à la venue d'une contraction et tenter de l'accueillir : c'est la meilleure attitude possible. Quand elle survient, elle rapproche un peu plus du bébé, ce qui est réjouissant. Ce sera le moment de savourer l'instant de son départ et de dire : « Tu ne reviendras plus jamais », à raison.

Ici, vous pouvez bâiller

Il y a un lien direct entre l'état de tension de la bouche et du pharynx et le bas du ventre. Si les dents sont serrées ou si la langue est tendue, le col de l'utérus tardera à s'ouvrir. Combien de femmes pleines d'énergie se sont débattues des heures avant de finir par bâiller d'épuisement, le col s'ouvrant enfin.

L'eau chaude

L'eau chaude élargit les vaisseaux sanguins, détend les muscles et apaise le

CONSEIL | BAILLER GENEREUSEMENT

➤ **Il faut s'entraîner** déjà, avant la naissance, à bien bâiller. Les lèvres sont fermées, mais la bouche est légèrement ouverte et la gorge largement déployée. Le voile du palais se soulève et la langue détendue retombe vers l'arrière.
Cet exercice de bâillement permet de se détendre complètement et facilite le déroulement de l'accouchement.

corps. Le bien-être, du fait de la détente, s'installe. Le mieux est de prendre un bain chaud, à température du corps, dans la baignoire ou dans une piscine, un bain douche étant aussi efficace.

Tender loving care

Chacun sait que les caresses tendres et pleines d'amour sont des baumes pour le corps et l'âme. Les douleurs entraînent des crispations, tandis que le contact corporel favorise la détente. Les massages sont, par exemple, très bienfaisants comme le simple fait de tenir la main. Chaque professionnel poursuit le même but : tout est fait pour que la mère aille bien. Au centre des préoccupations, elle est vraiment gâtée : n'est-ce pas divin ?

Stimulation des points d'acuponcture

Quelques cliniques proposent l'acuponcture pour soulager la douleur. Des aiguilles aussi fines que des cheveux sont enfoncées à des endroits spécifiques du corps (genou, orteil), pour interrompre la transmission de la douleur et déclencher la libération d'endorphine dans le cerveau. L'acupressure peut avoir le même résultat, la stimulation se faisant en exerçant une pression sur les doigts, sans aiguille.

L'homéopathie et les fleurs de Bach

Combiner les deux a une action positive sur le déroulement de l'accouchement : les contractions trop fréquentes et irrégulières deviendront plus coordonnées et effectives, le col de l'utérus s'assouplit, moins sensible aux douleurs. Il peut plus facilement s'ouvrir. Le médicament stabilisera le psychique, afin de recentrer la concentration sur le travail de participation active à l'accouchement.

INFO | A NE PAS FAIRE

➤ **Important !**
Les êtres humains sont si différents que les remèdes préconisés ne conviennent qu'à une personne : ils sont donc prescrits en fonction d'une situation spécifique.
C'est l'obstétricien qui prescrira ceci ou cela, car c'est son métier. La femme enceinte ne se risquera pas à faire elle-même sa thérapie !

Naissances particulières

Césarienne

La césarienne, en latin *sectio caesarea*, doit son nom à l'empereur romain Jules César, qui est né de cette manière, le 13 juillet 100 avant Jésus-Christ. Environ 20 % des enfants naissent de cette façon. Les raisons engageant à procéder à cette intervention sont multiples : certaines césariennes sont prévues, les primaires, d'autres ne le sont pas, les secondaires.

Les raisons d'une césarienne prévue sont les suivantes :

➤ Le bébé est petit, fragile et faible (accouchement prématuré). Il souffrirait d'un accouchement par les voies naturelles.

➤ Il est placé en travers du ventre ou se présente par le siège ou les pieds.

➤ Le placenta est devant le col de l'utérus et obstrue le chemin.

➤ La mère est atteinte d'une maladie, par exemple d'un décollement de la rétine ou d'un herpès génital aigu.

➤ Il existe une disproportion entre la grosse tête de l'enfant et l'étroit bassin de la mère.

➤ La grossesse est multiple (à partir de trois).

➤ Il faut interrompre la grossesse avant terme car le bébé et/ou la mère sont en danger ou que le bébé est en mal-être.

Les raisons d'une césarienne pendant l'accouchement :

➤ Les battements du cœur du bébé s'affaiblissent dangereusement.

➤ Des complications aiguës apparaissent, comme une forte fièvre, la pression artérielle change soudain et est incontrôlable, ou encore une toxémie gravidique se déclare.

➤ Le bébé n'arrive pas à passer par le bassin de la mère, ou un affaiblissement des contractions est prévisible ou se constate déjà.

➤ L'accouchement ne se déclenche pas, malgré toutes les tentatives faites pour le provoquer.

➤ On en arrive à une accalmie de l'accouchement qui s'éternise, le col, par exemple, ne s'ouvrant pas.

La raison de la césarienne déterminera aussi la forme d'anesthésie. Si elle est programmée, elle est souvent faite sous anesthésie locale, ce qui présente l'avantage de rester consciente, de voir naître le bébé et de le tenir dans les bras. Si la situation en nécessite une en urgence, l'accouchement doit venir à terme rapidement si bien qu'une anesthésie générale est choisie, agissant plus vite qu'un endormissement local. Si la femme l'a été de cette façon pendant l'accouchement, le dosage de l'anesthésie locale suffit, en général.

Que se passe-t-il, en cas de césarienne ?

Le pubis est rasé et un cathéter, un fin tuyau, est introduit par l'urètre vers la vessie. Puis des bas de contention sont mis sur les jambes. Enfin, la peau du ventre est désinfectée. S'il s'agit d'une anesthésie générale, elle est immédiate. Une incision transversale d'environ 12 centimètres de long est effectuée, sous la limite des poils du pubis. La cicatrice de cette « coupe bikini » ne sera pas du tout visible, car elle sera recouverte par les poils. Puis les différentes couches sont séparées l'une après l'autre. L'utérus est enfin découpé au niveau du tiers inférieur et le bébé est sorti. Une fois le cordon ombilical coupé, et si la mère est consciente après une anesthésie locale, le bébé est placé sur son ventre immédiatement. Puis le placenta est détaché et les différentes couches recousues. Environ 45 minutes s'écoulent, entre la première incision et la naissance.

Etre maman, être papa

Les jours qui suivent une césarienne sont en revanche moins faciles pour la jeune mère. La douleur est présente et empêche de bien bouger. En outre, nombre de mères regrettent d'avoir subi une césarienne, ayant un sentiment d'échec et le sentiment de n'avoir pas pu accomplir leur tâche jusqu'au bout. Des réflexions comme « J'ai fait tant d'efforts jusqu'ici, et voilà que je ne suis même pas capable de mettre mon enfant au monde moi-même », sont courantes. Ces pensées négatives doivent être chassées. En effet, penser que la césarienne est aussi une aide à l'accouchement est plus sain ; cette opération, seule garantie de la bonne santé de l'enfant lui aura permis de naître dans des conditions correctes. Aussi était-ce donc la bonne décision. Par ailleurs, une anesthésie générale rend la mère inconsciente et le père doit prendre le bébé dans ses bras pour l'accueillir, celui-ci reconnaissant les voix maternelle et paternelle. L'important est que l'enfant soit immédiatement en contact charnel. Il appréciera autant les caresses tendres de son papa et ses mots doux.

Tout mon papa : il y a de quoi être fier... De nombreux pères attendent avec impatience ce moment où ils tiendront leur bébé dans les bras.

« Non instrumentibus sed manibus » ou bien… La césarienne « douce » selon Misgav-Ladach

Certaines cliniques font la publicité d'une méthode de césarienne dite « douce », qui néanmoins, visuellement, ne l'est pas : une fois la peau incisée, les autres couches ne sont pas entaillées avec les instruments habituels comme le scalpel, la pince et le ciseau, mais avec les mains (*manibus* en latin). Après avoir retiré l'enfant et recousu l'utérus, quelques-unes des couches sont seulement recousues, avec le souhait que mère nature fasse bien les choses. Ensuite, la peau du ventre est recousue et agrafée scrupuleusement, de sorte qu'aucune différence n'est apparente. L'avantage de cette méthode est que l'opération est plus courte, que moins d'instruments douloureux sont utilisés et que le séjour à l'hôpital est réduit : le corps est moins sollicité, quand l'opération dure moins longtemps.

Les obstétriciens de la « vieille école » restant attachés à l'aspect esthétique sont encore sceptiques et se demandent si cette opération à « l'emporte-pièce » ne générera pas plus d'adhérence à l'intérieur du corps. Si un chirurgien a besoin de dix minutes supplémentaires pour réaliser la césarienne originelle, il laisse ensuite un ventre « bien rangé ».

A l'avenir, on oscillera certainement entre les deux méthodes et, avec le temps, elles fusionneront, comme c'est souvent le cas.

Accouchement avec forceps et par ventouse obstétricale

Bien que l'invention du forceps remonte à environ quatre cents ans, des progrès considérables ont été réalisés. Ce fut le premier instrument qui aida la mère et l'enfant à accoucher. Il est utilisé aujourd'hui selon le même principe : deux « cuillères en métal » sont introduites dans le vagin, puis placées de chaque côté de la tête du bébé. Le médecin tire ensuite délicatement sur la tête de l'enfant. A quelles conditions un accouchement par forceps est-il décidé ? Le col de l'utérus doit être complètement ouvert et la tête déjà profondément engagée dans le canal utérin : le nourrisson doit donc être parvenu presque au but. L'avantage est que cette méthode est très vite opérationnelle, par exemple quand les battements du cœur du bébé s'entendent à peine et qu'il doit être rapidement sorti.

En 1957, un obstétricien suédois a inventé la ventouse obstétricale se fixant à la tête du nourrisson. Une petite pompe aspire l'air situé entre la tête et la ventouse, ce qui crée un vide. La ventouse, pratique à introduire, va chercher l'enfant dans le canal utérin.

Ce sont la situation et l'expérience de chaque obstétricien qui imposeront de privilégier tel instrument plutôt qu'un autre. En Europe occidentale, la ventouse est plus d'actualité, contrairement aux Etats-Unis, où le forceps l'emporte largement.

Témoignage

Sibylle (33 ans), diplômée en gestion d'entreprise, élève seule son fils Carlos. A ce moment, elle est enceinte de 34 semaines.

Réflexion sur la situation

La procréation

Bien que j'aie senti, à ce moment-là, que j'étais enceinte, je n'avais pas pensé que cela irait si vite. Au début, j'avais mauvaise conscience, n'ayant pas projeté d'avoir un deuxième enfant, et nous étions déjà séparés.

Le test de grossesse est positif

J'étais vraiment très heureuse, même si je savais que j'en assumerais seule les conséquences. Le père de l'enfant m'a demandé ce que je comptais faire et j'ai répondu : « Pas question que je me fasse avorter ». Alors, il était content, lui aussi et il m'a dit : « Tu es courageuse ».

L'avenir

Dès le début, il fut évident que c'était moi qui élèverais cet enfant-là, et si le père le voulait, avec son soutien. Au début, j'en ai beaucoup souffert. J'avais peur de construire une famille « chaotique ». Je me sentais coupable de détruire une famille, ou de ce que mon fils n'avait plus de père, le deuxième allant grandir sans. Si j'ai souhaité que nous vivions tous ensemble, j'ai vite vu que cela ne fonctionnerait pas.

Le positionnement

Je n'attends rien et ne pose aucune condition. J'ai toujours eu des difficultés, même autrefois, à poser des exigences. Et puis je me disais : « Mais pourquoi ne m'aide-t-il pas ? » Cette attitude est pire, que penser : « Je suis seule et dois me débrouiller seule ».

La naissance

Depuis, je sens combien la présence du père est préférable : le lien à l'enfant, c'est autre chose. A la naissance de Carlos, il m'a énormément aidée. J'aimerais donner au deuxième enfant le même départ que le premier.

Financièrement

Heureusement, je suis financièrement indépendante. Le père paie sa part pour Carlos et aimerait le faire aussi pour notre deuxième enfant. Je lui ai dit : « Le bébé n'était pas prévu, tu ne t'y attendais pas. Décide toi-même si tu veux financer et combien. »

INFO LA PEUR

- **N'ayez pas peur :** Il est normal que les forceps ou la ventouse laissent toujours des marques sur les joues et les oreilles du bébé. Après un accouchement par ventouse, l'enfant présente toujours une bosse ronde sur la tête, à l'endroit où la ventouse a aspiré. Il arrive aussi qu'il ait des maux de crâne pendant quelques jours et qu'il soit irrité. Ménagez-le énormément, dispensez-lui tout votre amour et massez-le, afin qu'il oublie les douleurs.

Les raisons motivant l'accouchement par forceps ou par ventouse

- La tête du bébé est proportionnellement trop grosse par rapport au bassin.
- L'enfant montre des signes de stress, son rythme cardiaque en pâtit.
- La patiente est sous péridurale, elle est dans la phase « d'expulsion » et ne sent pas l'envie pressante de pousser.

Ces deux instruments ne peuvent être utilisés qu'en cas d'ouverture parfaite du col de l'utérus et de tête déjà profondément engagée dans le bassin. On ne tire celle-là que lors d'une contraction.

Accouchement dans l'eau

Le nombre de femmes déclarant souhaiter accoucher dans l'eau est en nombre croissant. Cela n'étonnera guère : l'eau a la vertu de détendre la musculature, et le bébé vient douillettement au monde, dans l'élément familier du ventre de sa mère. De plus en plus de cliniques mettent une baignoire à disposition, pour accoucher dans l'eau.
Internet propose une liste de cliniques bien équipées. Avant de prendre une telle décision, il conviendra de savoir si les obstétriciens ont expérimenté cette méthode.

Pour éviter de rester trop longtemps allongée dans l'eau, il faut entrer dans la baignoire au moment où le col est déjà

INFO TEMPERATURE

- **En principe**, lors d'un accouchement dans l'eau, la température n'est pas comparable à celle du bain habituel. Au moment d'entrer dans la baignoire, l'eau sera à 35°, ce qui sera bien agréable. Elle refroidira peu à peu, ce qui est positif. En effet, les contractions démarrant, les suées sont considérables. Certaines cliniques, où les obstétriciens sont très expérimentés pour ce type d'accouchement, préfèrent maintenir l'eau à température constante, pour que la femme reste dans un bain douillet. Néanmoins, elles sortent souvent de la baignoire complètement exténuées et sont déçues d'avoir démarré dans l'eau pour achever sur terre.

ouvert de quelques centimètres. Les battements du cœur du bébé, sous l'eau, seront contrôlés par moniteur fœtal. Cette manière d'accoucher réduit les risques de déchirement du périnée, l'eau détendant et rendant cette zone plus élastique. Aucun souci pour l'enfant : il est habitué à cet environnement humide, comme il l'est à la flore microbienne maternelle, depuis le début. Avoir envie d'aller à la selle ne doit pas non plus inquiéter, les bassins bien équipés étant pourvus d'un filtre qui travaille en permanence.

Le bébé commence à respirer de façon autonome, dès qu'il sort la tête de l'eau, et que son nez et sa bouche entrent en contact avec l'air. Jusque-là, il est suffisamment approvisionné en oxygène, par le cordon ombilical.

Toutes les femmes dont la grossesse s'est déroulée sans problème et qui sont arrivées à terme peuvent envisager de mettre leur enfant au monde dans l'eau. Environ 15 jours avant l'accouchement, le médecin ou la sage-femme qui ont suivi la grossesse évalueront les possibilités. Au moindre risque, ils recommanderont un accouchement classique.

Accouchement prévu dans la baignoire : même dans l'eau, la sage-femme contrôle le rythme cardiaque du bébé, grâce à un stéthoscope électronique ou à un moniteur fœtal immersible.

Questions, préoccupations

« Dois-je informer que je souhaite un accouchement ambulatoire ? »

Oui, informez la sage-femme de votre préférence. Au moment où vous entrez dans la salle d'accouchement, l'administration hospitalière déploie son organisation invisible : un lit est préparé, les cuisines devront prévoir un repas supplémentaire, selon les circonstances, une opération devra même être refusée le lendemain, si la maison est comble. On réfléchit aussi à la patiente susceptible de sortir plus tôt. Ces dépenses peuvent être épargnées, si vous voulez quitter la clinique le même jour.
Si vous vous portez bien après l'accouchement et que le bébé va bien, vous devez rester au moins deux heures, sous surveillance, dans la salle d'accouchement. Il est ensuite possible de rentrer chez soi et de retrouver l'intimité familiale, si le passage quotidien d'une sage-femme assurant un suivi médical à domicile a été prévu. Evidemment, un lit et de la nourriture vous seront proposés, au cas où vous changeriez d'avis, au dernier moment, si vous décidiez de rester quelques jours en clinique.

« Une césarienne lors du premier enfant en entraîne-t-elle irrémédiablement une autre pour le suivant ? »

C'est variable : si une césarienne a été pratiquée pour cause de bassin trop étroit, les prochains bébés naîtront probablement ainsi. Habituellement, une maternité est considérée comme un cas unique. Le seul grand souci à venir pour une prochaine naissance est celui de la cicatrice utérine ne devant être mise à trop forte contribution.

« Que devient le placenta après la naissance ? »

Il sera analysé scrupuleusement pour s'assurer qu'il est entier et que l'utérus n'en conserve pas. Il quitte ensuite l'hôpital : il est jeté dans ses poubelles ou bien il sert à la recherche médicale ou cosmétique. Certains parents l'emportent avec eux, l'enterrent et plantent un arbre à cet endroit. Cela porte bonheur et promet longue vie, comme le dit la tradition populaire. Le fait que des nosodes soient fabriqués à partir du placenta se sait trop peu. Ce sont des médicaments fabriqués en homéopathie, ayant pour but d'activer le pouvoir d'autoguérison et de régulation du corps, en l'occurrence, de celui du bébé, en cas de maladies futures.

« Comment la péridurale agit-elle sur le bébé ? »

Quand une péridurale n'entraîne pas une chute de la tension artérielle, elle ne peut pas nuire au bébé. Au contraire, quand elle fait disparaître pour un moment la douleur des contractions, les crispations refluent aussi et la détente est possible. L'enfant se sentira mieux, si c'est le cas pour la mère.

« Est-il vrai que l'accouchement spontané permet un meilleur développement du bébé ? »

Des études révèlent que les bébés nés par césarienne peuvent connaître de légers troubles du développement. Quand le nourrisson est poussé hors de l'étroit canal utérin, la tête et le torse subissent, un court instant, une forte pression propulsant le liquide amniotique hors des poumons et favorisant la respiration autonome. L'enfant a, ne l'oublions pas, passé quarante semaines dans son « habitat » familier, douillet et sombre. Il est génétiquement inconsciemment préparé à devoir gérer, avec sa mère, une première expérience épuisante. En cas de programmation de la césarienne, l'enfant arrive soudain à la lumière du monde. Si l'opération a lieu après qu'il a senti les contractions, la naissance est un peu moins violente. Après une césarienne, le rapprochement émotionnel et corporel de la mère avec ou sans le père, vis-à-vis du bébé est fondamental : il faut vite compenser l'absence de vécu de l'accouchement. Enfin, les enfant nés par césarienne ont ensuite certainement les mêmes chances que les autres, nés par accouchement spontané.

♀ *« Ma sage-femme me déconseille de donner du fluor à mon nourrisson. Quelle en est la raison ? »*

En cas de surdosage, une trop forte ossification touchant aussi la boîte crânienne peut être provoquée. Chez certains enfants, la fontanelle s'est refermée trop vite à cause du fluor et n'a pas laissé le temps au cerveau de se développer correctement. Dans des cas extrêmes, plutôt rares, une dose trop élevée peut aussi entraîner l'effet inverse escompté : les os durcissent trop vite et trop fort, risquant de casser très facilement.

Sollicitez plusieurs avis, ceux du gynécologue, du pédiatre, de la sage-femme ou du service santé de la ville.

♀ *« Que faire, quand je ne parviens pas à manger vu que le bébé pleure et que je l'allaite ? Existe-t-il un en-cas spécial, pour les femmes qui allaitent ? »*

Bien évidemment : cet en-cas est connu de toutes les sages-femmes et très apprécié des mamans. Il contient nombre d'éléments indispensables : glucides, vitamines et surtout, de l'énergie.

En voici la recette :
- 1 kg de blé, mélanger l'orge et l'avoine, les concasser grossièrement et les faire griller dans une poêle.

Ajouter :
- 300 g de riz complet cuit
- 350 g de beurre froid
- Un verre d'eau fraîche
- 300 g de miel

Bien mélanger cette masse avant de former de petites boules, de la taille d'une balle de ping-pong, et en consommer, chaque jour, deux à trois.
Elles peuvent être préparées afin de faire des réserves : encore meilleures, elles se conserveront longtemps dans le réfrigérateur.

Bienvenue, petit bébé !

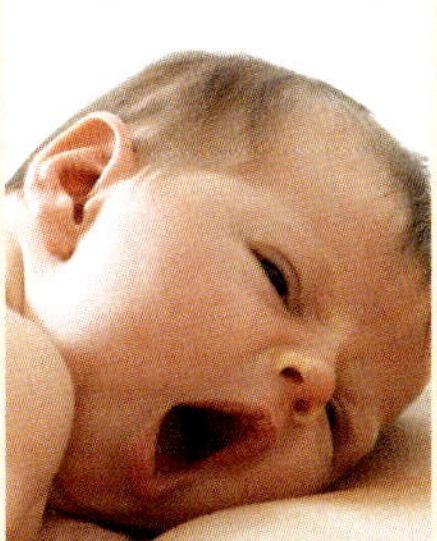

Vous avez réussi : le bébé est né et le meilleur est devant vous. L'enfant va apprendre tous les jours. On se demande toujours par quel miracle ce petit être, apparemment sans défense, deviendra cet être autonome. Et cela grâce à votre aide…

Les premiers jours de vie

Pour l'enfant et la maman, les premiers instants après la naissance sont toujours un moment magique. Tout reste à faire pour aider l'enfant à retrouver sa confiance originelle. Les Américains appellent ce phénomène le « bonding », ce qui signifie instaurer à vie une relation entre la mère et l'enfant. L'idéal est que celui-ci soit placé, dès la naissance, sur le ventre maternel. Même si c'est impossible, le temps ne manquera pas, par la suite, pour lui prodiguer caresses et tendresse : ce sont les meilleures conditions qui l'aideront à prendre un bon départ, en ayant pleinement conscience du nouveau monde.

Bébé est là

C'est un moment délicieux. Félicitations, donc, à l'heureuse mère et à l'enfant : un chef d'œuvre a été réalisé ces dernières heures. Il est enfin là, après avoir séjourné quarante semaines dans le ventre. L'instant venant juste après la naissance est vraiment fascinant, mais génère des inquiétudes : Est-il en bonne santé ? Est-ce un garçon ou une fille ? Est-ce qu'il a tout ? Quelle tête a-t-il ? Les questions se bousculent et les réponses, enfin, affluent.

Le bonding

Autrefois, les mères devaient attendre, pour voir leur enfant, quelques longues minutes après l'accouchement. Il était d'abord lavé, puis vêtu avant d'être confié à la mère. Heureusement, les choses ont aujourd'hui évolué. Des études scientifiques ont révélé que les minutes suivant la naissance sont déterminantes pour le développement harmonieux de la relation de confiance originelle : si l'enfant est placé sur le sein nu de la mère, en contact direct avec sa peau, une relation privilégiée se crée immédiatement. Ce « bonding » (ce qui signifie, en anglais, l'empreinte d'un lien) pose la première pierre d'une relation qui durera toute la vie. Des scientifiques ont d'abord observé ce phénomène chez les oies cendrées. Le poussin à peine né considérera toute sa vie comme sa mère le premier être vivant qu'il voit. Chez les animaux, ce processus d'empreinte n'est possible que lors d'une courte phase. Chez les petits d'Hommes, elle n'est pas aussi courte, bien que le premier contact doive être établi dès que possible.

Une fois le bébé allongé sur le corps, la bienvenue peut lui être tranquillement souhaitée. Ce moment merveilleux sera savouré : l'accouchement n'est plus qu'un souvenir et tous les efforts vont enfin être récompensés. L'enfant se sent aussi bien sur le ventre qu'il l'était dedans, jouissant de sa chaleur, de son odeur et des battements de cœur si familiers, du souffle et de la voix. Il importe, maintenant, d'être très attentionnée et de lui caresser délicatement le corps, de lui sourire et de lui parler à voix basse, presque étouffée : c'est ainsi qu'il percevait la voix.

INFO | CONFIANCE ORIGINELLE

- **Si une anesthésie générale** empêche de profiter des premiers moments avec le bébé, c'est le partenaire qui s'en chargera : il fera le lien, en prenant l'enfant dans ses bras et en le caressant tout doucement. Si pour des raisons de santé, le nourrisson ne peut pas rester près de la mère, la relation de confiance originelle s'installera plus tard, dès qu'il ressentira tout son amour.

INFO

LE PARFUM

➤ **L'odeur naturelle**

Pour un bébé, le meilleur parfum est celui de la peau de sa mère. Dès que son nez est en contact avec sa peau, il identifie son odeur naturelle. Mettre un parfum dans les jours ou les semaines qui suivent l'accouchement perturberait l'odorat du bébé et le contrarierait.
Pour son nez, il faut donc éviter de s'envelopper dans un nuage parfumé.

Bien que le bébé semble apparemment sans défense durant les premiers moments, il est déjà capable de beaucoup. Il peut, par exemple, reconnaître ses parents. A 30 centimètres environ, distance séparant l'enfant de la mère au moment du don du sein, il voit son environnement en couleur, avec une extrême acuité visuelle. Il jouit aussi d'un excellent sens du toucher, est déjà capable de sentir, goûter et entendre sa mère. Il enregistre ses sensations avec une telle précision qu'il saura la distinguer des autres mamans.

Comme durant ces deux premières heures, le réflexe de succion de l'enfant est très fort, c'est le moment de le mettre au sein. Dès qu'il tétera, il percevra toute l'intimité de ce contact et la phase d'allaitement se déroulera ainsi parfaitement bien. Au début, la quantité de lait peut être infime.

Nombre d'enfants perdent, la première semaine, jusqu'à 10 %, par rapport à leur poids de naissance. Cela ne sera pas un sujet de préoccupation. En cas d'incertitude, si vous pensez que l'enfant prend trop peu de lait, conseil sera pris auprès de la sage-femme ou de l'infirmière en pédiatrie pouvant apporter leur aide. N'hésitez pas à solliciter leur aide.

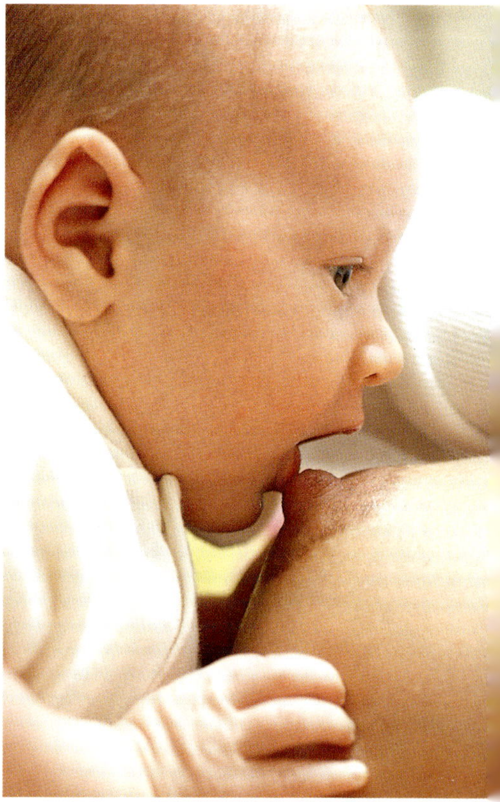

Manger : à peine né, le bébé trouve toujours instinctivement le mamelon de sa maman. Il est même capable de différencier sa mère des autres, juste à l'odeur : il l'a sentie dès le premier contact.

Premiers soins de la mère

Le médecin coudra une plaie résultant de l'accouchement, si besoin est. L'intervention peut durer de dix minutes à une heure, selon son ampleur. Une anesthésie locale, sera effectuée, si des douleurs sont ressenties, malgré la péridurale.

Pendant la grossesse, le placenta, dont la superficie correspond à la largeur des deux mains, était attaché à l'utérus. Un fois expulsé, il laisse derrière lui une énorme plaie béante qui saigne : ce sont les lochies, qui durent de six à huit jours environ. Les pertes, plus ou moins abondantes selon les femmes, peuvent atteindre jusqu'à un demi-litre de sang. Elles diminuent progressivement.

Après la naissance, la femme restant sous surveillance pendant deux heures dans la salle d'accouchement, profitera tranquillement de cette nouvelle relation à trois, avec la certitude qu'en cas de problème, un obstétricien reste à proximité.

Pendant ces deux heures, la sage-femme contrôle la circulation sanguine, l'abondance des saignements et l'atrophie de l'utérus. Celui-ci continue à se contracter, après la naissance de l'enfant et l'expulsion du placenta. Les femmes ne remarquent pas ces contractions à la force amoindrie, car elles sont trop occupées avec leur nouvelle petite famille.
Les femmes ayant déjà eu des enfants peuvent ressentir les contractions postnatales comme de vraies contractions, susceptibles de durer de trois à cinq jours. Si les médicaments homéopathiques peuvent atténuer ces douleurs, ils n'empêcheront pas l'atrophie de l'utérus. Les ovipares qui les ressentent auront un avantage sur les autres femmes pour le retour de couches : plus les contractions postnatales sont fortes, plus l'utérus s'atrophie rapidement et moins les saignements existeront.
Chaque accouchement est unique et chaque femme s'en remet plus ou moins rapidement. Certaines se mettent debout dans la journée ; d'autres ont besoin de garder le lit plusieurs jours. Ne forcez pas, mais écoutez votre corps. Laissez faire le temps.

INFO | CONTRACTIONS POSTNATALES

- **D'où ces contractions** viennent-elles ?
  Pendant la grossesse, l'utérus a décuplé de volume. Après l'accouchement, il doit reprendre sa taille normale et cela se produit grâce aux contractions. A chacune, l'utérus rapetisse un peu. Chaque naissance « sollicite » toujours davantage l'utérus, qui nécessite plus de force pour retrouver sa taille normale. Voilà pourquoi les contractions postnatales sont toujours plus intenses, d'une naissance à l'autre.

Premiers soins du bébé

Les pères ayant assisté à la naissance de leur enfant s'accordent quasiment à dire qu'ils ne voudraient pour rien au monde manquer cet instant. Eux aussi ont dix mois d'attente et d'espoir derrière eux. Ils peuvent le prendre dans les bras, le regarder attentivement et le choyer de tout leur cœur. Il n'est pas rare de les voir participer activement aux premiers soins : les obstétriciens les invitent à couper le cordon ombilical, ou à faire prendre le bain. Ce sont des moments inoubliables qui scellent les relations père/enfant.

Comment le bébé se porte-t-il ?

Bien que cet instant de bonheur familial soit délicieux, il devra être suspendu pendant un moment. Outre la connaissance du sexe du bébé, les parents veulent aussi savoir s'il est en bonne santé. Les obstétriciens ayant la même préoccupation l'examinent, pendant quelques minutes, après l'accouchement. Dès la naissance, le jeune corps doit s'habituer à fonctionner de façon autonome, en l'espace d'une minute. La respiration en est le signe le plus évident. La première fois que l'enfant respire l'air grâce à ses poumons, ses lobes pulmonaires se développent. Désormais, il s'approvisionne lui-même en oxygène et tous ses organes sont maintenant sous son propre contrôle.

Le score d'APGAR

Il faut contrôler le bébé, savoir s'il gère bien cette nouvelle situation. Les obstétriciens lui font faire le score d'APGAR. C'est un test rapide qui permet d'évaluer l'état d'un nouveau-né et de déterminer la conduite à tenir. L'américaine Virginia Apgar donna son nom à cet examen de santé, vers 1950.
Lors du score d'APGAR, on observe chaque critère, l'un après l'autre :

- la respiration
- le pouls
- le tonus général (tension des muscles/ mouvements)
- l'aspect (couleur de peau)
- les réflexes

Le score évalue l'état du nourrisson après la naissance et sert à déceler immédiatement les dysfonctionnements afin de les traiter ensuite. Le résultat est exprimé en chiffres. Pour chaque critère, le bébé peut obtenir entre 0 et 2 points, le total maximum étant de dix. Huit points et plus indiquent un bon, voire un excellent état général. Un résultat inférieur à sept, lors du deuxième et troisième examen, peut indiquer une gêne. Du reste, l'expérience révèle que même les enfants qui ont peu de points au score d'AGPAR peuvent aussi se rétablir complètement.

Le score est effectué trois fois : une, cinq et dix minutes après la naissance. La plupart des bébés obtiennent en quelques minutes un chiffre élevé, voire le maximum des points, après s'être reposés. A moins de cinq points, l'enfant doit rester sous surveillance médicale sévère.

Lorsqu'il effectue le score d'AGPAR, le bébé peut rester sur le ventre. Les obstétriciens expérimentés savent diagnostiquer l'état de santé du bébé : si les lèvres et la peau sont rosées, s'il respire calmement et régulièrement, s'il fait des grimaces, remue bras et jambes et lève déjà la tête, tous les professionnels en seront ravis et rassurés. Le médecin peut déterminer la fréquence cardiaque en palpant le cordon ombilical. Une auscultation au stéthoscope permet d'établir ensuite un bilan complet de l'activité cardiaque et pulmonaire.

Taux de pH et teneur en oxygène

Dans la plupart des cliniques, le taux de PH et la teneur en oxygène sont examinés, à côté du score d'AGPAR. Un manque d'oxygène est déclencheur de stress et diminue le taux de PH. Le sang devient alors acide. Pour connaître ces taux, l'obstétricien prélève du sang du cordon ombilical.

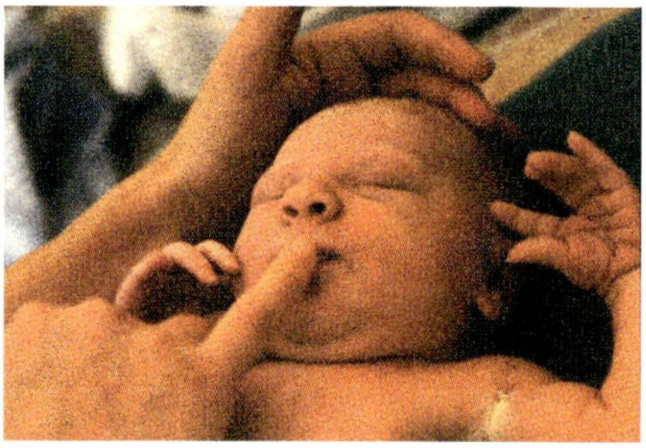

1 *L'obstétricien enfonce délicatement son index dans la bouche du bébé pour examiner si le palais s'est développé.*

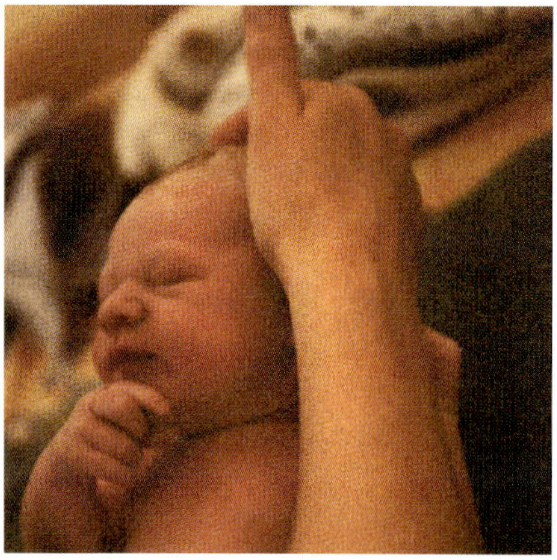

2 *Examen de la fontanelle à l'avant et à l'arrière de la tête*

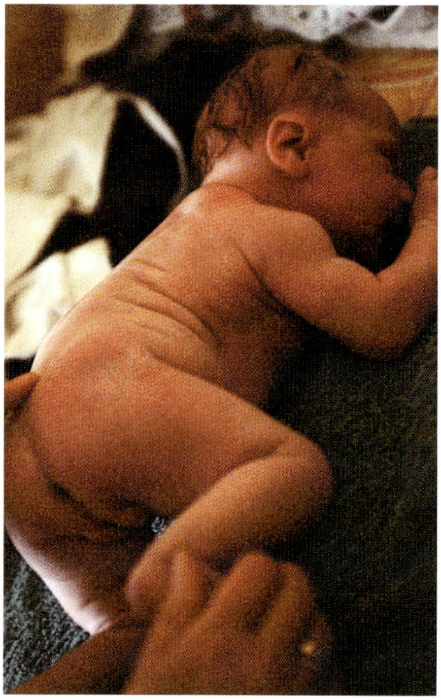

3 *Examen détaillé : la peau et les vertèbres sont-elles fermées à tout endroit ? Les clavicules et le dos sont palpés.*

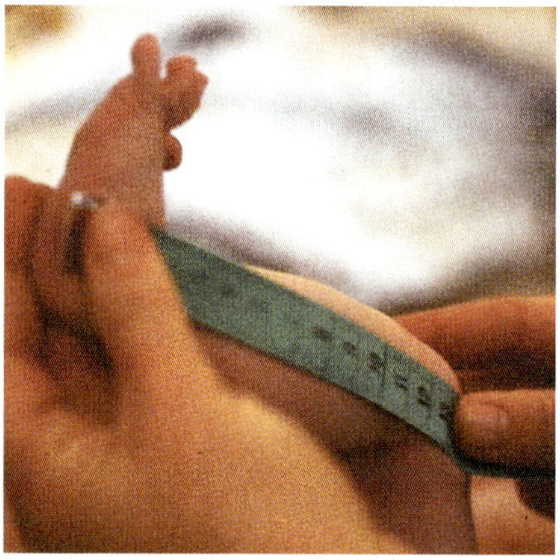

4 *La taille est mesurée, chaque centimètre rendant les parents un peu plus fiers.*

VOILA COMMENT SONT EVALUEES LES OBSERVATIONS

Un regard sur le tableau recensera les critères permettant au bébé d'obtenir des points. Rares sont ceux qui totalisent le maximum de points dès le premier examen. Les deuxième et troisième sont en revanche déterminants.

	0 point	1 point	2 points
➤ **Respiration**	Néant	Faible	Régulière
➤ **Pouls**	Imperceptible	Inférieur à 100	Supérieur à 100
➤ **Tension musculaire**	Mou	Peu de mouvements	Mouvements actifs
➤ **Aspect**	Pâle/ bleuté	Corps rosé, bras et jambes bleutés	Tout rose
➤ **Réflexes**	Néant	Grimaces	Cris

C'est totalement indolore pour le bébé. Si l'apport en oxygène du sang est trop faible, le bébé sera raccordé à un respirateur artificiel.

Si l'enfant n'a pas obtenu dès le premier test le maximum des points, cela est sans gravité. Les résultats standards du score d'AGPAR sont en général : 9-10-10. En effet, le corps commence d'abord par rechercher l'approvisionnement vital. Le cerveau et les organes internes ont besoin d'un bon apport en oxygène. C'est pourquoi les artères menant à eux s'élargissent, afin que le sang, enrichi en oxygène dans les poumons, grâce aux premières respirations, s'achemine vers l'endroit qui en nécessite de toute urgence. Les bras et les jambes, les extrémités, ne subissent en revanche aucun dommage, s'ils doivent attendre plus longtemps la dose de premier sang nouveau. Ils sont souvent encore légèrement bleutés durant les premières minutes, ce qui aboutit à un point en moins pour la rubrique « aspect ».

Si tout est en ordre, le corps du bébé doit être totalement rosé au bout de cinq minutes. Rares sont ceux qui crient juste après la naissance, jusqu'à devenir cramoisis. Ces petites gorges chaudes obtiennent alors les notes de rêve : 10-10-10.

INFO | **PAS DE SOUCIS**

- **Les petits garçons nouveau-nés** sont plus souvent bleus que les petites filles... Si le bébé l'est sur tout le corps, à la naissance, cela signifie que quelque chose ne fonctionne pas au niveau de la respiration ou de l'activité cardiaque. En général, les voies respiratoires sont nettoyées et un court instant, de l'oxygène est envoyé dans les poumons, à l'aide d'un masque à oxygène.

- **Par expérience**, il est constaté que les filles sont plus actives à l'accouchement, tandis que les garçons sont plus faibles. Les enfants naissent relativement souvent avec le cordon ombilical autour du cou, ceci n'étant pas étonnant, vu le nombre de galipettes faites lors de la grossesse. Cela n'a généralement aucune incidence sur l'enfant. Quand il naît, les vaisseaux sanguins sont très apparents à la surface de la peau du visage. C'est pourquoi il vient au monde avec une tête bleue, mais des lèvres rouges et un corps rosé. Si c'est absolument effrayant, il n'y a pas lieu de s'inquiéter : quelques minutes après, ses joues se colorent et son teint rosit.

Premiers examens

Le score d'APGAR n'est pas le seul examen que subit le nourrisson : il est pesé, sa taille est mesurée ainsi que le diamètre de sa tête. Les obstétriciens auscultent avec doigté notre petit terrien, de la tête aux pieds. Sa constitution physique permet de voir si l'enfant est bien né à terme. Les médecins vérifient s'il s'est développé normalement ou s'il présente des signes de retard de croissance.
A quoi ressemblent les fontanelles ? Ce sont de petits « creux » entre les deux hémisphères crâniens permettant aux os crâniens de rester complètement mobiles et de se pousser, l'un contre l'autre, pendant l'accouchement. C'est fondamental, car le bébé passe dans l'étroit canal utérin. La petite fontanelle se trouve à l'arrière du crâne et se ferme, quelques semaines après la naissance. L'autre, de la taille d'une pièce d'un euro environ, située à l'avant du crâne, se referme pendant la première année, voire plus tard, chez certains enfants.
Les conduits auditifs sont-ils bien en place ? Le palais est-il fermé et non fendu ? La peau recouvre-t-elle tout le corps ? Les réflexes sont-ils là ? Les obstétriciens palpent délicatement les clavicules, le dos, et les testicules chez les garçons ; les doigts, les orteils et les ongles sont comptés. On observe aussi les articulations : les fémurs se trouvent-ils dans les cavités de la hanche ? Pour résumer, pendant le premier examen, on vérifie si tout est présent et à la bonne place.

INFO « VITAMINE K »

- **Au début des années 1990,** elle fut complètement discréditée. Si des scientifiques anglais ont établi un lien entre les piqûres de vitamine K et une leucémie contractée plus tard, des études menées dans d'autres pays n'ont pas confirmé ce résultat. Il est ainsi recommandé de prescrire la vitamine K uniquement sous forme de gouttes.

Dans la plupart des maternités, des gouttes de vitamines K, sont administrées aux nouveau-nés, à titre préventif. Cette vitamine est aussi appelée vitamine de « la coagulation sanguine », ce qui est déjà très évocateur. Un manque peut provoquer de dangereux saignements, et dans des cas plus graves, extrêmement rares, entraîner une hémorragie cérébrale lourde de conséquences. Chez les adultes, cette vitamine, fabriquée par les bactéries du gros intestin, va dans le sang et est stockée dans le foie.
Chez les nourrissons, l'intestin n'est pas encore capable d'en produire suffisamment. Leur taux de vitamine K est vraiment insignifiant après la naissance et peut même continuer à chuter. Ne soyons pas alarmistes : ce stade dangereux d'un taux extrêmement faible est rarement atteint. Pour garantir à chaque enfant assez de vitamine K, il est recommandé d'en donner à titre préventif, trois fois, sur 24 heures, après la naissance et lors des deux examens suivants.
Les pédiatres recommandent aussi :

La vitamine D

L'organisme peut assimiler le calcium dans les os par le seul concours de la vitamine D. Un manque peut les rendre mous et poreux et engendrer le rachitisme, à savoir la déformation des os. Dès que le corps reçoit un préstade de la vitamine D dans la nourriture, il peut, grâce à elle, en fabriquer lui-même, uniquement en association avec les rayons du soleil : à nos degrés de latitude, l'intensité solaire est si faible que de nombreux pédiatres recommandent de donner à chaque nourrisson de la vitamine D, dès la première semaine après la naissance, puis de continuer, toute l'année et l'hiver suivant.

Le fluor

Le fluor consolide l'émail des dents, ce qui explique que tant de dentifrices en contiennent. La plupart des dentistes recommandent aux enfants de prendre du fluor à partir de la première dent jusqu'à l'âge de six ans, ou mieux encore, de douze ans. Depuis quelques années, certains pays comme la Belgique déconseillent ce supplément de fluor, indiquant qu'il peut occasionner des lignes ou des taches sur les dents.

Convalescence pour la mère

Le retour de couches commence maintenant. Il faut profiter de cette semaine pour vous ménager et rester alitée le plus possible avec bébé. Les problèmes domestiques peuvent attendre. Reprendre des forces est urgent, car elles seront nécessaires durant les prochains mois, notamment si vous allaitez plus que nécessaire. Quand le bébé dort, placez les jambes en hauteur, préparez-vous un thé ou un bouillon de poule (voir à la page suivante), afin de renforcer l'organisme et de lui donner l'énergie d'assumer le rôle de mère.

Le retour de couches

Le retour de couches commence juste après la naissance et dure environ huit semaines. Rester en clinique pendant les premiers jours ne signifie pas qu'on est malade. Le retour de couches oblige au moins à une semaine d'alitement.

Demeurer le plus souvent alitée, pendant les dix prochains jours, est recommandé. Durant cette période, il faut se ménager et se remettre des derniers jours de la grossesse et de l'accouchement. De nouvelles forces seront indispensables pour aborder les prochaines semaines avec le bébé, la fatigue s'en mêlant.

Les heures qui suivent l'accouchement

Quand la naissance et les deux premières heures se sont déroulées sans complications, la mère et son enfant se rendront dans le secteur postaccouchement de la maternité. Même si le périnée a été recousu, il est possible de bouger, de se déplacer et de se rafraîchir. Selon le moment de la journée, rien ne s'oppose au fait de prendre une douche. Reprendre des forces et se faire apporter quelque aliment savoureux est bien légitime.

Recette confidentielle pour les jeunes mamans

Après la naissance, les femmes en Chine reçoivent une boisson pendant la semaine de retour de couches : c'est un bouillon de poule (voir la recette ci-dessous). Il s'agit d'une soupe aux effets époustouflants. Les Chinois disent que la poule est légèrement chaude, du point de vue thermique. Cuite longtemps et préparée en soupe, elle chasse le froid et dissout les amas sanguins. Favorisant le Qi (prononcé « tschi ») ou énergie vitale et la circulation sanguine, elle réchauffe l'organisme de l'intérieur. Cette « médecine du sang » aide énormément à combattre la fatigue physique, l'abattement et le « *baby blues* », ou dépression postnatale.

➤ *Voici la recette : mettre une poule fraîche, quelques carottes et environ un demi bouquet de persil, dans deux à trois litres d'eau, avant de laisser mijoter, pendant deux à quatre heures. Filtrer le bouillon et le mettre au frais. Ecumez éventuellement l'excédent de graisse qui remonte à la surface. Le plus important est le temps de cuisson.*

Il faut se faire apporter le bouillon à la clinique, dans une bouteille thermos et boire déjà, le jour même de l'accouchement, deux à trois tasses chaudes. Les mêmes doses de bouillon, les semaines suivantes, seront prescrites, au moment des repas.

➤ *Variante sans viande pour les végétariennes : mettre trois à quatre carottes, quelques tranches de céleri, un demi-poireau, un bouquet de persil et éventuellement quelques asperges dans trois à*

quatre litres d'eau et laisser mijoter deux à trois heures.
Le plus important est ici la lenteur de la cuisson. Pour finir, filtrer la soupe et en boire 1 à 1,5 litre par jour.

Détente absolue

Quelle que soit la durée de l'accouchement, que le bébé soit né la nuit ou le jour, la plupart des femmes sont tellement en alerte pendant les 24 heures qui suivent, qu'elles ne pensent pas à fermer l'œil. Les dernières minutes ont été trop trépidantes, celles suivant la naissance trop émouvantes. Les hormones offrent maintenant un contrecoup. Après la naissance, toute tension disparaît et chaque muscle se détend. En conséquence, le corps fabrique une grande quantité d'endorphine, servant de remontant. De nombreuses cliniques proposent donc un somnifère aux mamans. Est-il vraiment nécessaire d'absorber ces médicaments, les premières 24 heures étant uniques dans l'existence ? Ces moments-là permettent de donner libre cours à ses sentiments et de repenser aux dernières heures précédentes. S'allonger, admirer le bébé, savourer l'exploit accompli : cela est précieux.

La chère famille

A peine le petit est-il né que toute la famille veut partager ce grand bonheur : elle vient donc, immédiatement. Les parents racontent l'accouchement et présentent fièrement le bébé. Chacun veut le voir et le prendre dans ses bras. Cela peut être très beau et rassurant que tant de personnes chères se réjouissent de ce bonheur. Les proches peuvent aussi être informés que vous souhaitez passer les premières heures ou les premières semaines, juste à trois. Il suffit de demander aux papis et aux mamies, les grands-parents, d'être compréhensifs quelques jours.

Le partenaire aura, durant ces jours, l'occasion de construire une relation étroite avec le bébé. Trop d'agitation peut ainsi irriter et l'enfant le ressentira. Il est important, pour les parents et le bébé, de s'accorder un temps de calme et d'intimité aidant à établir un lien intense.

Il faut impérativement éviter l'agitation, au moment de la lactation et des premières mises au sein. L'engorgement ou l'inflammation mammaire, souvent provoqués par le stress, démarrent après des heures passées à accueillir des visiteurs. Le partenaire jouera là un rôle délicat, mais fondamental.

INFO | ANNIVERSAIRE

- **Contrairement** à leurs mamans, de nombreux bébés sont tellement exténués qu'ils passent tout le jour suivant à dormir. Les sages-femmes disent qu'ils laissent filer tranquillement leur jour d'« anniversaire ». Ce n'est que partie remise, car l'enfant voudra bientôt vite participer activement à sa vie...

Témoignage

Julia (31 ans) et Robert (28 ans), sont diplômés en gestion d'entreprise. Leur fille Lilly (56 cm, 3 790 g) est née un jour plus tôt que prévu.

Le vécu de l'accouchement

Robert : *En pleine nuit, à minuit, la poche amniotique se rompt…*

Julia : *Au début, j'ai douté que ce soit du liquide amniotique. Les contractions n'étaient pas encore très fortes.*

Robert : *En fait, j'étais très calme. Puis, j'ai commencé à avoir très chaud et suis allé prendre l'air frais sur le balcon.*

Julia : *(riant) Je lui ai demandé ce qu'il faisait là, sur le balcon, et il a répondu : « Je suis ici vu qu'il fait très chaud à l'intérieur et que la pièce n'est jamais aérée ». Ce qui est absolument faux, évidemment.*

Robert : *Je me suis regardé dans la glace et je me suis dit que je n'avais pourtant pas l'air d'aller mal.*

Julia : *Puis nous sommes partis pour la clinique. La sage-femme nous a expliqué que cela allait encore durer et qu'elle ne tenait pas à m'examiner trop souvent, afin d'éviter tout risque d'infection. Si rien ne s'était passé jusqu'au matin, un déclencheur de contractions me serait donné. Cela a dû me crisper, car le col de l'utérus ne s'est pas beaucoup ouvert, pendant les heures suivantes.*

Robert : *À 7 h 30 du matin, Julia a commencé à avoir des contractions.*

Julia : *Cela a démarré tout de suite. J'ai immédiatement su que c'étaient les contractions plus intenses. Comme j'étais fatiguée par ma nuit et épuisée par les contractions, la sage-femme m'a proposé une péridurale.*

Robert : *Tout s'est accéléré, deux heures plus tard. Julia a commencé à pousser et Lilly est née ! Le cordon ombilical a été immédiatement coupé et a été examiné. Lilly a été enveloppée dans un drap et placée en couveuse, ayant une légère infection et de la fièvre.*

Julia : *Malheureusement, nous ne l'avons vue qu'un court instant, puis elle a été emmenée. Nous n'avons pu la prendre dans nos bras que deux heures plus tard. Ce fut indescriptible, si beau que cela aurait donné immédiatement envie d'en avoir un deuxième…*

La télévision pendant la semaine ?

Dans toutes les cliniques modernes, chaque chambre est équipée d'une télévision. Parfois, des mamans, pour se détendre, la regardent quand le bébé dort, pensant qu'il n'entend absolument rien. S'il ne faut pas l'éloigner systématiquement des bruits quotidiens, un téléviseur peut déclencher des sensations négatives : toutes ces voix et les désagréments acoustiques viennent d'un monde que le nourrisson ne connaît pas. Pourquoi ne pas renoncer à la télévision durant ces quelques jours ?

CONSEIL | PAS DE FLEURS

➤ **A part les fleurs, que te manque-t-il ?**
Ceux qui rendent visite, à la maternité, aiment bien apporter un cadeau, des fleurs par exemple. Si c'est une attention délicate, elle n'est pas très recommandée dans ce lieu. Nombre de fleurs dégagent en effet un parfum très soutenu, notamment la nuit, susceptible de gêner l'odorat sensible du bébé. Aussi les visiteurs seront-ils priés d'éviter les fleurs de bienvenue et d'apporter plutôt des fruits ou une bricole pour l'enfant. Si la semaine de retour de couches se passe à la maison, un délicieux gâteau ou un bon déjeuner concocté par la meilleure amie sera fortement apprécié...

Les lochies

La première fois que la femme accouchée se relève et qu'elle va faire ses besoins, elle risque de perdre le sang agglutiné dans l'utérus, ce qui sera positif. Le sang, au début rouge clair, devient plutôt brunâtre par la suite. Après environ quatorze jours, la couleur de ce flux sanguin est plutôt jaunâtre. Il ne contient désormais que très peu de sécrétions liées à la plaie, et uniquement des cellules liquéfiées.
Les jours suivants, les saignements seront importants, comparables aux règles, et vous devrez porter d'épaisses couches. Les slips plus larges seront appréciés comme ceux en maille que fournit la clinique. La couche devra être changée toutes les deux à trois heures, afin d'éviter les désagréments et l'humidité. Une couture peut retarder la cicatrisation de la plaie, si elle est souvent au contact de l'humidité.

Hygiène intime

Elle fait partie des priorités des jours à venir : nettoyer les parties intimes à l'eau tiède est indispensable, après chaque passage aux toilettes. Les restes de sang sur le périnée seront ôtés. Il faut remplir une bouteille d'eau tiède avant d'aller aux toilettes, et à la sortie, écarter les jambes pour faire couler de l'eau sur le périnée.

Suture du périnée

Qu'il se soit déchiré ou qu'une épisiotomie ait été pratiquée, la suture du

INFO | LES LOCHIES

➤ **Concentration de bactéries ?** Les avis divergent concernant les lochies jusqu'ici considérées comme très infectieuses. Aussi était-il recommandé d'éviter tout contact avec le sang provenant de la plaie de l'utérus, et de bien se laver les mains, après être allée à la selle, de ne pas prendre de bain, de ne faire l'amour qu'avec préservatif et d'agir comme au moment des règles. Aujourd'hui, les propos sont moins alarmistes, les lochies n'étant pas si infectieuses. Evitez toutefois de mettre le bébé au milieu de votre lit, mais plutôt à la tête ou aux pieds. Cela lui évitera tout risque de conjonctivite, les bactéries des lochies se situant là où est le derrière de la mère.

périnée reste très douloureuse. L'intensité des douleurs dépend de la longueur et de la profondeur de la plaie, et aussi de la technique de suture, du matériel et des soins personnels. Très souvent, les médecins utilisent du fil qui s'autodétruit. Dès que l'anesthésie n'a plus d'effet, la zone du périnée commence à tirer et à battre. Les trois premiers jours, les douleurs sont si fortes que certaines femmes doivent prendre un antalgique.

Comment agir autrement contre la douleur ? Pendant les premiers jours, la plaie étant encore enflée, des compresses d'eau froide seront appliquées pour apaiser, les infirmières pouvant donner des poches à glaçons. Elles ne seront jamais placées directement sur la plaie, mais enveloppées par exemple, dans une compresse, ou dans un épais mouchoir en papier. Par ailleurs, il ne faut jamais s'allonger directement sur la plaie. Le paquet peut être posé au fond du slip, au-dessus de la serviette hygiénique et laissé jusqu'à la fonte des glaçons. La chaleur peut aussi soulager. Exposer la plaie, plusieurs fois par jour, à une lampe infrarouge offre une solution apaisante.
Si elle est douloureuse au contact de l'eau, il suffit de modifier le lavement en versant l'eau tiède sur le périnée, au moment où l'on urine, pour éviter que cela coule sur la plaie. Pendant la douche, l'urine ne devra pas s'écouler dessus. Nombre de sages-femmes recommandent les bains de siège ou le nettoyage avec des extraits de plantes médicinales comme la camomille ou les écorces de pin. Il existe des accessoires encastrables à poser sur les toilettes pour faire des bains de siège. Faire couler de l'eau tiède dans une baignoire ou dans le bac de douche est une solution simple, il suffit alors d'ajouter une décoction de plantes et de s'asseoir dix minutes. Tout bain de siège est proscrit, avant le quatrième ou cinquième jour après l'accouchement : les fils risqueraient de se détacher et la plaie de se rouvrir. Enfin, s'asseoir en tailleur, n'est pas recommandé, car le périnée ne le supporterait pas.

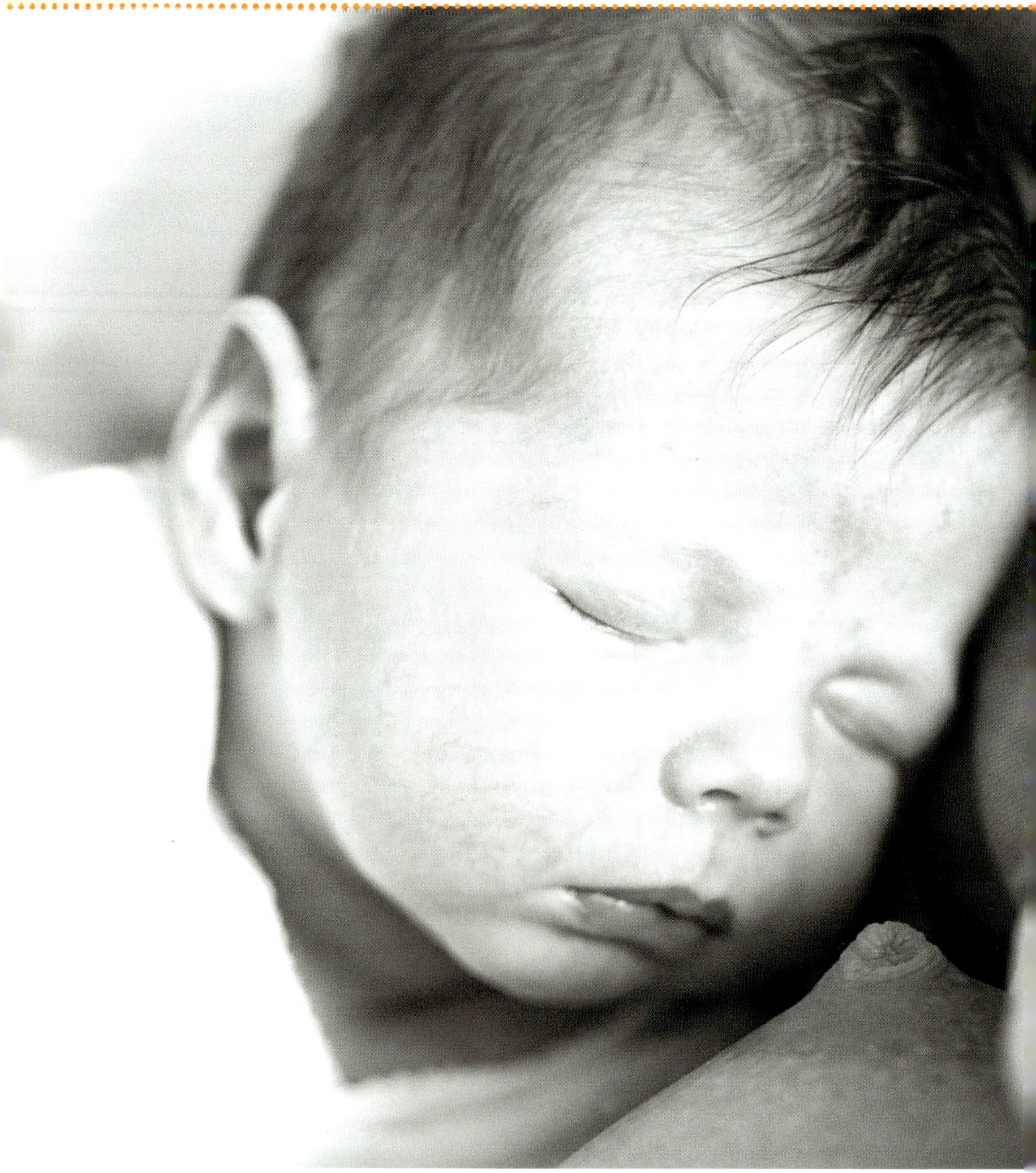

C'est comme avoir sa place au soleil… Bébé se sent bien au sein de sa mère. Il sent l'odeur de sa peau et perçoit les battements réguliers de son cœur.

INFO | L'HOMEOPATHIE

- **Les douleurs de la cicatrice :** Nous recommandons exceptionnellement un produit homéopathique ayant fait ses preuves. Les homéopathes travaillant de façon classique ne donnent jamais de recommandations d'ordre général, car ils choisissent les médicaments en fonction de chaque patient. Si la cicatrice fait souffrir dans les jours qui suivent l'accouchement, il est conseillé de prendre quatre granules d'arnica 6CH, trois fois par jour, une heure avant les repas. Cela ne peut pas vous faire de mal. Il n'existe aucune contre-indication empêchant de l'associer à un autre médicament prescrit à la clinique ou par la sage-femme.

Comment s'asseoir ?

Il vaut mieux ne pas s'asseoir directement sur la cicatrice, pour éviter de souffrir énormément. Cela ira mieux sur un support circulaire. Par exemple, une bouée d'enfant peu gonflée ou un support spécifique peuvent être utilisés (en parler à l'infirmière) ou bien simplement une serviette de toilette souple, enroulée et bouclée en cercle. Chaque femme trouvera ce qui lui convient le mieux.

Les mouvements provoquant une tension de la suture seront évidemment exclus et les jambes peu écartées. Certaines femmes aimeraient allaiter assises en tailleur, ce qui relève malheureusement de l'impossible durant les premiers jours suivant l'accouchement.

Problèmes de constipation

A la clinique, une infirmière voudra savoir, chaque jour, s'il y a eu un passage à la selle, et la réponse figurera dans le dossier. Si elle est négative, au bout de quatre jours, un laxatif sera donné pour garantir que l'intestin soit vidé.
La plupart des femmes ont en fait un besoin urgent d'aller à la selle, au bout du troisième jour après l'accouchement. Cette idée est pour elles un véritable cauchemar, car elles pensent que la plaie, du fait de sa sensibilité, pourrait se déchirer.

Les sages-femmes aideront, en cas de difficultés, et rassureront. Les sphincters ne sont en fait pas touchés par la plaie et fonctionnent parfaitement. On ne résistera donc pas au besoin de se soulager, en poussant doucement. La

CONSEIL | SORTIR DU LIT

- **Les lits d'hôpitaux** sont souvent en hauteur. Comment en entrer ou en sortir, sans gêner la cicatrice ? Il faut mettre un tabouret devant le lit qui servira de palier. S'il n'existe aucune autre solution, descendre alors à reculons à quatre pattes.

plaie ne sera pas endommagée, à condition que les selles soient molles et souples. L'alimentation doit ainsi être surveillée. Une constipation désagréable peut être évitée en consommant une grande quantité de fibres et en buvant beaucoup.
Si les sphincters sont touchés par la plaie (déchirement du périnée, stade III), les consignes du médecin seront respectées, celui qui s'en est occupé devant en être informé. Le plus éprouvant ne sera qu'un souvenir, au bout de trois à quatre jours, durant lesquels des antalgiques sont autorisés. Les médecins sont souvent étonnés de constater que les plaies des parties génitales cicatrisent très vite et sans problème.

Des flatulences inhabituelles peuvent survenir, très typiques. Maintenant que le bébé est né, tous les organes ont à nouveau suffisamment d'espace et reprennent donc leur place. Le ventre émet des borborygmes avant que tout rentre dans l'ordre, ce qui ne doit pas inquiéter.

La première mise au sein

Le réflexe de succion, comme cela a été dit, est extrêmement fort, les deux premières heures après la naissance. C'est donc le moment idéal pour commencer l'allaitement : le nourrisson, très éveillé enregistre les premières sensations.
S'il s'agit d'un premier enfant, demander de l'aide auprès de la sage-femme ou d'une infirmière expérimentée en pédiatrie sera sage, pour mettre au sein.

Si les discours s'accordent à évoquer la facilité de cette démarche, il ne suffit pourtant pas que le bébé ait la tête tournée vers le sein.
Une position détendue doit être adoptée, requérant le calme intérieur et extérieur ; de plus, l'enfant devra mettre convenablement le mamelon dans la bouche : les lèvres doivent embrasser tout le mamelon et un peu de son pourtour. Les bébés qui le suçotent ne prennent en fait pas de lait.

Paix, détente et pensée positive en regardant le bébé et en envisageant la nouvelle vie de famille favorisent la montée de lait.

La montée de lait

Dès que le bébé tète, le processus de succion est déclenché : dans le cerveau, l'hypophyse secrète la prolactine, hormone qui favorise la lactation. Entre le deuxième et le cinquième jour après la naissance, le taux de prolactine est si élevé que le lait monte dans les glandes mammaires. Nombre de femmes ont le même ressenti ; les seins deviennent tout à coup différents : ils peuvent être brûlants, lourds, gros, rouges et noueux.

Cette montée de lait n'est pourtant pas toujours douloureuse, le psychisme jouant, dans cette affaire, un grand rôle. Peu importe comment la mère, la belle-mère, la sœur ou l'amie ont vécu la montée de lait : elle est, à chaque fois, inédite.

Conditions propices à un départ favorable

Toute pensée négative est à chasser pour mettre toutes les chances de son côté et que l'allaitement se déroule bien. Les femmes sont nombreuses à ne rien ressentir, lors de la montée de lait. Elles constatent seulement qu'après avoir bu, le bébé est repu et satisfait.

Les compresses qui apaisent les seins

Lorsque les seins sont remplis et qu'ils s'engorgent, des compresses d'eau chaude et d'eau froide seront utilisées : avant l'allaitement, la chaleur diffusée avec un gant chaud, une lampe infrarouge ou une douche chaude ouvre les canaux et facilite l'afflux de lait. Après, le froid a des vertus apaisantes et prévient les inflammations naissantes. Se procurer des compresses de fromage blanc ou des poches à glaçons est précieux. Enfin, le soutien-gorge sera adapté.

CONSEIL | LE CHAMPAGNE

- **Ne vous privez pas de ce conseil confidentiel** pour favoriser la montée de lait : le champagne accélère la lactation. Voilà de bonnes raisons de faire la fête. Un petit verre de champagne a ainsi souvent un effet magique : au pire, on se contentera d'un mousseux pour deux, à la cafétéria de la clinique.
- **Souvenez-vous** de cela, si vous manquez de lait pour cause de tension intérieure. Enfin, ne buvez surtout plus de champagne quand la lactation s'effectue naturellement.

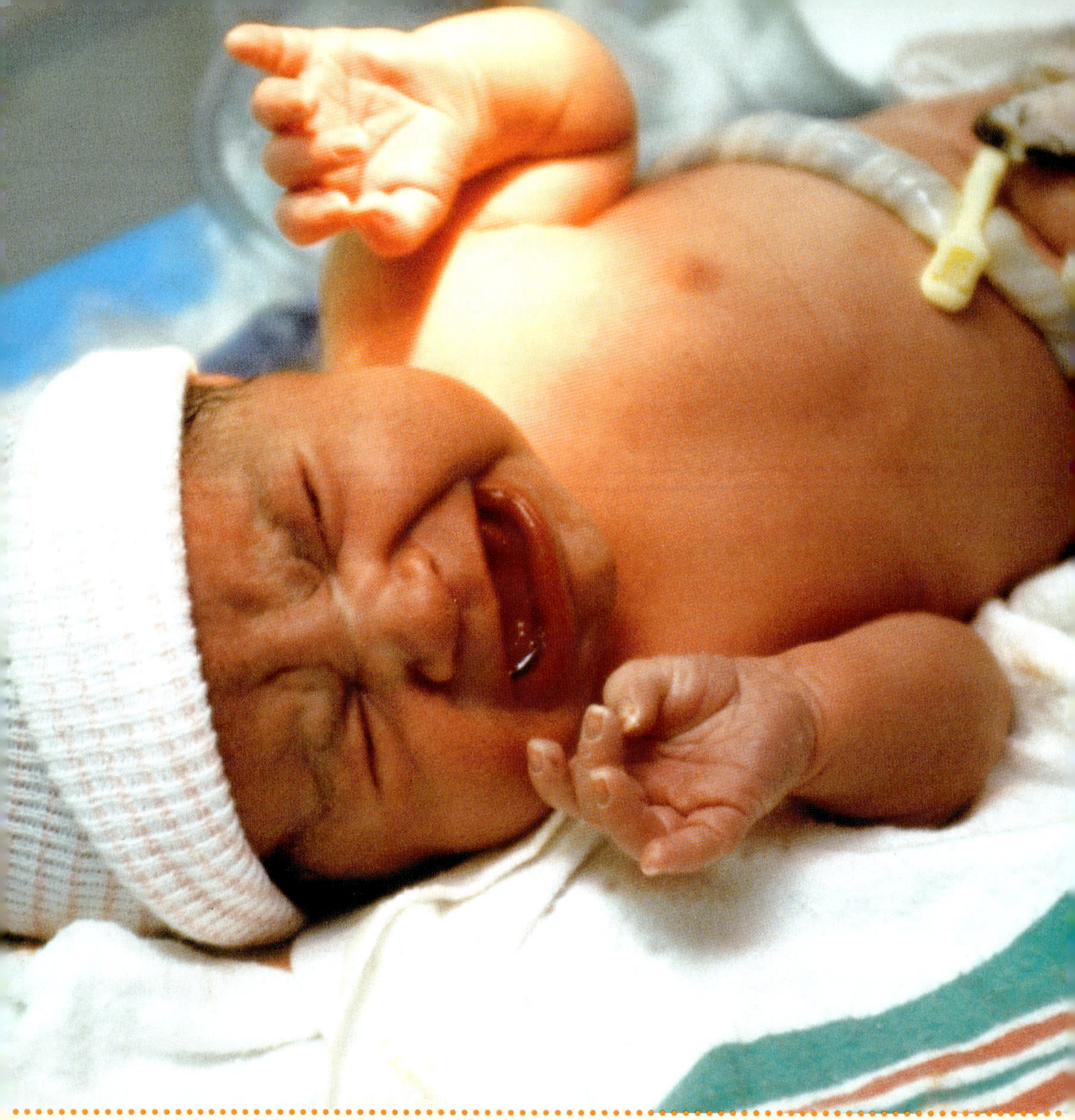

La vie avec bébé

« J'espère ne pas faire d'erreur », pensent de nombreuses femmes, confrontées la première fois à leur bébé nu qu'elles doivent langer.
Chacune passe par là. N'ayez crainte, tout ira bien. Dans les pages suivante, sont proposées des informations concernant les soins à donner au nourrisson : comment le changer, le baigner et soigner le nombril. Il ne faut pas se faire de souci. En clinique ou à la maison, la sage-femme conseillera ou aidera et répondra aux questions que se pose le couple.

Soins du nourrisson

Ce moment si longtemps attendu est là : le bébé aimerait que vous vous occupiez de lui. Beaucoup de mères se sentent démunies lorsqu'il faut le changer, la première fois. Comment fait-on ? Faut-il mettre de la crème ou du talc sur les fesses ? Que veut dire « serrer la couche » sans trop la serrer ? Comment s'y prendre avec la pince autour du nombril ?
Si normalement, les infirmières en pédiatrie prennent le temps d'expliquer comment changer le nouveau-né, ce n'est pas toujours le cas.

A l'avenir, la mère sera beaucoup occupée par les couches : pendant les six prochains mois, le nourrisson est changé, en moyenne, sept fois par jour et nuit, ce qui fait au total 1 260 couches (six mois à trente jours, chacun fois sept). Il en ira de même pour l'allaitement.

Langer : comment s'y prendre ?

Pour commencer, il est utile de prendre l'habitude de préparer tout le matériel nécessaire, avant de faire le change. Il faut, par exemple, une nouvelle couche, des gants de toilette propres, de l'eau tiède, une serviette de toilette ou des mouchoirs en papier, du talc ou de la crème.
Première recommandation : le nourrisson sera toujours surveillé, quand il sera allongé, car il est très agile. Maintenant, c'est le moment :

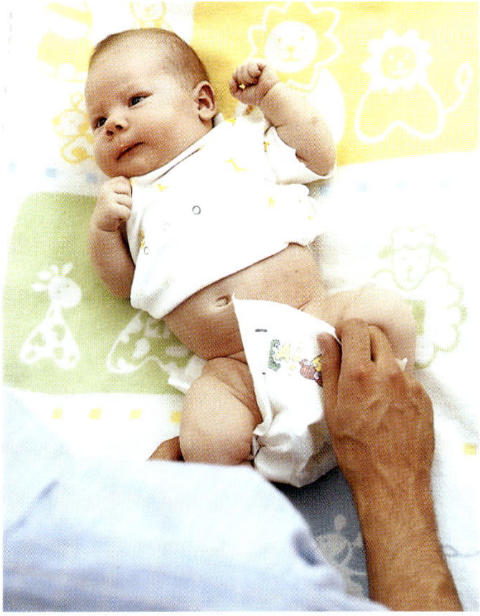

1 *Commencez par mettre en marche le radiateur au-dessus de la table à langer. Mettez le bébé en position allongée devant vous, dos sur la table, et enlevez le bas de ses vêtements. Les enfants sentent une brise fraîche au bas du ventre et la réaction ne tarde pas : ils font pipi. Il vaut donc mieux attendre quelques instants avant d'enlever la couche.*

Attention :
Une couche mouillée est désagréable et lourde ; enfin, elle irrite la peau. Trop longtemps laissée, elle peut blesser les fesses. Le nourrisson sera donc changé avant qu'il ne dorme, quand il se réveille, en cas de sortie et après le repas, qui en chasse un autre. Il y a en effet un rapport direct entre le réflexe de succion et les selles. Changez votre bébé à temps ; c'est le meilleur moyen de préserver ses petites fesses des rougeurs et autres irritations.

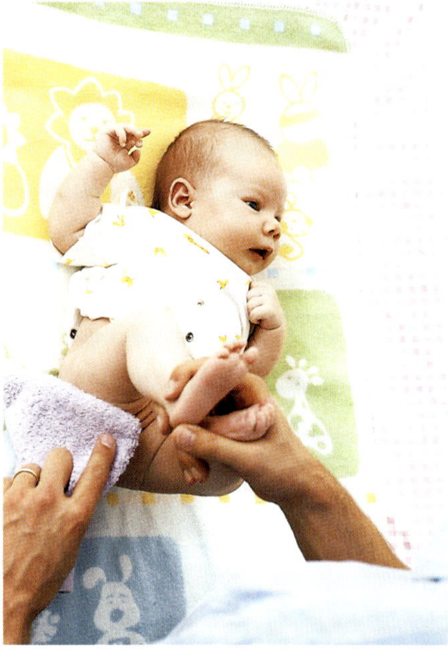

2 Nettoyez les fesses du bébé à l'aide d'un gant d'eau tiède, même s'il n'a fait qu'une « petite commission » dans la couche. Ainsi, vous saurez qu'aucune urine ne reste sur la peau. Demandez à la sage-femme quelles lingettes doivent être utilisées. Une huile végétale de cuisine peut être employée. Pour les filles, il faut toujours essuyer d'avant en arrière vers l'anus, afin d'éviter que des germes provenant de ce dernier ne se logent dans le vagin et provoquent une infection. Les garçons nécessitent davantage de soin : il faut relever les testicules, et nettoyer tous les plis. Epongez ensuite les fesses et les parties génitales avec une lingette sèche. Plus tard, quand le garçon sera plus grand, vous pourrez installer à portée de main, un support pour papier toilette, près de la table à langer. Il existe du papier très doux convenant parfaitement à la peau tendre du bébé, et qui est, en outre, plus économique que les lingettes.

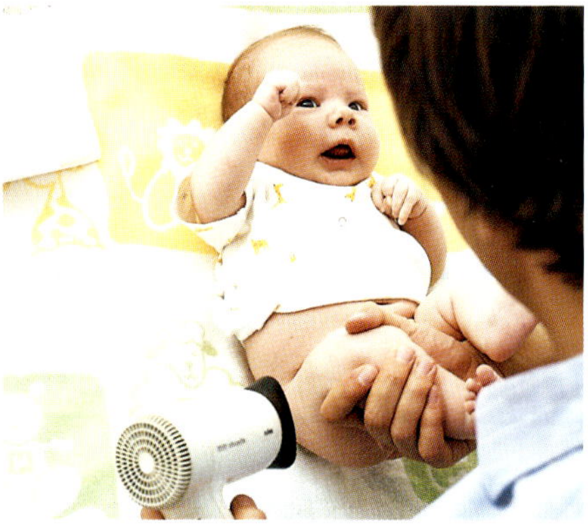

3 À la maison, les parties mouillées peuvent être séchées à l'aide d'un sèche-cheveux, réglé au degré le plus faible. Les bébés adorent cela. Pour éviter une trop grande chaleur, effectuez simplement des mouvements de va-et-vient.

4 C'est le moment de mettre la nouvelle couche : passez votre main gauche sous la hanche droite du bébé et prenez sa jambe gauche dans votre main. De votre avant-bras, soulevez les deux jambes (cette prise est plus confortable pour le nourrisson que si vous lui

soulevez les jambes en le prenant par les pieds. De la main droite, positionnez la nouvelle couche sous les fesses. Veillez à ne pas mettre les parties de la ceinture vers l'extérieur, ni de les rabattre vers l'intérieur.

5 *Pour terminer, fermez la couche avec des agrafes sans serrer. Vous devez pouvoir encore passer l'index au niveau des jambes. Si c'est trop étroit, c'est que vous avez serré trop fort.*

Pendant les premiers jours et même les premières semaines, il faut le changer assez rapidement car l'enfant risque de prendre froid, et va commencer à pleurer ou à avoir le hoquet. Plus tard, on pourra prendre davantage de temps pour cela. N'oublions pas que le bébé était nu, parfaitement libre de ses mouvements, très actif, dans le ventre maternel : les couches sont donc pour lui une entrave à sa liberté. On constatera qu'il adore gigoter sans couche : vive la liberté !

Il aura la permission de savourer ce moment et de gigoter, à souhait, aussi souvent que possible. Profitez de ce moment délicieux pour le câliner, le masser ou jouer avec lui. Les caresses, très importantes, éveillent ses sens. Elles agissent positivement sur le psychisme et sur le fonctionnement de chaque organe. Lorsque le ventre du bébé est massé très délicatement autour du nombril, dans le sens des aiguilles d'une montre, cela l'aide, par exemple à digérer.

INFO | FESSES

➤ **Le mieux est l'ennemi du bien.** Récemment, on pensait encore que le derrière devait être enduit de crème, à chaque change du bébé. Aujourd'hui, le naturel est privilégié. Une peau saine ne nécessite pas de crème, laquelle agit même négativement, bouchant les pores et empêchant la peau de respirer. Le derrière moite devient alors le terrain idéal pour les bactéries. En revanche, en cas d'irritation de la peau, la crème doit être étalée sur toutes les parties à vif, pour les protéger de l'urine.
Certains professionnels déconseillent aussi le talc qui risque de macérer dans les plis de bébé.

Le nombril

Les cliniques mettent à disposition des couches jetables, très petites, spéciales pour les nourrissons. Leur découpe est souvent faite au niveau du nombril, c'est-à-dire à l'avant, juste en dessous, pour que la ceinture et l'agrafe ne le blessent pas. Après avoir mis la couche, viendra le tour du maillot ou du *body*.

Le cordon ombilical n'est pas en danger, il va sécher et tombera dans quelques jours (entre le 5e et le 15e jour). S'il venait à être mouillé, l'infirmière en pédiatrie ou la sage-femme indiqueraient quels soins lui donner. Un peu de talc suffit souvent à le sécher. Dès qu'il est tombé, il faut désinfecter le nombril une fois par jour et le laisser à l'air le plus possible. Un coton tige sera plongé dans une teinture d'arnica, disponible en pharmacie, et les sécrétions seront délicatement enlevées. S'il y a un écoulement, consultez votre pédiatre.

Le bain

Nos mères ont une expérience différente des bains : autrefois, le nourrisson était baigné une fois par jour, plutôt le matin, dans un bain moussant bien chaud, en prenant garde à ce que l'eau ne pénètre pas dans les oreilles. Aujourd'hui, les femmes procèdent autrement : moins le bébé prend de bain, mieux il se porte : chacun, avec ou sans savon agresse sa peau douce et son film acide protecteur. Un, deux, voire trois jours sans prendre de bain n'est pas nocif pour le bébé. Certaines sages-femmes recommandent même de ne pas baigner l'enfant du tout pendant les dix premiers jours. A vous de voir, après en avoir parlé à la sage-femme ou au pédiatre. Dans la plupart des cliniques, le nouveau-né en prend : c'est inscrit dans l'emploi du temps de l'infirmière. Il suffit d'informer cette dernière que vous ne le souhaitez pas. Certaines mères se sentent d'ailleurs mieux quand elles ont vu comment s'y prendre. Convenir d'un « rendez-vous bain » avec l'infirmière ou bien, si c'est à domicile, avec la sage-femme, est judicieux.

Soins des ongles

Les ongles d'un nouveau-né sont incroyablement longs. Ils ont parfois tant poussé qu'ils le griffent ou le blessent. Vérifiez de temps à autre leur degré de croissance. Pour éviter que le bébé se griffe, il suffit de les revêtir de petits gants en coton ou simplement de fines socquettes, ou encore d'habiller l'enfant d'un maillot à très longues manches. Ses ongles ne seront pas coupés pendant les premiers jours : trop mous, ils risqueraient de s'arracher s'ils étaient coupés. Si vous y tenez absolument, ce qui dépasse peut être enlevé avec les doigts. Les ciseaux à ongles pour bébé seront utilisés plus tard : ils ont un bout arrondi et des lames très fines. Quand le bébé dort, c'est une opération plus facile. Faites toujours bien attention de ne pas couper les ongles trop court.

Témoignage

Nadine (28 ans), nutritionniste, et Thomas (31 ans), restaurateur. Leur fils Sebastian (56 cm, 4 280 g) est né durant la 41e semaine de grossesse.

La naissance

Flash-back : Nadine a eu une forte toxémie gravidique pendant la dernière semaine de grossesse et a dû rester dix jours en observation en clinique. Comme elle avait déjà connu des contractions, déclencher l'accouchement a été essayé, à six reprises, pour tenter un déroulement naturel ; ce fut en vain. La gynécologue a laissé Nadine rentrer chez elle sur sa demande et elles ont discuté, le lendemain, de la suite des événements.

Nadine : *La veille de l'accouchement, nous étions déjà très tendus.*

Thomas : *La tension artérielle variait, bizarrement : d'abord elle était très élevée, 160/110, puis très basse, 90/60. Ensuite, tu as fait de l'œdème. Nous sommes alors retournés consulter la gynécologue.*

Nadine : *On s'est mis d'accord pour retourner en clinique et tenter, une dernière fois, de déclencher l'accouchement. S'il échouait, nous étions décidés à faire une césarienne, le même jour.*

Thomas : *Et c'est ce qui est arrivé.*

Nadine : *C'était la bonne décision. A partir de là, tout s'est déroulé très vite. On m'a fait une péridurale. J'étais même prête, à ce moment, à accepter l'idée d'une césarienne.*

Thomas : *La césarienne a été horrible, et j'ai mal vécu le fait d'entendre les bruits. J'entendais les ciseaux découper la chair, puis les différentes couches. Et puis, un*

appareil a été branché, pour aspirer le sang et le liquide amniotique, faisant le même bruit que chez le dentiste.

Nadine : *Je me suis assoupie, car je ne voulais plus entendre les bruits…*

Thomas : *Sebastian est né, cinq minutes plus tard. Il a été rapidement examiné et j'ai pu enfin le prendre dans mes bras.*

Nadine : *Tu me l'as mis sur le sein et j'ai dit : « C'est mon bébé ? »… oui, cela s'est passé ainsi. Cela n'avait rien de spectaculaire.*

Thomas : *Oh si, cela l'a été suffisamment !*

Nadine : *Le résultat est spectaculaire, nous avons un adorable bébé.*

Les premiers jours de vie du bébé

Pendant les premières heures et les premiers jours après la naissance, énormément d'événements surgissent dans la vie d'un enfant, qui peuvent parfois inquiéter. Pourtant, tout ce qui va suivre est parfaitement normal :

Méconium

Certains enfants, dès qu'ils naissent, font immédiatement de grosses commissions. Ils commencent par vider tous leurs organes de digestion. Il ne faut pas s'étonner si les premières selles sont sombres, presque noires, collantes et épaisses. Ce rejet s'appelle le méconium et est constitué de plusieurs produits, accumulés dans l'intestin durant la grossesse : des cellules de la muqueuse intestinale, de la bile, de l'enduit sébacé, du duvet lanugo et d'autres déchets stockés et avalés dans le liquide amniotique. Le méconium peut être éliminé cinq jours plus tard. Après la première tétée, les selles deviennent vert épinard, puis virent vers l'ocre jaune. Normalement, après environ cinq jours, les selles ont une apparence normale : pâteuses, voire liquides, et répandant une faible odeur.

Jaunisse du nourrisson

A première vue, le bébé donne l'impression de revenir de vacances. Il a une jolie peau brune. A y regarder de près, on s'aperçoit que ce bronzage est piqueté de points jaunes. Trois quarts des nouveau-nés attrapent la jaunisse, quelques jours après la naissance. Cela n'a rien d'exceptionnel : dans le sang du bébé, les globules rouges sont nombreux. Plus ils sont renouvelés, plus la production de la bilirubine augmente. C'est le foie qui a pour tâche de transporter cette dernière. Cet organe filtre encore bien jeune commence tout juste à travailler. L'évacuation se fait donc lentement et la bilirubine se dépose d'abord dans la peau et dans les yeux du nourrisson, les teintant de jaune. Environ une semaine après la naissance, le foie, parfaitement opérationnel et mature évacue ce pigment sanguin. La peau perd alors sa coloration jaunâtre. Une jaunisse du nourrisson ne sera ainsi traitée que si elle est très forte, risquant d'atteindre le cerveau, d'y stagner, et de provoquer des troubles mentaux.

Quand les enfants sont très jaunes, l'infirmière mesure la concentration de bilirubine tous les jours. Si elle est très élevée, l'enfant est placé en photothérapie (exposé à de la lumière) dans une couveuse, sous une lampe bleue, qui n'est pas une lampe à UV. Il porte des lunettes spéciales destinées à protéger ses yeux. Cette lampe élimine la bilirubine, ensuite évacuée dans les urines. Une amélioration se remarque déjà au bout de 24 heures. L'enfant doit souvent continuer la photothérapie, deux ou trois jours, jusqu'à ce que le foie se charge de tout.

Fatigué et repu : comme c'est merveilleux ! Le cœur des parents explose de joie quand bébé boit bien, dort bien et n'est pas gêné par les ballonnements. Quand le bébé est satisfait, les parents le sont aussi.

CONSEIL « UNE PLACE AU SOLEIL »

- **La lumière du jour** aide aussi à éliminer la bilirubine. Le lit du bébé sera placé juste à côté de la fenêtre. Il faut aussi donner, le plus possible, à boire de l'eau bouillie ou de la tisane, car plus l'enfant boit, plus il élimine la bilirubine par les urines.

Urines rouges

Les urines rouges sont aussi bénignes que les selles noires. En fait, l'urine a la couleur de la brique broyée. Elle est provoquée par des sels d'acide urique. Cela touche essentiellement les garçons et plus rarement les filles. Un enfant de sexe féminin pourra toutefois uriner rouge, les premiers jours après la naissance. Si cela alarme les parents, ces urines sont rarement dangereuses et indiquent un changement hormonal. Le médecin et la sage-femme donneront de sages conseils.

Acné du nouveau-né

Le bébé a à peine quelques jours qu'il commence déjà à se couvrir de petits boutons… Soyez sans inquiétude, c'est tout à fait normal. L'acné du nourrisson n'a rien à voir avec celle des adultes et elle est très fréquente. Nombre de nouveau-nés attrapent des boutons, quelques jours après la naissance, notamment sur le visage, sur le nez et les joues. En effet, des hormones sexuelles circulent encore dans le sang, depuis la grossesse : elles sont éliminées progressivement et la peau paraît impure. L'acné du nourrisson est tout à fait banale et très passagère. Elle disparaît en quelques mois. Il ne faut pas appuyer dessus ni presser, et ne pas appliquer de crème contre les boutons ! Dans quelques jours, au plus tard une semaine, le nourrisson aura à nouveau le teint rosé et lisse. En cas de doute, parlez-en au pédiatre. Vous pouvez nettoyer la peau du visage de bébé avec un peu de sérum physiologique.

Ophtalmie

Les canaux lacrymaux d'un nouveau-né sont si délicats et fins qu'ils se bouchent facilement. Certains ont ainsi les yeux

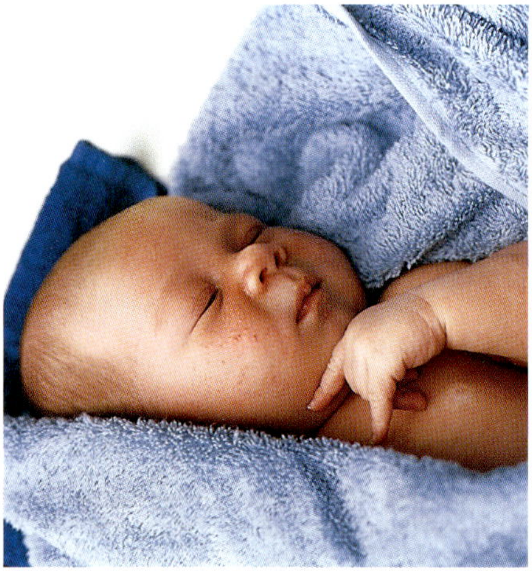

Des boutons déjà, bien avant la puberté ? L'acné du nourrisson ne présente aucune gravité : les hormones l'ont déclenché. Les mères n'appuieront pas sur les boutons et ne les presseront pas.

collés, durant les premiers jours. Ils ont « les yeux encrassés », ce qui peut vite entraîner une ophtalmie. Il faut donc se laver scrupuleusement les mains (lochies !). Ce conseil vaut aussi pour la grande sœur qui aime tant caresser le visage de son petit frère. Les yeux seront nettoyés avec une solution saline dosée à 0,9 %, disponible en pharmacie ou avec une infusion de camomille. Il suffit d'y tremper un morceau d'ouate, de l'expurger légèrement, et de frotter délicatement, en partant des tempes vers le nez. Quelques gouttes d'euphrasia, de calendula, ou de rose sont aussi très efficaces. Demandez conseil auprès du médecin ou de la sage-femme. Il est possible que le problème revienne de temps en temps.

Nez bouché

Certaines mamans s'alarment lorsque le nourrisson a le nez bouché, quelques jours après la naissance. Les trop nombreuses visites de l'entourage, les portes ouvertes et fermées, occasionnant des courants d'air, sont trop vite jugées responsables d'un rhume contracté. Ne vous faites pas de souci ! Il ne s'agit d'un vrai rhume que dans de très rares cas. En fait, c'est plutôt le liquide amniotique qui se situe encore dans les bronches. De plus, le nez du bébé réagit sensiblement aux petites particules de poussière. Très vite, des croûtes se forment dans les narines.

Pour faire éternuer le nouveau-né, il faut lui frotter délicatement la racine du nez, ou bien lui verser quelques gouttes de solution saline ou de lait maternel dans le nez.

Pour éviter le nez bouché, pensez à humidifier l'atmosphère de la chambre, maintenez-y une température de 19 °C, lavez-vous régulièrement les mains (risque de contagion si vous-même êtes enrhumée) et, bien sûr, évitez les lieux qui sont enfumés.

INFO | GLANDES MAMMAIRES ENFLEES

- **Nombre de femmes** réagissent assez mal, à la vue des glandes mammaires enflées de leur bébé. Presque toujours, il se produit même un écoulement lacté. Il faut se méfier, cependant, des discours trop alarmistes : le bouleversement hormonal subi par le jeune corps du bébé en est la cause, et cela ne nécessite pas de soins particuliers.
  Ces gonflements sont sûrement sensibles au toucher : il faut donc éviter que les glandes mammaires du bébé n'entrent en contact avec un vêtement. Par exemple, un tampon ou une bande d'ouate sera placé entre le thorax et le maillot.
- **Il arrive aussi** que les parties génitales soient enflées : ce phénomène normal disparaît très vite, de lui-même.

Allaiter : cela s'apprend

Quoi de plus beau que d'être à nouveau en osmose avec l'enfant porté pendant neuf mois ?
Ce lien secret se tisse avec l'allaitement. La mère et le nourrisson connaissent alors la plénitude totale. C'est ce que suggèrent tous les professionnels de la photo. Ce n'est malheureusement pas toujours le cas.
Allaiter, ce n'est pas uniquement mettre le bébé au sein. La réussite suppose du temps et bientôt, la mère et le nourrisson savoureront ces délicieux instants complices.

INFO | QUELQUES RAISONS EN FAVEUR DE L'ALLAITEMENT

- **Le lait maternel** contient toute une série de substances nutritives répondant parfaitement aux besoins de l'enfant.
- **Le lait maternel** est riche en anticorps, qui protègent le bébé des maladies. Ainsi, ceux allaités par la mère sont plus rarement malades. Lorsqu'ils contractent une maladie, ils guérissent plus rapidement, grâce à leurs défenses immunitaires.
- **Le lait maternel** protège le nourrisson des allergies, d'autant plus si la mère le nourrit pendant les six premiers mois.
- **L'allaitement** crée un lien privilégié entre la mère et l'enfant entrant en contact direct avec le corps maternel : il sent sa chaleur et sa tendresse, fondements d'une relation de confiance.
- **L'allaitement** permet à l'utérus de retrouver plus vite sa taille normale et atténue les lochies.
- **L'allaitement est pratique** : le lait ne contient pas de germes, il est bien emballé, toujours à la température adaptée et accessible en permanence, pour les besoins du nouveau-né. D'ici quelques semaines, ces avantages seront bien appréciés.
- **Les mamans** qui donnent le sein économisent environ cinq cents euros, pendant les six premiers mois (pas d'achat de nourriture, de biberon, de tétine, pas de nettoyage des biberons...).
- **L'allaitement** diminue les risques de cancer du sein.
- **Avant tout,** l'allaitement est un véritable baume pour l'âme. La maman étant intimement proche de son enfant, l'un et l'autre fusionnent littéralement et tissent des liens qui les marqueront toute la vie.

Allaitement

Nombreuses sont les femmes qui se posent aujourd'hui la question : vais-je allaiter le bébé ou lui donner le biberon ? L'allaitement n'est plus systématique depuis longtemps et souvent, les modes influent sur les décisions. La génération de nos mères n'a pratiquement plus d'expérience en la matière, car l'allaitement était très mal considéré, une trentaine d'années auparavant. Le biberon était ainsi signe de modernité. Dans les années soixante-dix, la tendance s'est inversée : le retour à la nature, au naturel fut privilégié et l'allaitement est redevenu à la mode. De plus en plus d'études confirment son importance pour la mère et l'enfant et les médecins et les sages-femmes encouragent vivement leurs patientes en ce sens. L'allaitement présente ainsi de nombreuses vertus. Mais ne présente-t-il que des avantages ? Il faut bien reconnaître que non. Les mamans qui allaitent répondent, à elles seules, aux besoins du nourrisson. Elles peuvent parfois tirer le lait, ainsi le père peut-il prendre le relais et alimenter le nourrisson. Il en va de même pour les nuits : une femme allaitant est toujours obligée de se lever, car elle est enfermée dans ce processus. Pendant les semaines suivantes, elle doit renoncer complètement à certains aliments qui ballonnent : alcool, oignons, ail et choux.

Coupe transversale du sein de la femme : juste derrière le mamelon, les sinus galactophores stockent le lait. Il est fabriqué dans les glandes mammaires.

Processus de lactation

La lactation est une véritable merveille et s'effectue en d'innombrables étapes interdépendantes. Tout y contribue : cellules glandulaires, hormones et psychisme.

Condition n° 1 : les seins

Dans chaque sein, quinze à vingt canaux galactophores débouchent, en étoile, vers le mamelon. Chaque canal est garni d'« acini » se disposant en grosses grappes comme du raisin, et que des canaux galactophores relient. Chacune est constituée d'environ dix à cent « raisins » et chaque *acinus*, ce qui signifie « raisin », produit du lait. Les « acini » que des fibres musculaires enveloppent se contractent, sous l'impulsion de l'ocytocine. Cela les presse et les vide de leur lait. Les gouttes de lait sont alors transportées dans le canal galactophore menant aux mamelons. Avant qu'il sorte dans ceux-là, le lait issu des canaux s'amasse dans des petits réservoirs appelés les sinus galactophores. Ils se situent juste sous l'aréole du mamelon et peuvent contenir une quantité considérable de lait. Lorsque le bébé prend le mamelon et l'aréole dans sa bouche, sa langue et sa mâchoire exercent une pression sur les sinus galactophores et les vident.

Condition n° 2 : l'intervention des hormones

Durant la grossesse, plusieurs hormones participent déjà au développement des cellules glandulaires qui sécréteront le lait. Tout est mis en œuvre dans le corps de la future maman pour fabriquer le premier lait (colostrum) durant les derniers jours et semaines précédant la naissance. A l'instant de l'accouchement, l'hormone prolactine est libérée massivement. Sa production est ensuite stimulée, à chaque succion du sein par le nourrisson.

Le réflexe d'éjection

Une fois que l'enfant a commencé à téter, les cellules nerveuses, dans les mamelons, envoient un signal à l'hypothalamus pour que l'ocytocine soit sécrétée. Cette hormone provoque la contraction des cellules fabriquant le lait, et propulse celui-ci dans les canaux galactophores.

Le lait maternel

Le lait maternel a les mêmes constituants que le sang, même s'il ne contient pas de globules rouges. Il livre aussi des globules blancs (leucocytes), qui protègent l'enfant contre les maladies, lui apportent des défenses immunitaires, des enzymes, des hormones et d'autres substances vitales garantissant son bon développement. Il doit être riche en vitamines, en minéraux et en oligoéléments. Il faut ainsi veiller à la qualité de l'alimentation autant que pendant la grossesse. Le lait ne sera pas immédiatement du vrai lait maternel : il doit d'abord s'adapter aux besoins de l'enfant.

INFO | QUANTITE DE LAIT

- **La lactation** dépend de la demande de l'enfant : plus il tète, plus augmente la production de prolactine (lactation) et d'ocytocine, qui transporte le lait vers le mamelon.

Colostrum

Ce premier lait déjà sécrété pendant la grossesse est celui dont dispose le nourrisson, à la naissance. Il est crémeux, épais et jaunâtre, et est produit en petite quantité couvrant les besoins du bébé pour les deux ou trois premiers jours. Le colostrum est très riche en substances nutritives, contenant plus de protéines que le futur lait mature, plus de vitamines A, B, E et de minéraux comme le zinc ; il est cependant moins gras et moins sucré. Il a aussi des vertus laxatives, facilitant l'évacuation du méconium et nettoyant les organes de digestion.

Lait colostral

Dès que le lait jaillit dans le sein, le lait colostral liquéfie le colostrum. Chaque jour, il est un peu moins crémeux et contient moins de protéines et d'anticorps.

Lait mature

Environ deux semaines après la naissance, les seins produisent le lait mature qui contient l'eau enrichie de graisses, de protéines, de sucre, de vitamines et de sels minéraux.
Le premier lait se distingue du lait mature : au commencement de chaque tétée, le bébé boit le premier lait, pauvre en calories et très liquide. Il étanche plutôt la soif. Quelques minutes après, le lait mature commence à couler, renfermant deux fois plus de calories.

Enclencher l'allaitement

Comme une maison cossue qui repose sur de solides fondations, la mère sera, elle aussi, une base stable sur laquelle reposera une relation durable.
De très nombreuses femmes prévoient d'allaiter leur bébé, mais près de la moitié arrête dès le premier mois, car cela ne se déroule pas comme elles l'avaient imaginé. Répétons-le : allaiter n'est pas inné, cela s'apprend. Si, à chaque tétée, les conseils prodigués ci-dessous sont observés, la réussite de l'allaitement sera assurée.

Les clefs de la réussite

➤ Les Américains ne pensent qu'à une chose, la relaxation. Aussi, se détendre avant d'allaiter est-il fondamental : il faut savourer les minutes qui vont suivre, où s'opère la fusion avec le bébé. Evitez aussi l'agitation ou les gens négatifs.
➤ La position importe peu, l'essentiel étant qu'elle soit agréable. Le bras dans lequel le bébé est tenu sera bien assuré, les jambes et les pieds détendus, afin d'éviter tout problème de dos ou d'articulation. Tout ce dont vous aurez besoin pour allaiter sera préparé à l'avance : banc pour les pieds, tabouret, coussins, traversin, lampe parfumée, tisane ; le partenaire bien-aimé sera associé à ce moment.
➤ La façon de donner le sein va être décisive : c'est l'enfant qui sera dirigé vers le sein et non l'inverse. Dans sa bouche, entreront le mamelon et deux à trois cm de l'aréole mammaire. Il va

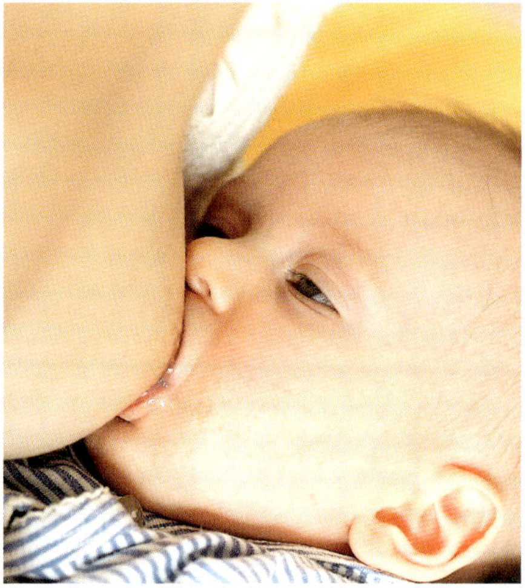

L'allaitement ne se réduit pas à donner à manger au bébé ! A chaque tétée, il reçoit une énorme dose d'amour et de tendresse de la part de sa mère.

pouvoir enfin commencer à téter.
➤ En cas de problème, de question ou d'inquiétude, il faut demander conseil à l'infirmière en pédiatrie de la clinique, ou à la sage-femme s'occupant des soins après la naissance. C'est vraiment leur domaine. Certaines cliniques proposent même des conseillères en allaitement.
➤ Sachez que les premières semaines sont très souvent difficiles. Patience, persévérance et positivité sont vos meilleures alliées.

La première mise au sein

Bien que le bébé ait l'air désarmé, il possède, dès sa naissance, l'instinct de survie. Dans les deux heures qui suivent la naissance, son réflexe de succion est le plus fort. Très vite, il cherche le mamelon et commence à téter, sauf après un accouchement difficile ou s'il est sous traitement. Dans ce cas, n'insistez pas. Futé, n'est-ce pas : même dans l'obscurité, le bébé trouve le mamelon : le lait qui s'écoule dégage ainsi une odeur, et le mamelon est plus chaud que le reste du sein. Il maîtrise les techniques avec un indéniable talent et parvient à avaler et à respirer. Il arrive ainsi à boire et à respirer en même temps, faculté qu'il perdra par la suite.

Cette position favorise la détente de la mère et de l'enfant. Cela repose le dos, le périnée et les articulations de la mère.

Bien en main

Les sages-femmes et les conseillères en allaitement affectionnent particulièrement la technique du C. Ainsi, une mère souhaitant faire téter le bébé au sein gauche, posera quatre doigts de la main droite sous le sein, à environ trois cm du mamelon. Le pouce repose nonchalamment, environ trois cm au-dessus. Dans cette position, la main forme pratiquement un « C ». Le but est de soutenir correctement le sein, et le mamelon étant à hauteur de la bouche, le nourrisson peut le prendre dans sa bouche avec un peu de l'aréole mammaire, les doigts ne faisant pas pression sur les sinus galactophores.

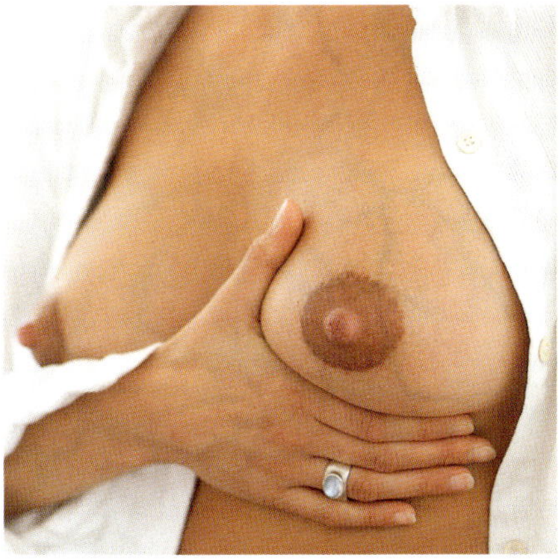

Ce sein est bien maintenu grâce à la technique du C, meilleur moyen pour ne pas comprimer les sinus galactophores et pour que le lait s'écoule correctement.

Allaiter dans la position allongée

Cette position est très confortable, notamment pendant la semaine de retour de couches, car elle soulage énormément le périnée. Voilà comment procéder : s'allonger sur le flanc par terre, dans le canapé ou dans le lit. Tendre le bras au-dessus de la tête pour reposer sur l'épaule, à plat. Mettre un coussin sous la tête, puis le ventre du bébé contre le sien. La bouche du nourrisson doit atteindre le mamelon. Avec la main libre, proposer le sein selon la technique du C. Enfin, placer un traversin dans le dos du bébé, afin qu'il ne roule pas : cette position est très confortable pour la mère comme pour l'enfant.

Allaiter en position assise

Le bébé est placé dans les bras, de façon qu'il soit couché sur le flanc, la tête, le ventre et les jambes tournés, vers soi. L'oreille, l'épaule et les hanches de l'enfant doivent être en parfait alignement. Pour donner, par exemple, le sein gauche (tout contre votre cœur, il retrouvera le rythme rassurant qui le berçait in utero), sa tête doit être dans le pli du coude gauche, le bras droit passant sous l'aisselle en direction de votre taille. Il faut soutenir son dos avec l'avant-bras gauche, et tenir son derrière de la main gauche. Le bébé peut être maintenant amené au sein et non l'inverse ! Dans cette position d'allaitement, un coussin sera placé sous le bras dans lequel est lové le nourrisson. La position est encore plus confortable avec les jambes allongées sur un banc, un tabouret ou un pouf.

L'allaitement dans la position assise est appréciée par nombre de mères.

Au début, cette position paraît inhabituelle ; elle est pourtant très confortable, notamment après une césarienne.

Technique du footballeur

Elle convient particulièrement aux femmes ayant une forte poitrine ou qui ont accouché par césarienne, lorsque la cicatrice est sensible. Elle permet aussi de libérer le bas du sein. Le bébé n'est pas allongé devant le ventre, mais sur votre flanc, les jambes vers l'arrière. Deux à trois gros coussins sont placés au niveau de votre hanche, l'enfant est placé dos aux coussins, les jambes vers l'arrière. L'avant-bras soutient le dos du nourrisson dont la tête repose dans le

plat de la main. Le sein peut lui être maintenant présenté. Cette position s'appelle « la technique du footballeur » : c'est ainsi que les sportifs américains tiennent la balle, sous le bras…
Afin que l'enfant cesse de téter, mais qu'il continue à suçoter le mamelon, le petit doigt libre sera placé entre ce dernier et la commissure de ses lèvres. Il cessera ainsi de téter et lâchera prise.

Durée et fréquence de la tétée

En général, il est préférable d'allaiter à la demande, en cas de faim, et aussi longtemps que le bébé le souhaite. Ne tentez pas de lui imposer un rythme. Un bébé boit pendant quinze minutes maximum, fait des pauses courtes et un petit rot, puis boit quinze autres minutes à l'autre sein. Le prochain repas aura lieu quatre heures plus tard. Tout est pour le mieux aussi, si le bébé tète vingt minutes à un sein, puis s'endort et reprend la tétée, deux heures plus tard.

INFO | QUAND ALLAITER ?

- **Allaiter à la demande** signifie que la mère et l'enfant signalent quand aura lieu la prochaine tétée : le bébé, lorsqu'il a faim, et la génitrice, quand ses seins sont lourds de lait. Au moment nécessaire, le nourrisson peut être pris dans les bras pour le faire téter, même s'il dort paisiblement et qu'il n'a ostensiblement pas envie de boire.

A savoir :

➤ Auparavant, les tétées devaient prétendument être espacées d'au moins deux heures, du début de la première au commencement de l'autre. Cette idée est depuis longtemps controversée. En effet, du lait nouveau sur le lait à moitié digéré n'entraîne pas forcément des ballonnements.

➤ Si le nouveau-né s'endort après avoir bu au premier sein, il est bon de profiter du moment pour le changer tranquillement. Il retrouvera ainsi son dynamisme et boira au deuxième sein. Rares sont les bébés qui boivent tout le lait des deux seins en une seule tétée.

➤ La suivante, il faut le mettre au sein où il a moins pris, le lait y étant plus abondant. Attachez un fil de laine au soutien-gorge, pour repérer de quel côté l'enfant a bu en dernier.

➤ Enfin, n'oubliez pas de boire beaucoup.

Le bon vieux rot !

Quand un petit rote, chacun est satisfait. Il en va autrement quand il grandit. Lorsqu'il boit, il peut avaler de l'air et son ventre est ballonné. C'est grâce au renvoi qu'il libère l'air malvenu. Pour qu'il fasse son rot, il doit être placé sur l'épaule et il sera tapoté, avec le creux de la main, entre les omoplates. Le bébé rote quelques minutes plus tard. S'il boit goulûment et rapidement, il avalera certainement davantage d'air et il faut donc qu'il fasse un renvoi. S'il appartient à la catégorie des « jouisseurs tranquilles », il ne rotera probablement jamais.

L'allaitement et ses désagréments

Les femmes enceintes disent, en majorité : « Oui, je tiens à allaiter, c'est ce qu'il y a de mieux pour mon enfant ». Et elles mettent, allègrement, le bébé au sein. Néanmoins, ces mamans sont fréquemment désenchantées, au bout de quelques jours, perdant toute motivation à allaiter. En France, près de 50 % des femmes arrêtent l'allaitement dans le premier mois. C'est bien dommage.

Mise au point

« Le mamelon est crevassé, chaque mise au sein est très douloureuse, et le bébé a toujours faim. Pourquoi dois-je supporter cela ? A partir de maintenant, je lui donne le biberon. Son père peut lui donner aussi à boire, il sera plus longtemps repu, et tout le monde pourra dormir plus longtemps. Moi aussi j'ai été nourrie au biberon et cela m'a plutôt bien réussi ».
Cet argument peut se comprendre. Mais il faut garder une chose à l'esprit : allaiter n'est pas inné, même si c'est un acte tout à fait naturel. Il faut aussi savoir que les premières semaines peuvent être difficiles, mais que par après, si tout s'est bien mis en place, ce sera un véritable plaisir. Patience, persévérance et positivité sont les clés de la réussite en la matière.

L'allaitement est sans nul doute la meilleure façon de nourrir l'enfant, car le lait maternel est riche en substances nutritives. C'est aussi à ce moment que son besoin de chaleur, de tendresse et d'amour est comblé, apaisé. Et c'est maintenant qu'il en a besoin. Si l'allaitement procure la paix intérieure et extérieure, les tensions et l'agitation agissent négativement sur la production de lait et sur son écoulement.
En cas de soucis par exemple, si quantité de conseils bien intentionnés assaillent, cela peut nuire à la sécrétion d'hormones et interrompre la montée de lait. A chaque problème, sa solution. La sage-femme sera de bon conseil, et accueillera les préoccupations. Peut-être le partenaire est-il jaloux de la relation avec le nourrisson ? Ou bien une mère, une belle-mère n'entendent-elles rien à l'allaitement ? Il faut bien réfléchir, avant de se décider à arrêter.

Comme le fait d'allaiter met totalement sous pression, il faut décompresser et trouver une alternative. Le soir, par exemple, faire un biberon de lait et le donner au nourrisson est une idée judicieuse. Dans des cas exceptionnels, la mère peut avoir recours à un biberon tout prêt.

Avec un peu de chance, le bébé ne s'habituera pas trop vite à la tétine et continuera à préférer le sein. Il est donc précieux de prendre le temps d'y réfléchir. L'enfant se porte comme un charme quand sa maman est équilibrée et satisfaite, et ce sont là les meilleures conditions pour que l'allaitement réussisse.

Quand les seins sont durs et bien ronds

Au moment de la montée de lait, les seins risquent de gonfler énormément.

Témoignage

Sybille avec Lola Margaritha (53 cm, 3 880 g) : elle est née deux jours avant terme, dans une maison de naissance.

Comment l'accouchement s'est-il passé ?

Bien. Je suis arrivée la première fois au centre le vendredi soir, ayant eu de légères contractions, tout au long de la

journée. Le père du bébé et moi-même avons décidé de partir immédiatement pour le centre, chacun nous conseillant de ne pas attendre quand les contractions se déclenchent : on ignore si cela ira vite ou pas, notamment pour un deuxième enfant. C'était finalement une fausse alarme. Quelques heures plus tard, nous rentrions à la maison.

J'ai passé tout le week-end à ressentir des contractions, tantôt fortes, tantôt moins intenses. Le dimanche soir, vers 23 heures, elles se sont intensifiées et à trois heures et demie, nous avons rejoint la maison de naissance. On est monté dans la voiture, et on s'est fait arrêter, au feu suivant, par la police. Contrôle des papiers du véhicule ! C'était vraiment drôle. J'ai alors dit que j'étais sur le point d'accoucher. L'air un peu surpris, le policier nous a proposé de nous escorter.
A quatre heures, heure d'arrivée, rien n'avait vraiment progressé. Les contractions étaient faibles. A huit heures, une autre sage-femme m'a dit : « Je crois qu'il te manque un petit coup de pousse, tu es trop fatiguée ». C'était vrai, je n'avais pas dormi du week-end. Elle me proposa donc de prendre un bain et me donna un globulin qui intensifie les contractions.
J'ai ensuite parcouru la pièce de long en large, car j'avais remarqué que les mouvements accentuaient les contractions.
Cela a enfin commencé, vers dix heures et demie. Très vite, j'ai demandé à la sage-femme si je pouvais pousser et elle a répondu, très étonnée : « Comment, tu sens déjà la pression dans le bas du ventre ? ». Puis, les contractions étant devenues très violentes, j'ai su que nous arrivions au terme. A la deuxième poussée, la tête dépassait déjà et à la troisième, Lola était née. Cela avait été d'une telle violence, que j'avais cru être déchirée. En fait, pas une déchirure, pas d'épisiotomie ! Ce fut un remarquable accouchement.

Si les glandes mammaires le sont, bien irriguées par le sang, les seins sont très chauds et fermes, et ils gonflent parfois tant qu'ils sont brûlants et durs. Cette situation assez douloureuse se résorbera d'ici 24 heures, le système d'offre (le lait) et de demande (la faim du bébé) allant se stabiliser progressivement.

Aide

Il faut tenter de mettre le bébé régulièrement au sein. Si ceux-là sont si durs qu'il ne parvient pas à prendre le mamelon, il faut extraire un peu de lait avec la main. Mieux encore : la chaleur désengorge les seins, avec un gant de toilette mouillé, ou une lampe infrarouge, ou une douche chaude.
Après la tétée, des compresses d'eau froide seront appliquées, pour éviter un nouvel engorgement. Des compresses de fromage blanc seront bienvenues : sur une serviette en lin pliée en trois, dans le sens de la longueur ou sur un lange, une couche de fromage blanc maigre, de l'épaisseur d'un doigt sera étalée et recouverte d'une lingette pliée en deux. Appliquez le tout sur les seins et retirez quand le fromage blanc est chaud.

Crevasses

Quand le bébé tète, les mamelons s'irritent, non habitués à cette nouvelle situation. Leur état peut se dégrader avec le temps et des crevasses se former.
C'est très douloureux si le nourrisson ne prend que le mamelon, ou qu'il n'en met qu'une partie dans la bouche. Les mamelons crevassés peuvent vite devenir un handicap. A titre préventif, après la tétée, étaler la salive de bébé, puis quelques gouttes du lait sur les mamelons, et laisser sécher à l'air libre. La mère restera allongée ainsi, les seins nus. Les agents anti-inflammatoires feront leur travail et guériront la peau.

Aide

Il faut persister à allaiter, même en cas de douleur : les seins seront moins gorgés de lait et le bébé boira moins goulûment. Commencer par le sein qui est le moins crevassé, en y plaçant des compresses chaudes. Le fait d'en appliquer sur les seins avant la tétée aide les canaux galactophores à s'élargir, ce qui permet au lait de mieux s'écouler. Cette technique favorise le réflexe d'éjection et l'enfant n'est pas obligé de sucer le sein aussi fort qu'avant. Après la tétée, quelques gouttes de teinture de sauge (en pharmacie) ou de thé noir, qui sont d'excellents désinfectants peuvent être appliquées sur le sein. Un baume reconstituant peut être aussi acheté en pharmacie. En l'espace de deux jours, les mamelons se refont une santé : des compresses d'allaitement en laine ou en bourrette de soie viendront les protéger.

Engorgement et inflammation mammaire

L'engorgement résulte du fait que le lait ne peut pas s'écouler correctement. Les seins, très durs ou noueux, rougissent par endroits. Un engorgement peut très rapidement entraîner une inflammation mammaire. Les symptômes res-

CONSEIL CAPSULES D'ALLAITEMENT

➤ **Ces fines capsules** transparentes en silicone servent à protéger les mamelons, lorsqu'ils sont crevassés ou à vif. Comme le bébé ne mord pas directement la plaie , c'est beaucoup moins douloureux, la mère est ainsi plus détendue.

semblent ainsi à ceux d'une infection : légers frissons, fièvre soudaine, maux de tête et courbatures. Quelles en sont les causes ? L'enfant n'a pas été mis assez souvent au sein, ou il n'a pas épuisé, certains jours, toute la réserve de lait ; le soutien-gorge est trop serrant, ou le porte-bébé blesse les seins, ou bien le réflexe d'éjection du lait ne s'effectue pas correctement, la maman étant exténuée, stressée, ou chagrinée, et souffrant de troubles psychiques.

Aide

Il est alors fondamental de se mettre en contact avec la sage-femme assurant votre suivi postnatal ou avec le gynécologue. L'allaitement ne doit surtout pas être interrompu à ce moment. Le bébé est seul susceptible d'épuiser les réserves des seins, mieux qu'un tire-lait, déconseillé en la circonstance. Une source de chaleur peut en fait désengorger les seins. Les exposer régulièrement à une lampe infrarouge, ou les doucher à l'eau très chaude, juste avant d'allaiter ou encore appliquer une compresse d'eau chaude : autant de soulagements possibles. Le nourrisson sera mis au sein engorgé, car il est affamé à ce moment-là, et la succion sera extrêmement forte. Son menton doit être tourné vers les zones dures ou noueuses : avec sa mâchoire inférieure, il peut plus facilement vider les zones engorgées. Pour freiner la lactation, après la tétée, des compresses d'eau froide ou de sauge en tisane seront placées.

En cas d'inflammation mammaire, l'homéopathie peut aussi soulager, si elle est dosée avec soin : prendre, sur ordonnance, une à deux fois, un demicomprimé qui arrête la lactation, après consultation du médecin. Les antibiotiques sont malheureusement incontournables, si l'inflammation est trop aiguë ou a été traitée trop tard. Dans le pire des cas, il faudra opérer, si un abcès s'est formé.

Tire-lait

De nos jours, les appareils permettant de pomper le lait maternel fonctionnent bien. Ils redonnent à la mère un peu de liberté, pour sortir quelques heures ou se rendre là où l'enfant ne peut être emmené. Autre cas de figure :

le nourrisson est né avant terme, ou il est trop faible encore pour téter au sein. Le tire-lait est alors pratique, l'enfant pouvant profiter du lait maternel et le boire au biberon. A noter, toutefois : de nombreuses mères, séduites par le procédé tirent régulièrement du lait. Elles bouleversent ainsi complètement le rapport de l'offre et de la demande, le rythme de l'allaitement étant perturbé : les seins produisant de plus en plus de lait s'engorgent, dès lors, le lendemain. Le tire-lait ne sera utilisé qu'en cas d'urgence.

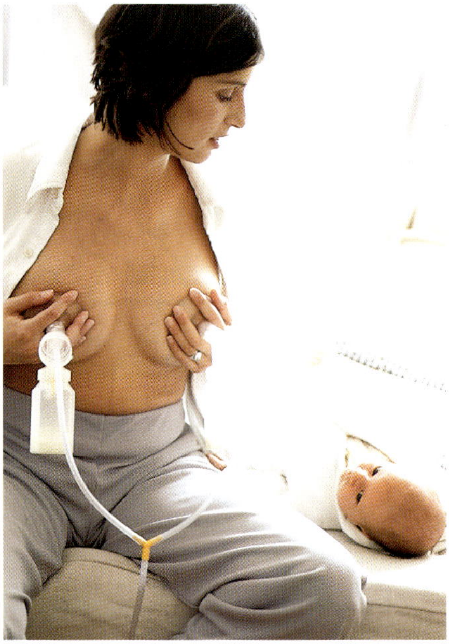

Pour des raisons médicales, le tire-lait peut être prescrit par le médecin.

Consignes à respecter, en cas d'utilisation d'un tire-lait :

➤ Les mains seront lavées, de façon scrupuleuse, avant chaque utilisation du tire-lait.

➤ La formation et l'écoulement du lait seront stimulés, sans hésitation, à l'aide d'une lampe à infrarouge, ou des compresses d'eau chaude, ou encore, en massant les mamelons, par des mouvements circulaires, de l'extérieur vers l'intérieur.

➤ Les instructions données avec l'appareil seront scrupuleusement observées, et l'on commencera par le niveau le plus faible.

➤ Le réflexe d'éjection se fera mieux, si la mère pense à l'enfant au moment de tirer le lait (il suffit de regarder sa photo, s'il n'est pas là).

➤ Cultiver la patience est précieux. Au début ne surgissent que des gouttes, mais dix minutes plus tard, lorsque le réflexe d'éjection s'est installé, le lait jaillit des seins en plusieurs jets.

CONSEIL | TIRE-LAIT

➤ **Un tire-lait** peut être facilement loué en pharmacie ou dans un magasin spécialisé, ou bien être acheté. Le médecin est susceptible de prescrire s'il y a indication médicale. L'expérience révèle que les tire-lait électriques sont plus maniables et plus efficaces. Néanmoins, les nouveaux modèles sont aussi très agréables. La sage-femme sera de bon conseil.

➤ Il sera pompé, de chaque côté, durant quinze minutes environ. Plus il est tiré fréquemment, plus les glandes mammaires en produisent.
➤ Enfin, les petites bouteilles de lait seront refermées avec une indication de date, puis placées au réfrigérateur. Le lait peut être conservé au maximum 24 heures, ou bien être congelé (à -18 °C) pendant six mois.

Ce processus qui paraît enfantin demande souvent quelques jours pour se l'approprier et s'accoutumer à l'idée et au bruit. Le sentiment de ressembler à une vache à lait à « traire » peut monter. Certaines femmes sont tellement hostiles à ce procédé que le lait ne parvient pas à couler. Les tensions internes doivent en tout cas être chassées et un endroit calme sera privilégié pour agir. Toutes les occasions sont bonnes pour que le bébé profite du lait maternel : il le mérite bien.

Nutrition

Le besoin en énergie de la jeune maman est aussi élevé en période d'allaitement que pendant la grossesse. Une femme qui allaite nécessite environ un supplément de 300 à 400 kilocalories par jour.
C'est, cela a été dit, non pas la quantité de nourriture, mais sa qualité qui doit être privilégiée : des aliments riches et sains sont fondamentaux. Trois groupes se distinguent.

Boire beaucoup

Il faut boire le plus possible et même au-delà de la soif, simplement de l'eau minérale, de l'eau pétillante aux fruits, de la tisane sans sucre. Les boissons riches en fructose, jus de pommes ou d'oranges, par exemple seront proscrites : elles peuvent irriter le derrière du bébé.

Vitamines et substances minérales

Il faut choisir des produits très naturels. Les fruits et les légumes crus ou légèrement cuits à la vapeur sont très riches en vitamines et minéraux. Le calcium est très important pour la mère et l'enfant.

CONSEIL | **A EVITER IMPERATIVEMENT**

➤ **Tous les aliments** consommés passent dans le sang et rejoignent le lait, en l'espace de quelques heures. Le jeune organisme du bébé en profite donc, quasi instantanément. Il faut par conséquent renoncer à l'alcool, à la nicotine, au café, même décaféiné et aux médicaments. Le nourrisson peut réagir à certains aliments par des coliques, ou un ventre ballonné, ou encore par des cris : c'est le cas, par exemple, lorsque des oignons, des légumes secs, trop de produits laitiers et de la levure sont consommés. Suivre son instinct : les aliments posant problème aux autres enfants ne gêneront pas forcément le sien.

Questions, préoccupations

« Le lait industriel et le lait maternel diffèrent-ils ? »

Le lait de chaque mammifère qui est unique convient aux petits de son espèce. Le lait de vache étant destiné, par nature, aux veaux contient davantage de protéines (dont la caséine, très difficile à digérer) et moins de sucre que le lait maternel.
Les fabricants d'alimentation pour nourrissons tentent de s'adapter et de faire ressembler le lait de vache le plus possible au lait maternel. On s'y tromperait presque, mais celui-ci présente certaines propriétés inimitables.

« Comment expliquer que certaines femmes produisent du lait quand elles entendent pleurer un bébé inconnu ou qu'elles le voient boire ? »

C'est le réflexe d'éjection qui en est la cause. Chez certaines femmes, il se déclenche simplement dès qu'elles pensent au repas prochain. Cela stimule le flux du lait, le sang afflue alors dans les seins qui deviennent chauds et picotent.

« Est-il vrai que le réflexe d'éjection survient quelques minutes après ? »

Oui ! Il est important qu'il se déclenche, car il libère le lait plus riche, qui rassasie le bébé, même s'il ne monte pas immédiatement. Le nourrisson sera laissé dix bonnes minutes au sein, afin qu'il boive suffisamment de ce lait plus riche. Les enfants qui n'absorbent que le premier ont toujours faim, crient beaucoup et peuvent même avoir la diarrhée.

« En clinique, une infusion à base de glucose lui a été déjà donnée. Est-il moins protégé contre les allergies ? »

Non. La tisane glucosée est de l'eau bouillie avec de l'infusion de fenouil et un peu de glucose. Aucun de ces composants ne peut provoquer une allergie. Cette infusion lui a été donnée pour de bonnes raisons. Certains bébés en ont besoin pour l'équilibre de leur taux de glycémie. Une infusion (sans glucose) est aussi prescrite aux enfants ayant la jaunisse. Par ailleurs, en cas d'antécédents familiaux, l'évolution des allergies dépend de la quantité et de la fréquence des tétées.

« Je fume. Que dois-je faire : allaiter ou donner le biberon ? »

Toutes les fumeuses ne parviennent malheureusement pas à arrêter de fumer, pendant la grossesse. Après la naissance, elles ne veulent même pas essayer l'allaitement. Les experts expliquent qu'il faut pourtant privilégier l'allaitement, à condition de ne pas dépasser cinq cigarettes par jour. En cas de dépendance forte, il vaut mieux fumer juste après la tétée, la nicotine ayant le temps d'être éliminée partiellement et le bébé fumant moins avec vous. Passé cinq cigarettes, le lait est pollué et il vaut mieux recourir au lait industriel pour le nourrisson. Une règle d'or : personne ne doit fumer en sa présence. Souvenez-vous que, dans une pièce enfumée, il fume aussi.

♀ *« Comment puis-je savoir si mon lait nourrit suffisamment le bébé ? »*

Un nourrisson devrait prendre en moyenne 150 à 200 g par semaine. Pas d'inquiétude s'il prend moins ; des signes cliniques positifs sont en effet constatés : augmentation du poids, une à deux couches avec des selles par jour, joli petit ventre rond, double menton et joues de trompettiste, petits bourrelets aux doigts. Il faut faire confiance au bébé : il possède encore un seuil de satiété et détourne la tête ou s'endort satisfait, quand il n'a plus faim. Si la quantité était insuffisante et qu'il avait encore faim, il le ferait remarquer bruyamment.

♂ *« Est-il vrai que les bébés nourris au biberon avec du lait industriel sont plus longtemps repus ? »*

Oui. Le lait de vache, à partir duquel a été fabriqué celui pour le nourrisson est plus lourd à digérer. Transformé, le lait maternel l'est immédiatement, tandis que le produit industriel reste environ quatre heures dans le système digestif de l'enfant. La différence est dans la couche : les selles des enfants allaités au sein sont plutôt liquides et ont une couleur moutarde, celles des nourrissons nourris au biberon étant plus dures et plus foncées.

♀ *« L'allaitement est-il un contraceptif ? »*

Disons-le ainsi : quand une femme allaite, elle devient momentanément infertile, du moins la plupart du temps et à certaines conditions (allaitement exclusif ou quasi exclusif, absence de retour de couches et bébé âgé de moins de 6 mois). Dans ces conditions, le risque de grossesse est inférieur à 2 %. La présence de la prolactine, hormone contribuant à la lactation, en empêche une autre, responsable de l'ovulation. Et il n'y a pas de règles sans follicule ni ovulation. Voilà pour la théorie. En pratique, c'est un contraceptif efficace à certaines conditions : cela dépend de la fréquence des tétées, dans la journée et la nuit, de la durée de l'allaitement, du fait de donner ou non des biberons complémentaires ou de la présence de saignements depuis l'accouchement.
Quelques études scientifiques révèlent qu'une mère peut ne pas être enceinte durant les douze premières semaines suivant l'accouchement, si elle allaite son enfant six fois au moins en 24 heures, dont au moins une fois la nuit. Les autres femmes peuvent retrouver leur fertilité six semaines après la naissance.

♀ *« Depuis la naissance, je souffre d'hémorroïdes douloureuses et désagréables. Que puis-je faire ? »*

Des semaines s'écouleront parfois, avant que les veines du colon retrouvent leur forme et leur élasticité du départ. Cela peut être, effectivement, pénible et douloureux. Un baume à base d'hamamélis, de cyprès, de myrte, de millepertuis et de lavande, ou encore des gouttes de fleurs de Bach sont des sources d'apaisement. Consultez le médecin ou le pharmacien.

Les démarches liées à la grossesse

Vous avez fait le test et le résultat est là, devant vos yeux ! Oui, vous êtes bien enceinte ! Le premier moment d'euphorie passé, une foule de questions se bousculent dans votre tête. « Que dois-je faire sur le plan administratif ? » « Qui dois-je avertir ? » « Comment faire pour être remboursée des frais médicaux engagés ? » « Quand faut-il inscrire le futur bébé dans une crèche ? » « Vais-je toucher des aides financières ? » Sachez que les démarches administratives effectuées au bon moment vous assurent une meilleure protection sociale. Pensez-y dès lors à temps, puis n'y pensez plus et profitez à 100 % de votre grossesse.

Le certificat de grossesse

Vous avez 3 mois pour consulter votre gynécologue (ou un médecin traitant ou une sage-femme) et passer la première échographie. Il est conseillé de prendre rendez-vous le plus tôt possible. Double bénéfice pour vous : vous serez rassurée sur le plan médical et également sûre d'être dans les temps pour les démarches administratives.
A la fin de la visite, deux documents vous seront remis :

➤ l'attestation de la première visite médicale

➤ un certificat de grossesse

Le certificat doit être envoyé à la caisse de sécurité sociale ainsi qu'à une caisse d'allocations familiales.

Ainsi, ces organismes seront officiellement informés de votre situation. Un mois plus tard environ, vous recevrez un « Guide de surveillance médicale de la mère et du nourrisson » (ancien carnet de maternité).
Ce carnet vous suit tout au long de votre grossesse. Il se compose de feuillets détachables. Lors de chaque examen mensuel obligatoire, votre médecin ou votre sage-femme remplit l'un de ces feuillets. Il doit être envoyé à votre caisse d'assurance maladie et permettra le remboursement de ces examens. Il vous rappelle les examens à passer, vous donne les adresses d'organismes où vous adresser, etc.

Assurée ou bénéficiaire de la CMU (couverture maladie universelle), vous bénéficiez de la prise en charge à 100 % de la plupart des frais médicaux et d'hospitalisation entraînés par votre grossesse :

➤ toutes les visites médicales et examens prescrits (y compris la consultation postnatale)

➤ les frais d'hospitalisation lors de l'accouchement

➤ 8 séances de préparation à l'accouchement

➤ 10 séances de rééducation abdominale (sous réserve d'entente avec votre CPAM)

➤ un congé de maternité

Prévenir votre employeur

Vous êtes libre d'informer votre employeur de votre grossesse quand vous le souhaitez. Toutefois, afin de conserver une relation cordiale avec lui, il vaut mieux l'avertir avant que votre état ne se voie. Cela lui permet de prendre ses dispositions afin de trouver quelqu'un pour vous remplacer pendant votre congé de maternité. Pour cela, vous devez envoyer une lettre recommandée avec accusé de réception en joignant le certificat médical indiquant la date présumée d'accouchement.

Notez que cette démarche vous protège. Selon les législations française et belge, votre employeur ne peut pas vous licencier pendant toute la durée de votre grossesse, votre congé de maternité et les quatre semaines suivant la fin de ce congé. Cette protection ne signifie pas que vous êtes intouchable et que vous pouvez effectuer votre travail n'importe comment. Le licenciement d'une femme enceinte est toujours autorisé en cas de faute grave non liée à son état ou pour des motifs économiques (la société est en pleine restructuration, par exemple).
Si votre employeur peut prouver que vous n'effectuez plus votre travail correctement ou que vous vous absentez sans autorisation et pour des raisons injustifiées, il aura alors une raison fondée pour vous licencier.

Absences autorisées et changement de poste

Des examens prénataux obligatoires sont prévus pendant la grossesse. Les heures de visites correspondant généralement aux heures de bureau, la loi vous autorise à vous absenter pour vous y rendre.
Ces absences ne peuvent être décomptées de votre salaire ; elles seront considérées comme du travail effectif et donc payées comme telles. Pour cela, il faut bien entendu que votre employeur soit au courant de votre grossesse !
Vous devrez peut-être remettre une attestation médicale si votre employeur la réclame ou que le règlement de l'entreprise où vous travaillez le prévoit.

Dès le moment où votre employeur sait que vous êtes enceinte, il ne peut plus vous obliger à effectuer un travail dangereux pour vous ou pour votre futur bébé. Cela peut se faire en adaptant votre poste, en vous faisant changer de poste ou en revoyant l'organisation du travail. Vous ne devez plus non plus effectuer d'heures supplémentaires. Si vous effectuez un travail physiquement lourd (longues stations debout, contacts avec des produits pouvant s'avérer nocifs...), vous pouvez demander à changer de poste, toujours sur base de la présentation d'un certificat médical. Votre employeur vous mettra rarement au courant spontanément, n'hésitez donc pas à vous renseigner auprès des représentants du personnel de votre entreprise.

Lorsque bébé est là

Le congé de maternité

En France, le congé de maternité varie suivant la composition de la famille et le nombre d'enfants qui vont naître. Quelle que soit la situation, vous avez droit à 16 semaines de congé minimum : six semaines avant la date présumée de l'accouchement et dix semaines après. Si l'accouchement a lieu avant la date initialement prévue, le congé postnatal sera prolongé d'autant. A partir du troisième enfant, vous avez droit à un congé de 26 semaines : huit semaines avant et dix-huit semaines après.

En Belgique, le congé de maternité dure en principe 15 semaines. Le congé prénatal est de minimum une semaine et peut durer maximum six semaines. Les jours de congé prénatal que la maman n'a pas pris seront reportés et pris après l'accouchement. Le congé postnatal, qui commence le jour de l'accouchement, doit durer au minimum neuf semaines. Il n'existe aucune exception. Si l'on attend une naissance multiple, le congé prénatal peut durer 8 semaines et le congé postnatal peut être également augmenté de 2 semaines. Si le bébé doit rester dans l'établissement hospitalier après les sept premiers jours à compter de sa naissance, la période de congé postnatal peut être prolongée d'une durée égale à la durée de la période d'hospitalisation de l'enfant au-delà des sept premiers jours. Cette prolongation ne peut dépasser 24 semaines.

LE CONGE DE MATERNITE EN FRANCE

Situation	Avant l'accouchement	Après l'accouchement	Durée totale du congé
➤ 1er enfant ou 2e enfant	6 semaines	10 semaines	16 semaines
➤ 3e enfant	8 ou 10 semaines	16 ou 18 semaines	26 semaines
➤ Grossesse gémellaire	12 ou 16 semaines	18 ou 22 semaines	34 semaines
➤ Grossesse triple ou plus	24 semaines	22 semaines	46 semaines

Un congé pathologique prénatal de 14 jours supplémentaires peut être prescrit par le médecin, à n'importe quel moment de la grossesse.

Les indemnités

En France, l'assurée, sous réserve de remplir les conditions d'ouverture de droits, peut percevoir des indemnités journalières pendant son congé maternité. Elles sont versées par les caisses primaires d'assurance maladie ou par l'employeur (d'après la convention collective).

En Belgique, une indemnité de maternité est versée par la mutuelle durant le congé de maternité. Le montant de l'indemnité est fixé à un pourcentage de la rémunération.

La déclaration de naissance et la reconnaissance de l'enfant

Il ne faut pas confondre les deux. En France, vous devez déclarer la naissance de l'enfant dans les 3 jours, à la mairie du lieu de naissance. C'est une démarche gratuite et obligatoire pour tout enfant. Dans les hôpitaux AP-HP, un agent est chargé d'accomplir les formalités de déclaration.

En Belgique, la maternité délivre un certificat attestant de la naissance. Cette attestation permettra d'aller déclarer l'enfant à la maison communale, qui établira alors l'acte de naissance. L'un des deux parents doit faire cette démarche (la direction de l'hôpital peut également s'en charger). La déclaration doit être faite dans les 15 jours qui suivent la naissance. Vous devez apporter le certificat de naissance délivré par l'hôpital, votre carte d'identité et le carnet de mariage si vous êtes marié.

La reconnaissance de l'enfant (par le partenaire si vous n'êtes pas mariés) peut avoir lieu à tout moment : avant ou après l'accouchement. Cet acte est rédigé à la mairie par un officier d'état civil, et il établit la filiation de l'enfant.

Le carnet de santé de bébé

Il vous sera remis directement par la maternité où vous avez accouché ou par l'officier d'état civil auprès duquel vous déclarerez la naissance.

Le carnet de santé est très important. Il permet de conserver la trace du suivi médical de votre enfant et de l'évolution de son développement. Il sera présenté lors de chaque intervention ou examen médical, pour que le médecin puisse prendre connaissance des antécédents de votre enfant et porter ses propres annotations. Il y verra également les antécédents familiaux, certaines maladies ou malformations se transmettant héréditairement (mucoviscidose, hémophilie). D'autres maladies non héréditaires peuvent aussi avoir une influence sur la santé de l'enfant. C'est le cas, par exemple, de l'asthme, du diabète ou de l'obésité. Elles y seront notées également. Lors des vaccinations, le médecin y consignera la date et la nature de la vaccination.

Ce carnet de santé est précieux ; ne l'égarez pas. Il constitue également un lien entre les différents médecins qui entrent en contact avec l'enfant (en cas de déménagement, par exemple). Emportez-le également en voyage. Il contient aussi de nombreux conseils destinés aux parents.

Le congé parental

Le congé parental vous permet d'arrêter vos activités professionnelles pendant une durée donnée, afin de profiter au mieux de bébé. Il concerne aussi bien le papa que la maman. Ce congé présente un avantage indéniable si vous désirez faire une pause dans votre carrière : en effet, il vous donne la garantie juridique de retrouver votre emploi par après.

En France, le congé parental vous est obligatoirement accordé par votre employeur à partir d'un an d'ancienneté et dès votre premier enfant. Les conditions sont parfois plus sévères dans le cas des entreprises de moins de 100 personnes.
Vous pouvez choisir d'arrêter complètement votre activité ou seulement partiellement.
Vous devez faire votre demande :

➤ par lettre recommandée avec accusé de réception en indiquant la date de début et la durée du congé ou du travail à temps partiel ;
➤ un mois au moins avant la fin de votre congé de maternité ou deux mois avant la date où vous souhaitez arrêter, si vous avez repris le travail entre-temps.

Le congé parental n'a pas de durée minimum (il peut être de 3 mois, 6 mois...), mais il est de maximum un an. Il est renouvelable deux fois jusqu'au troisième anniversaire de bébé (il peut donc durer 36 mois au total). Pour les salariés de la fonction publique, le congé est de 6 mois, renouvelable.

En Belgique, vous avez également droit à un congé parental si vous travaillez dans le secteur privé. Vous pouvez le demander si vous souhaitez bénéficier d'une interruption complète de carrière. Votre employeur, pour des raisons de bon fonctionnement de l'entreprise, peut cependant demander un délai.
Ce congé dure 3 mois. Le travailleur à temps plein peut choisir :

➤ de le prendre en une fois : arrêt complet des activités pendant 3 mois ;
➤ de réduire son temps de travail de moitié pendant 6 mois ;
➤ de réduire son temps de travail de 1/5 pendant 15 mois.

Le congé parental peut être pris depuis la naissance de l'enfant jusqu'à ses 4 ans. C'est un droit pour les travailleurs du secteur privé ayant travaillé au moins 12 mois pour le même employeur dans les 15 mois précédant la demande. Celle-ci doit être faite minimum 2 mois et maximum 3 mois à l'avance, par écrit, à l'employeur.

Allaitement et travail

En France, la loi vous donne le droit d'arrêter alors que vous avez repris le travail, si bébé n'est pas encore sevré. Jusqu'à ce que l'enfant atteigne l'âge de 1 an, vous disposez d'une heure par jour pour allaiter. Souvent, elle est répartie en deux périodes de 30 minutes. Sachez que votre employeur n'est pas obligé de vous payer les heures prises pour l'allaitement. Ce sera l'objet de négociations.

En Belgique, depuis le 1er juillet 2002, les mères travaillant dans le secteur privé ont droit à des pauses d'allaitement, qui leur permettent de donner le sein ou de tirer le lait. La pause dure une demi-heure. Une personne travaillant 4 heures ou plus a droit à une pause. Une personne qui travaille au minimum 7,5 heures a droit à deux pauses. Ce droit dure jusqu'au 7e mois après la naissance. L'employeur ne vous paie pas les heures prises pour l'allaitement.

Aperçu de la croissance intra-utérine

1RE – 4E SEMAINE

➤ Dès lors que les noyaux se sont mélangés, toutes les particularités de l'être à venir sont déterminées : la couleur des yeux, si ses cheveux seront blonds, châtains ou noirs, lisses ou crépus, s'il sera plutôt petit ou grand, si des talents artistiques sommeillent en lui, quelles sont ses prédispositions. Tout se met en place sans que vous, future mère, ne remarquiez quelque chose.

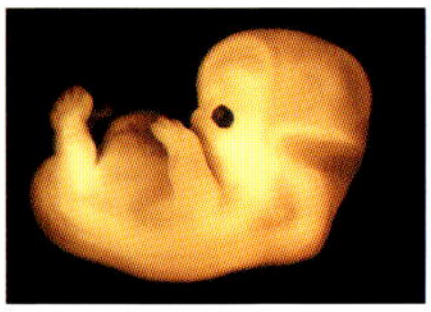

5E – 8E SEMAINE

➤ Le corps travaille inlassablement à plein régime. Pas à pas, des millions de nouvelles cellules sont formées dans ce système qui ressemble à un jeu de lego. Le plus étonnant, c'est que chaque cellule prise isolément sait exactement où elle doit se trouver. Dès le 24e jour après la fécondation, les gamètes se développent dans un embryon féminin, elles se développent aussi une semaine après dans un embryon masculin.

9E – 12E SEMAINE

➤ Tous les organes sont maintenant là, et ils exercent pour certains déjà leur fonction : les reins évacuent l'urine, le foie produit des cellules sanguines, l'estomac forme les premier sucs gastriques et le cœur pompe avec force le sang dans le corps. Aucun doute, l'embryon est bien vivant. L'organisme teste si tout fonctionne bien. Si ce n'est pas le cas, une fausse couche a lieu.

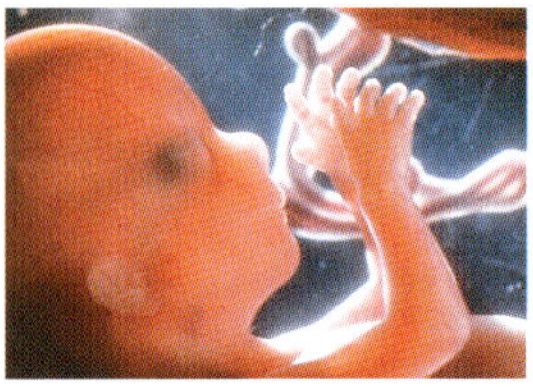

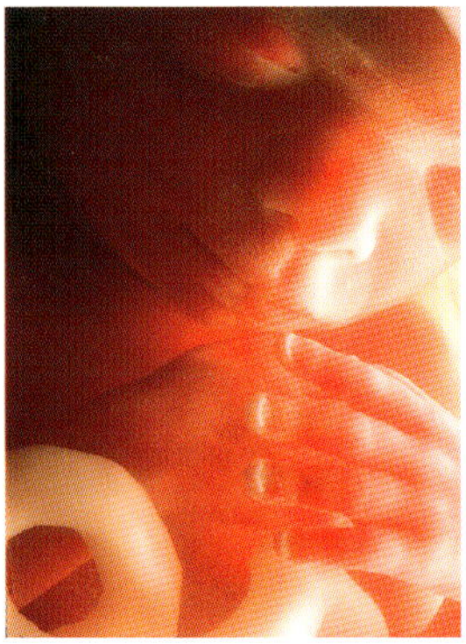

25E – 28E SEMAINE

➤ Tandis que la taille de la tête est liée aux dispositions génétiques, le poids du corps est très dépendant de la fonction du placenta et de l'alimentation de la mère. Plus l'apport nutritionnel est élevé, plus la mère a une alimentation équilibrée pendant et avant la grossesse, et plus le bébé grandira bien. A ce moment-là, la peau de bébé n'est pas encore pigmentée, de sorte que tous les bébés se ressemblent à ce stade, quelle que soit leur couleur de peau future.

29E – 32E SEMAINE

➤ Votre bébé connaît déjà tous les bruits de votre corps : le battement de votre cœur, le gargouillement de vos organes de digestion, le bruit du sang qui coule dans vos veines. Il est même presque en mesure de percevoir ces bruits comme s'il était derrière des coulisses. Maintenant, il peut entendre les voix familières. Il ne distingue pas clairement chaque mot, mais il reconnaît la voix de sa mère.

13E – 16E SEMAINE

➤ Le fœtus a encore beaucoup de place et il bouge beaucoup. Ces mouvements contribuent à la construction du cerveau et entraînent aussi la mobilité. Ainsi, le bébé peut changer de position dans l'utérus de manière autonome, quand la mère adopte une posture qui lui est inconfortable. Il peut changer de position au moins 20 fois par heure. A ce stade, la mère ne le sent pas encore.

17E – 20E SEMAINE

➤ Pour votre bébé aussi c'est la mi-temps. Bébé prend nettement part à votre vie et aussi à votre vie émotionnelle. Il ressent lorsque vous êtes énervée, heureuse ou stressée. Ces émotions ont leurs propres hormones, qui voyagent dans le sang. Elles traversent le placenta et parviennent jusqu'à l'enfant et provoquent chez lui aussi une certaine réaction.

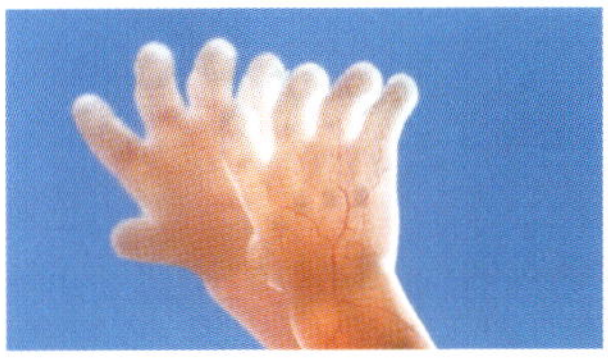

21E – 24E SEMAINE

➤ Le petit corps produit une importante couche de graisse, qui, pour une partie, est appelée « la graisse brune ». Elle est vraiment brune et elle apparaît plutôt dans la zone du cou, autour des reins et au niveau des dorsales. Elle l'isole et lui tient chaud. Vu de l'extérieur, l'enfant est enduit d'une couche de graisse blanche *(vernix caseosa)*. Il protège la peau du bébé du liquide amniotique, garde le corps au chaud, et, lors de l'accouchement, il permet au bébé de mieux glisser.

33E – 36E SEMAINE

➤ Le bébé ressent exactement quand sa maman est assise, debout, si elle marche ou si elle est allongée. Quelle bonheur pour lui d'être ballotté au gré de vos mouvements. Et il réagit immédiatement quand vous vous allongez pour vous reposer un peu. Il proteste avec virulence en remuant les pieds.

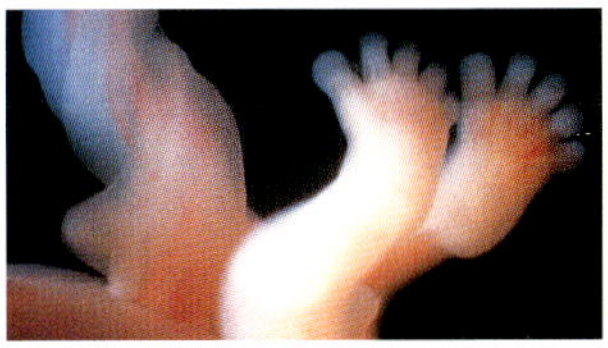

37E – 40/41E SEMAINE

➤ Le compte à rebours a commencé. A ce stade, 97 % de tous les bébés ont adopté la position d'accouchement, tête en bas. Chaque jour supplémentaire passé dans votre ventre profite à son système immunitaire. Car c'est le moment où vous lui donnez des anticorps pour la vie. Ces molécules de protéines protègent le bébé de toutes les maladies dont s'est immunisée la maman jusqu'à présent, que ce soit par vaccins (rubéole, poliomyélite), ou par les maladies qu'elle a contractées (rougeole, oreillons).

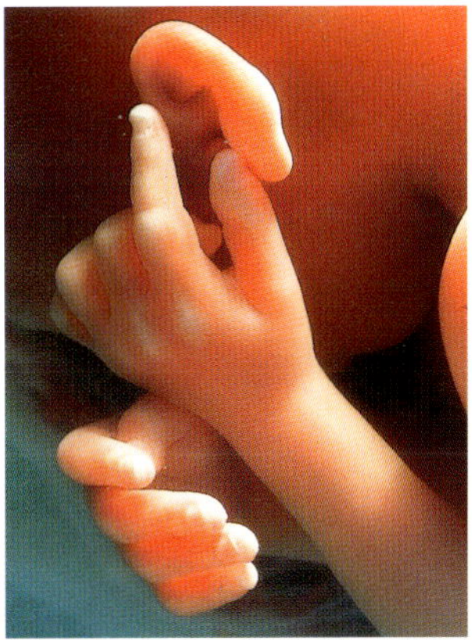

Index

Index

Les livres qui informent

Brabant Isabelle, *Vivre sa grossesse et son accouchement - Une naissance heureuse*, Chroniques sociales, 2003.

Clémenceau Jean-Pierre, *Belle en attendant bébé*, Albin Michel, 2002.

Dayan Jacques, *Maman, pourquoi tu pleures ? Les désordres émotionnels de la grossesse et de la maternité*, Odile Jacob, 2002.

Delahaye Marie-Claude, *Le livre de bord de la future maman*, Marabout, 2000.

Didierjean-Jouveau Claude-Suzanne, *Pour une naissance à visage humain*, Jouvence, 2000.

Dufour Anne, *9 mois à table : 100 recettes pour votre grossesse*, Leduc S. Editions, 2005.

Gamelin-Lavois Sophie, *Préparer son accouchement : faire un projet de naissance*, Jouvence, 2006.

Hill Thomas, *Bientôt papa !*, Chantecler, 2003.

Iovine Vicki, *Grossesse, le guide des copines*, J'ai Lu, 2001.

Leboyer Frédérick, *Pour une naissance sans violence*, Seuil, 2000.

Micucci Mikaël, *Le guide du jeune papa*, Marabout, 2003.

Pernoud Laurence, *J'attends un enfant*, Pierre Horay, réactualisé chaque année.

Relier Jean-Pierre, *L'aimer avant qu'il naisse*, Robert Laffont, 1995.

Schutt Karin, *Vivre avec bébé*, Chantecler, 2004.

Smits Paul (Dr), *Je vais être maman*, Chantecler, 2005.

Texier Martine, *Accouchement, naissance : Un chemin initiatique*, Le Souffle d'Or, 2002.

Théau Anne, *Bien vivre votre grossesse*, Larousse, 2005.

Tournaire Michel Pr., *Le bonheur d'être mère : la grossesse après 35 ans*, Odile Jacob, 2005.

Velten Heidi et Walter Bruno, *Massages pour bébés*, Chantecler, 1998.

Widdowson Rosalind, *Yoga pour femme enceinte*, Marabout, 2003.

Zeboyhsen Birgit, *Maigrir après un accouchement*, Chantecler, 2000.

Adresses utiles

En Belgique

Union Professionnelle des Accoucheuses Belges
www.sage-femme.be
Tél. 064 22 36 83

Centrale des accoucheuses
Rue Marconi, 85
1190 Bruxelles
Tél. 02 344 27 40

Ministère de la santé publique
Montagne de l'Oratoire, 20
1010 Bruxelles

Maisons de naissance francophones :
Namur : www.maison-de-naissance.be/
Haine-St-Paul (La Louvière) : rue de Beaume, 203
Tél. 02 662 13 46
Liège : ww.maisonnee.be

ONE (Office de la Naissance et de l'enfance siège social)
Chaussée de Charleroi, 95
1060 Bruxelles
Tél. 02 542 12 11
Fax 02 542 12 51
E-mail : info@one.be
www.one.be

Ligue des familles
Rue du Trône, 127
1050 Bruxelles
Tél. 02 507 72 11

Préparation à la naissance
Rue Lemercier, 78
5002 Servais
Tél. 081 72 04 22

En France

Conseil national de l'ordre des sages-femmes
56, rue Vouillé
75015 Paris
Tél. 01 45 51 82 50
E-mail : contact@ordre-sages-femmes.fr

Centre de préparation à la naissance
57, rue de la Roquette
75011 Paris
Tél. 01 42 78 57 98

Comité français d'éducation pour la santé
2, rue Auguste Compte
92170 Vanves
Tél. 01 41 33 33 33

Grossesse secours
51, rue Jeanne d'Arc
75013 Paris
Tél. 01 45 84 55 91

Le centre naissance (pour aborder sereinement sa grossesse et son après-grossesse, selon la pédagogie du Dr Maria Montessori)
19, boulevard Magenta
75010 Paris
Tél. 01 42 00 68 08
Fax 01 42 41 41 41
Internet : www.lamaison-dupetitenfant.com

Place au soleil (pour les femmes confrontées à une grossesse imprévue ou difficile)
BP 29
75721 Paris
Tél. 01 45 79 80 80

Enfants d'ici et d'ailleurs
Pour une aide matérielle aux nouveau-nés
78, rue du docteur Roux
94100 Saint Maur des Fossés (Val-de-Marne)
Tél. 01 48 85 07 80
Fax. 01 48 85 07 80

Solidarilait
Association d'aide à l'allaitement
26 boulevard Brune
75014 Paris
Tél. 01 40 44 70 70

SOS Femme et future Maman
Une équipe de conseillères conjugales et familiales
Halte-Accueil Femme
20, rue Aristide Briand et de la Paix
42000 Saint Etienne
Tél. 04 77 33 59 61

CAF
Pour poser des questions à votre CAF (Caisse d'allocations Familiales) à propos des allocations auxquelles vous avez droit : http://www.caf.fr

CNIDFF (Centre National d'Information et de Documentation des Femmes et des Familles)
7, rue du Jura
75013 Paris
Tél. 01 42 17 12 34
Internet : http://www.infofemmes.com

Les auteurs
Birgit Gebauer-Sesterhenn est nutritioniste. Elle travaille comme auteur de livres et journaliste médicale pour différents magazines et quotidiens. En novembre 1999, elle a mis au monde sa fille Paulina, en août 2001, son fils Samuel et en novembre 2003, Sophie, sa petite dernière. Elle a vécu chacune de ses grossesses avec ses hauts et ses bas et partage avec son mari Thorsten le bonheur d'avoir fondé une petite « grande famille » parfaitement saine.

Thomas Villinger, docteur en médecine, a repris un cabinet médical en gynécologie en 1991, à l'âge de 33 ans. En tant spécialiste en gynécologie et homéopathe classique, il dirige aujourd'hui un cabinet de médecins qui s'oriente vers une pratique globale, naturelle et psychosomatique.
Déjà père de trois enfants, ce livre fut son dernier accouchement familial : « même si, quand on regarde ces petites créatures, on serait prêt à recommencer... ».

Remerciements à :
➤ La firme Rubner Bauelemente (Bauzentrum Poing/Grub) qui a mis à notre disposition la maquette de maison « Heidi's » pour la production photographique.
➤ Le centre d'accouchement de Munich, pour son soutien actif dans la réalisation des photos.
➤ La firme Prénatal, qui a habillé nos modèles pour la production de photos.
➤ La firme Schichtling pour son aide, lors du casting.
➤ Dr Sabine Minderer (diagnosticienne prénatale à Munich).
➤ Sabine Krauss et Maria Hardt (sages-femmes), qui nous ont aidés, dans leur domaine de compétences.
➤ Nos mamans, papas et bébés qui ont accepté de nous servir de modèle.
➤ Les auteurs remercient en particulier Margret Stumpf, sage-femme à Gauting, qui nous a remarquablement accompagnés, lors de « l'accouchement » de ce livre.

Indication importante
Ce livre se propose d'accompagner les femmes enceintes pendant leur grossesse : il a été conçu par des personnes compétentes et spécialisées. Lorsqu'il est impératif d'aller voir un médecin, c'est précisé. En cas de doute vis-à-vis du traitement à suivre, il sera immédiatement consulté. Le choix des méthodes présentées dans ce livre, ainsi que les mesures préventives et curatives n'engagent que vous, et vous en portez l'entière responsabilité.

Illustrations : Claudia Ahrend
Styling, cheveux et maquillage : Astrid Hartmann
Production des photos : Anna Peisl
Autres photos :
Bavaria Bildagentur 109 ; dpa 192 ; Agentur Focus 13, 15, 19 , 27, 33, 43, 49, 57, 63, 75 ; GU-Archiv 136, 144 (Studio Schmitz) ; Juniors Bildarchiv 116 (M. Walther) ; Mauritius 35 (GFP), 248 (Phototake), 108 ; Picture Press 256 (Lauenstein) et couverture ; T. Stone 247, 120 (C. Corbette) ; Versandthaus Walz 167, 269.

Published originally under the title *Schwangerschaft und Geburt* (Birgit Gebauer-Sesterhenn, dr Thomas Villinger) (ISBN 5380-3)

Cette édition par Chantecler, Belgique-France
Traduction française :
Hélène Lethellier
Imprimé en Belgique

D-MMVI-0001-221